Madeira

Peter Mertz

 GPX-Daten zum Download

www.kompass.de/wanderfuehrer

Kostenloser Download der GPX-Daten der im Wanderführer enthaltenen Wandertouren.

AUTOR

Peter Mertz, Diplombiologe, freischaffender Naturfotograf und Buchautor, arbeitet in seinem Technischen Büro für Biologie „Die Naturwerker" in Innsbruck. Er hat bislang mehr als 80 Bücher bei deutschen, österreichischen und Schweizer Verlagen veröffentlicht, Bildbände, Wanderführer, Naturführer und Fachbücher. Seine bevorzugten Reiseziele sind die Alpen, Skandinavien, Nordamerika, der Mittelmeerraum und die Kanarischen Inseln mit Madeira und den Azoren. Wissenschaftlich befasst sich Peter Mertz mit den alpinen und nordischen Ökosystemen sowie der Flora der Südalpen. Bei Kompass sind außerdem die Bände Korsika, La Palma und Gran Canaria erschienen.

VORWORT

Madeira scheint zum Urlauben und Wandern wie geschaffen. Mehr als eine Million Besucher, und die Zahl ist stetig steigend, finden sich jährlich hier aus fast der ganzen Welt ein, um die Vorzüge der Insel sowie die Mischung aus Südeuropa, mediterranem Flair und Kolonialstil für die schönste Zeit des Jahres zu nutzen.

Mich fasziniert vor allem der Kontrast der Landschaften zwischen Kultur und Natur mit den jahrhundertealten Kulturterrassen, dem einzigartigen Lorbeerwald, den schroffen und bizarren Gebirgen sowie den einsamen und urwüchsigen Tälern. Trotz der teilweise schwer zugänglichen Topografie lässt sich die Insel entlang der Levadas relativ bequem erkunden.

Genießen Sie zusammen mit diesem Wanderführer einen Rundgang durch Funchal mit den zahlreichen historischen Gebäuden, besuchen Sie die Markthallen mit dem bunten Gemüse- und Fischmarkt, lassen Sie sich ein Mittagessen in einem Dorfgasthaus bei Rindfleisch am Spieß mit Kartoffelbrot (espetada com

bolo de caco) schmecken oder den Abend mit traditioneller Musik und einer Capoeira-Aufführung ausklingen.

Romantiker finden sich frühmorgens auf der Aussichtsplattform am Pico Arieiro ein, um den Sonnenaufgang zu genießen, und abends an der Ponta do Sol, um die Sonne im Meer untergehen zu sehen. Wer „nur" flanieren möchte, dem stehen herrliche Anlagen wie der Botanische Garten oder der Palheiro-Park zur Verfügung, die ein tropisches Ambiente zu allen Jahreszeiten bieten.

Und natürlich sind es die Wanderungen durch die Gebirgslandschaft und entlang der Levadas, die erst die wahre Schönheit der Insel erschließen. 60 der schönsten Touren sind in diesem Führer zusammengestellt, um die vielfältigen Facetten der Inselnatur gebührend erleben zu können.

Wandern Sie mit offenen Augen, dann werden Sie viel über das Leben der Menschen und die unterschiedlichen Gesichter der Insel kennenlernen.

Ihr Peter Mertz

INHALT UND TOURENÜBERSICHT

AUFTAKT

Vorwort	2	Wandern auf Madeira	20
Inhalt und Tourenübersicht	4	Allgemeine Tourenhinweise	25
Gebietsübersichtskarte	10	Meine Highlights	26
Das Gebiet	12		

Tour		Seite	
01	Ponta de São Lourenço	28	
02	Der Küstenweg von Caniçal	32	
03	Die Levada do Caniçal	35	
04	Von Machico zum Boca do Risco	39	
05	Portela – Porto do Cruz	44	
06	Funduras	47	
07	Kleine Santo-da-Serra-Runde	51	
08	Große Santo-da-Serra-Runde	55	
09	Assomada – Camacha	59	
10	Auf den Pico do Suna	62	
11	Von Ribeira do Machico nach Sitió da Quatro Estradas	65	
12	Von Aguas Mansas nach Sitio das Quatro Estradas	69	
13	Sitio das Quatro Estradas – Agua Mansa	73	
14	Von Ribeiro Frio zum Portela-Pass	76	
15	Balcões	80	
16	Rund um Ribeiro Frio	83	
17	Auf den Adlerfelsen	86	
18	Picknickplatz Rancho Madeirense	89	
19	Queimadas	92	
20	Der Küstenweg nach São Jorge	96	

ANHANG

Alles außer Wandern 256
Orte, Tourismusinformationen ... 264
Auf der Insel unterwegs 268
Übernachtungsverzeichnis 270
Register 273
Impressum 276

km	h	hm	hm	🅿	🚌	🚠	🍴	⛺	❄	🚲	🛏	Karte
7,5	2:45	310	310	✓	✓							234
6,5	2:45	320	80	✓	✓		✓		✓			234
11	3:45	0	70	✓			✓		✓			234
13	4:30	230	450	✓	✓							243
6	2:15	40	620		✓							243
17	6:00	350	350		✓					✓		234
9,5	3:00	220	220	✓	✓							234
15,5	4:15	270	270	✓	✓							234
6	2:15	475	0	✓	✓		✓					234
6	1:45	150	150	✓	✓			✓				234
13	3:45	350	50		✓							234
11,5	3:45	150	150	✓	✓							234
5,5	1:45	50	100	✓	✓		✓			✓		234
11	3:30	0	275	✓	✓		✓					234
3,5	1:15	15	15	✓	✓		✓					234
7,5	2:30	300	300	✓	✓		✓					234
3	2:15	440	440					✓				234
4,5	1:15	20	20	✓								234
14	4:30	90	90	✓	✓							234
7	2:30	320	320	✓	✓		✓					234

INHALT UND TOURENÜBERSICHT

Tour		Seite	
21	Levada do Rei	100	
22	Caminho da Entrosa	103	
23	Die Höhlen von Sao Vicente	106	
24	Die Levada da Serra	109	
25	Von Camacha nach Monte	113	
26	Die Levada do Bom Sucesso	118	
27	Botanischer Garten – Jardim Botânico	124	
28	Stadtrundgang durch Funchal	128	
29	Die Levada do Norte West	136	
30	Die Levada do Norte Ost	140	
31	Chão dos Terreiros	146	
32	Entlang der Levada Nova	149	
33	Die Levada da Negra	155	
34	Auf den Pico Ruivo	158	
35	Vereda da Ilha	161	
36	Die Überquerung zum Encumeada-Pass	166	

Die Südküste rund um die Bucht von Funchal

km	h	hm	hm	P	🚌	☕	🍴	▲	❄	🚲	🛏	Karte
10,5	3:00	40	40									234
3,5	1:30	170	270		✓		✓					234
2	0:50	70	70	✓			✓					234
11	3:30	100	500		✓		✓					234
14	4:30	170	270		✓	✓	✓					234
8,25	3:15	200	470	✓	✓	✓	✓					234
1,25	2:00	60	80	✓	✓	✓	✓					234
6	2:30	120	120	✓	✓		✓				✓	234
13	3:45	0	75	✓			✓					234
11,5	4:15	50	30	✓	✓							234
10,5	3:00	500	500								✓	234
15,5	4:45	450	450	✓	✓		✓					234
5,5	2:45	250	250	✓								234
5,5	2:00	270	270	✓	✓		✓	✓				234
10,25	4:00	30	1280	✓								234
14	5:15	545	1145	✓			✓	✓				234

Levadas queren oft Hänge, die wie ein Flickenteppich aus Gärten und Häuschen wirken

7

INHALT UND TOURENÜBERSICHT

Tour		Seite	
37	Pico do Arieiro – Achada do Teixeira	172	
38	Der Pico Grande	176	
39	Vereda da Encumeada	179	
40	Curral das Freiras	183	
41	Von der Boca da Corrida ins Nonnental	186	
42	Levadas am Encumeada-Pass	189	
43	Vereda do Chão dos Louros	192	
44	Pico Ruivo do Paúl	195	
45	Die Levada do Paúl	198	
46	25 Quellen	201	
47	Risco-Wasserfall	205	
48	Levada do Alecrim	208	
49	Die Levada da Rocha Vermelha	212	
50	Fanal	216	
51	Levada dos Cedros	220	
52	Levada Ribeira de Janela	223	
53	Porto Moniz	227	
54	Achadas da Cruz	230	
55	Ponta do Pargo	233	
56	Prazeres – Calheta	237	
57	Prazeres – Jardim do Mar	240	
58	Levadas bei Ponta do Sol	244	
59	Strandwanderung auf Porto Santo	247	
60	Pico de Castelo auf Porto Santo	251	

8

km	h	hm	hm	🅿	🚌	🚠	🍴	⚠	❄	🚲	🛏	Karte
12,5	5:15	780	780	✓			✓					234
8	4:00	420	420	✓					✓			234
13	4:00	410	640	✓								234
2,8	1:00	50	490	✓	✓		✓					234
9	3:45	170	790	✓			✓					234
5,5	1:30	10	10	✓			✓					234
2,25	0:50	30	30	✓								234
5,5	2:00	240	240	✓					✓			234
12	3:00	60	60	✓								234
12	4:15	350	350	✓								234
7,5	2:15	240	240	✓								234
7	2:00	30	30	✓								234
17,5	5:25	440	440	✓								234
6,5	2:00	200	200	✓								234
11,2	3:00	300	300	✓								234
13	4:00	10	10	✓								234
3,75	1:15	0	450		✓		✓					234
3,5	1:25	400	400	✓		✓						234
16	5:00	300	300	✓			✓					234
14	3:45				✓							234
6	2:30	0	630		✓		✓					234
9,5	3:00	110	110		✓							234
7	2:00	0	10		✓		✓					234
10,5	4:00	437	437		✓				✓			234

9

GEBIETSÜBERSICHTSKARTE

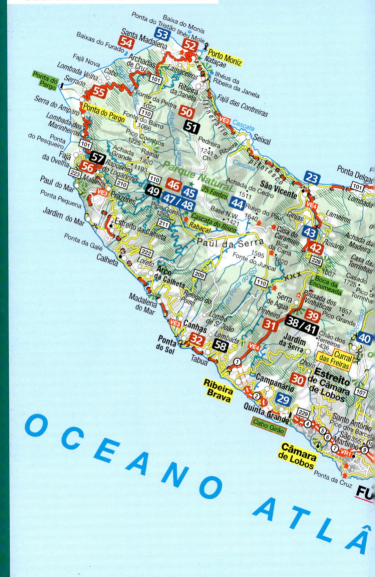

DAS GEBIET

Zahlreiche Prädikate umschreiben die Schönheit der Blumeninsel Madeira: „Grüne Perle" im Atlantik oder „Insel des ewigen Frühlings" sind nur zwei Beispiele. Damit soll die Sonderstellung dieses schroffen Eilandes, das zu Portugal gehört, prägnant umrissen werden. Doch die teils raue, steile und zerklüftete Topografie des Naturraumes machen es schwierig, Madeira im Vorbeigehen zu erkunden. Die Schönheit des „Schwimmenden Garten Europas" erschließt sich erst allmählich und am besten entlang der Wanderwege.

Seit ihrer ersten dauerhaften Besiedlung im 15. Jh. ist die Insel jedoch recht unterschiedlich charakterisiert worden. So notierte einer der beiden Kolonisatoren, João Gonçalves Zarco, beim Anblick Madeiras von der Nachbarinsel Porto: „Wir sahen vor uns im Meer ein dunkles, Furcht erregendes Objekt aufragen, die Heimstatt von Dämonen und bösen Geistern." Und tatsächlich: Bis heute wirkt die raue, extrem steile und zerklüftete Nordküste abschreckend und doch zugleich anziehend. Nach der Landung in der Bucht von Funchal änderte der Entdecker seine Meinung gravierend, er sah nun die Insel als einen Ort „sorgloser Schönheit ..., das Land der Feen" – ein Klischee, das den bekannten Prädikaten Madeiras schon weit mehr entspricht. Auf Wanderungen durch die Insel lernt jeder, der mit offenen Augen unterwegs ist, ihre unterschiedlichen Gesichter kennen.

Steckbrief Madeira

Gesamtfläche (inkl. Porto Santo und Desertas): 801 km^2
Größte Länge: 57 km
Größte Breite: 22 km
Einwohnerzahl: 268.000 (davon knapp 110.000 in der Hauptstadt Funchal); 94,5 % sind katholisch
Lage: Etwa 730 km westlich des afrikanischen Kontinents – etwa auf der geographischen Breite von Casablanca in Marokko im Atlantischen Ozean. Die Entfernung vom portugiesischen Festland, z.B. nach Lissabon, beträgt ca. 951 km. Madeira gehört mit der kleineren Insel Porto Santo und der unbewohnten kleineren Inselgruppe Ilhas Desertas zur Inselgruppe Madeira, die gemeinsam mit dem ebenfalls unbewohnten Ilhas Selvagen die Autonome Region Madeira bildet.

Die höchsten Berggipfel, die sich wie ein steinernes Rückgrat durch Madeira ziehen, wirken auf den ersten Blick schroff und abweisend. Doch an ihren Hängen ziehen die Levadas, ein ausgeklügeltes Kanalsystem, vom regenreichen Norden in den klimatisch begünstigten Süden. Hier lässt das kühle Nass einen subtropischen Garten Eden entstehen, der an Arten-, Formen- und Farbenfülle seinesgleichen sucht. Gleichzeitig bieten die Levadas – ähnlich den Waalen in Südtirol – ein einmaliges Wandererlebnis: Ohne größere Höhenunterschiede leiten sie durch die faszinierende Welt der Berghänge – durch nebelverhangene Lorbeerwälder, über steile Klippen und durch liebliches Kulturland. Die Liste der

Herbst in den Bergen nahe der Pico-Ruivo-Hütte

Kontraste ließe sich beliebig fortsetzen – Einsamkeit am grandiosen Pico Grande, quirlig städtisches Leben auf den Straßen und Promenaden von Funchal, die grüne Hölle im Caldeirão Verde, wüstenhafte Dürre auf der sommerlichen Ponta de São Lourenço...

Entstehung und Naturraum

Die Anfänge der Insel liegen mehr als 20 Millionen Jahre zurück. Damals führten heftige Lavaausbrüche am Grund des Atlantiks zum allmählichen Aufbau eines riesigen Vulkans, aus dessen Spitze die Insel Madeira hervorgegangen ist.

Diese sehr vereinfachte Darstellung der Entstehung ist seit etwa 1,5 Millionen Jahren abgeschlossen und hat zu einer Insel geführt, die sich insgesamt 5000 m über den Meeresgrund erhebt. 1862 m davon liegen über der Meeresoberfläche und haben eine Größe von 728 km^2, wobei die Länge 58 und die Breite 23 km beträgt. Die letzte Phase des Vulkanismus fand an der Südküste zwischen Funchal und Camara de Lobos statt. Die Erosion durch Regen, abfließenden Wasser und Wind hat im Laufe von mehr als einer Million Jahren zur heutigen Landschaft geführt und die vulkanischen Gebilde und Gipfel weitgehend abgetragen. Übrig geblieben sind die steilen Grate mit den tief eingeschnittenen Tälern.

Man unterscheidet im Wesentlichen drei Regionen. Das Zentralmassiv mit den höchsten Bergen wie Pico Ruivo, Pico Arieiro und Pico Grande, die westliche Region mit der Hochebene Paúl da Serra sowie der östliche Bereich, der mit der Landspitze Ponta da São Lourenço endet. Eine Besonderheit, die auf die unterschiedlichen vulkanischen Materialien zurück-

DAS GEBIET

Nebelstimmung am den Hängen des Pico Ruivo

geht, ist, dass die großen Flusstäler wie Ribeira Brava, Ribeira da Janela oder Ribeira dos Soccoridos im Quellbereich breiter sind als an der Mündung. Grund dafür ist der harte Basalt, der vor allem an der Nordseite in Meeresnähe ansteht und zu den fast senkrechten Steilküsten führt.

Madeira liegt knapp 1000 km von Lissabon und fast 800 km von der Küste Marokkos entfernt. Zum Archipel Madeira, der insgesamt zusammen mit den Azoren, Kanaren und den Kapverden zu den Makronesischen Inseln gehört, zählen noch die kleine Insel Porto Santo im Norden sowie die unbewohnten Ilhas Desertas und Selvagens im Süden. Der „ewige" Frühling wird vor allem durch den Golfstrom hervorgerufen, der das Klima der Insel stark beeinflusst und zu milden Temperaturen das ganze Jahr über führt. Vom Nordosten weht stets der Passatwind, der die feuchte Luft an den Bergen zu Wolken kondensieren und es an den Nordhängen häufig regnen lässt.

Deshalb finden wir hier in Höhen zwischen 700 und 1300 m noch den einzigartigen Lorbeerwald, der für Naturfreunde eine der Besonderheiten der Insel darstellt. Diesem Waldtyp, der früher großflächig auf der Insel vorhanden war und weitgehend gerodet wurde, gilt heute auch ein großes Schutzinteresse. Denn die „Laurisilva" hat für das Ökosystem der Insel und vor allem für den Wasserhaushalt eine sehr große Bedeutung. Diese sehr artenreiche Waldgesellschaft, die aus mehreren Bäumen der Familie der Lorbeergewächse besteht, speichert überaus viel Wasser, das aus dem Passatnebel und dem damit verbundenen Regen stammt. In den Berggebieten und an den Südhängen wächst hingegen eine gebüschartige Vegetation aus Baumerika, die bis auf die höchsten Grate hinauf zu finden ist.

Der Madeira-Buchfink begegnet einem an den Aussichtspunkten im Bergwald

Tierwelt

Die Tierwelt ist von einer auffälligen Artenarmut gekennzeichnet. Viele der vorkommenden Säugetierarten wurden mit Ausnahme der Fledermäuse vom Menschen eingeführt. Eine naturkundliche Rarität stellt das Vorkommen des vom Aussterben bedrohten Madeirasturmvogels dar, der in den einsamen Bergregionen zwischen Ruivo und Arieiro nistet. Am häufigsten sieht man entlang der Wanderrouten die Madeira-Mauereidechse, die als einzige Reptilienart auf der Insel vertreten ist. Denn es gibt keine Schlangen.

In Porto Moniz werden Walbeobachtungsfahrten angeboten, da in den Gewässern rund um die Insel immer wieder Pottwale, Tümmler, Delphine durchziehen. Auf den unbesiedelten Ilhas Desertas lebt eine Kolonie der Mittelmeer-Mönchsrobbe.

Madeiras sieben Naturschutzgebiete

- Lorbeerwald (Laurazeen-, Laurissilvawald)
- Ilhas Desertas
- Naturpark Madeira
- Naturreservat da Rocha do Navio
- Naturreservat Ilhas Selvagens
- Naturreservat Garajau
- Naturreservat Ponta do São Lourenço

Naturreservat Garajau

Auch unter Wasser wird für Naturschutz gesorgt. An der Südküste Madeiras gibt es den Unterwassernationalpark Garajau. Fischen mit Netzen oder angeln ist hier untersagt. Die Naturschutzmaßnahmen zeigen Erfolg. Unzählige Fischschwärme und Begegnungen mit großen Meeressäugern sind keine Seltenheit. Weiterhin gibt es auch eine Walforschungsstation. Dort wird das Verhalten von Meeressäugern erforscht, damit die

DAS GEBIET

Der ursprünglich auf der gesamten Insel beheimatete Lorbeer-Urwald blieb nur mehr an wenigen Orten wie hier bei Queimadas erhalten

Tiere besser geschützt werden können. Auch das Walmuseum in Caniçal dient dazu, die Öffentlichkeit zu mobilisieren und sich für den Schutz der Meerestiere einzusetzen. Der Walfang auf Madeira wurde erst 1981 verboten.

Naturpark Madeira
1982 wurde der Naturpark Madeira gegründet mit dem Ziel, das natürliche Ökosystem mit seinen vom Aussterben bedrohten Tieren und Pflanzen zu schützen. Der Park nimmt fast zwei Drittel der Insel ein. Der Laurissilva-Wald (Lorbeerwald) und die Naturreservate Garajau und Rocha do Navio gehören mit dazu. In diesen Gebieten ist es verboten, Pflanzen zu pflücken, zu beschädigen oder das Umfeld der einheimischen Spezies in irgendeiner Weise zu stören.

Naturreservat Ilhas Selvagens
Die Selvagens-Inseln bestehen aus zwei Gruppen kleiner Inseln, von denen Selvagem Grande, Selvagem Pequena und Ilhéu de Fora die wichtigsten sind. Sie liegen etwa 180 Seemeilen von Madeira entfernt und sind die südlichsten Inseln des portugiesischen Territoriums. Das Naturschutzgebiet Ilhas Selvagens wurde 1971 als eines der ersten Naturschutzgebiete Portugals gegründet. Es ist das einzige portugiesische Schutzgebiet, das von der EU mit dem Europadiplom ausgezeichnet wurde.

Die Inseln Selvagem Pequena und Ilhéu de Fora weisen eine einzigartige, intakte Pflanzenwelt auf, was dem Umstand zu verdanken ist, dass dort niemals Pflanzenfresser eingeführt worden sind. Von den 90 Pflanzenarten, die die Selvagens besiedeln, sind zehn endemisch. Die Inseln dienen außerdem als Nistplätze für viele Meeresvögel. Sie wurden deshalb als Vogelschutzgebiet ausgewiesen.

Die wüstenähnliche Halbinsel São Lourenço

Ponta de São Lourenço

Die langgestreckte Halbinsel Ponta de São Lourenço befindet sich im Osten Madeiras. Sie ist ca. 9 km lang und 2 km breit. Die beiden kleinen Inseln Ilhéu de Agostinho und Ilhéu do Farol gehören mit dazu. Die Vegetation ähnelt einer wüstenartigen Landschaft. Hohe, schroffe und rötlich schimmernde Felsen ragen aus dem Meer. 1982 wurde dieses Gebiet mit dem Ziel der Erhaltung seiner Fauna, Flora und geologischen Erbes zum Naturreservat erklärt.

Die Besiedlungsgeschichte

Madeiras Landschaft steht aber in engem Zusammenhang mit der Besiedlungsgeschichte, die bereits im 13. Jh. begann. Offiziell wurde es 1420 entdeckt und besiedelt. Im 15. Jh. erlangte es große Bedeutung, weil es für Portugal einen wichtigen Stützpunkt am Seeweg nach Indien darstellte. Die Siedler rangen den steilen Hängen Ackerland in Form von Feldterrassen ab, die eigentümliche und charakteristische Landschaftsformen ergaben und „poios" genannt wurden. Mit Hilfe von Steinmauern verhinderte man, dass der Boden innerhalb der Terrassen weggespült wurde. Die „poios" reichen bis in eine Höhe von 700 m und wurden über die zahlreichen Levadas bewässert. Oft sind ganze Hänge von oben bis unten mosaikartig terrassiert und in kleine Felder und Etagen zerstückelt.

Die Feldfrüchte, die in charakteristischen Mischkulturen angebaut wurden, führten jahrhundertelang zu einem regen Handel. Madeira exportierte vor allem Weizen, Zucker und ab dem 16. Jh. Wein, der die Insel weltweit bekannt machte. Trotzdem war man immer sehr stark an die Einfuhr von Lebensmitteln gebunden, was zu Hungersnöten, einer

DAS GEBIET

Die Gegend rund um Rabaçal ist durch eine üppige Vegetation geprägt

ganz eigenen Kultur des Landlebens, aber auch zu Auswanderungswellen führte. Vor allem im 19. Jh. erleidet Madeira etliche landwirtschaftliche, religiöse und soziale Krisen, die eine Massenauswanderung nach Britisch-Guayana, Surinam, den Antillen, Brasilien, Hawaii, Südafrika, Venezuela und USA auslöste. Trotz hunderttausender Auswanderer liegt die Bevölkerungszahl heute immer noch bei etwa 280.000 Einwohnern, für die der Tourismus ein wichtiger Erwerbszweig wurde.

Der Tourismus

Dieser setzte schon im 19. Jh. mit ersten Erwähnungen in Reiseführern ein, die vor allem das milde Klima und die exotischen Landschaften gepriesen haben. Die Touristen wurden in privaten Quintas (Landhäusern) untergebracht, 1840 gab es die ersten Hotels. Heute werden etwa 260 Unterkunftsmöglichkeiten in allen Kategorien bis zum 5-Sterne-Luxushotel, aber auch urige Landhäuser und geräumige Apartments angeboten. Infrastrukturen für Wanderer wie Schutzhütten oder andere Übernachtungsmöglichkeiten in den Bergen sind jedoch bislang nicht entstanden.

Madeirawein

Unter diesem Begriff verbergen sich verschiedene sortenreine Weine, aber auch Cuvées aus verschiedenen Reben. Eine Neuklassifizierung durch die EU schreibt vor, dass „echter" Madeira einen Mindestgehalt einer gewissen Traubensorte aufweisen muss. Der international bekannteste Tropfen wird vor allem aus der Malvasia-Traube gekeltert; stammt ursprünglich aus Kreta, aber schon seit dem 15. Jh. auf Madeira angebaut; daneben auch andere Rebsorten, teilweise von minderer Qualität.

Typische Speisen und Getränke

Tomatensuppe (Sopa de tomate)
Mit viel Zwiebel und zumeist einem pochierten Ei.

Kohlsuppe (Caldo Verde)
Aus Kartoffeln und fein geschnittenem Kohl, oft mit Wurst angereichert; sehr üppig.

Fischsuppe (Caldeira de Peixe)
Fast schon ein Eintopf aus Fisch, Meeresfrüchten, Kartoffeln und Zwiebel.

Stockfisch (Bacalhau)
Traditioneller, eingesalzener Fisch mit typischem Geruch.

Schwarzer Degenfisch (Espada)
Der bekannteste und am meisten servierte Fisch Madeiras, oft als Espada com banana.

Fleischspieß (Espedata)
Das Nationalgericht Madeiras, am Spieß gegrilltes Ochsenfleisch.

Napfschnecken (Lapas)
Mit Öl und Knoblauch gegrillt, schmecken nach Meer pur.

Fladenbrot (Bolo do caco)
Der Teig wird unter anderem aus Süßkartoffeln hergestellt, zumeist mit Knoblauchbutter als Snack vor dem Essen serviert.

Früchte und Gemüse
Immer frisch und ein köstlicher Genuss.

Bica
Dem italienischen Espresso vergleichbar.

Poncha
Eine Mischung, die es in sich hat: Zuckerrohrschnaps, Honig, Zucker und Orangensaft.

Schwarzer Degenfisch

WANDERN AUF MADEIRA

Die Bergtouren verlangen eine teils alpine Ausrüstung, obwohl etliche Wege gut ausgebaut sind

Wanderausrüstung

Trotz der subtropischen Lage darf man die Temperaturunterschiede und den Wetterwechsel, der durch die Passatnebel hervorgerufen werden, nicht unterschätzen. Deshalb gehören eine Wind- und Regenjacke zum fixen Bestandteil des Wanderrucksackes. Im Herbst und Winter empfiehlt sich sogar ein Anorak und wasserdichte Hosen, da Niederschläge fast täglich auftreten können. Oberhalb von 1000 m Seehöhe können zwischen Oktober und März Temperaturen um den Gefrierpunkt herrschen. Im Sommer sollten Sie auf Sonnencreme und eine Kopfbedeckung nicht vergessen. Entlang der Levadas genügen oftmals gute Sportschuhe, je nach subjektiver Trittsicherheit, für die Bergtouren in der zentralen Kette sind aber feste Bergschuhe unerlässlich. Rutschiges Terrain, Geröll und körniger Lavaboden und ausgesetzte Wegstellen verlangen absoluten Halt. Da es wenig Einkehrmöglichkeiten entlang der Wanderrouten und so gut wie keine Schützhütten oder Äquivalente zu Almen gibt, muss man ausreichend Getränkevorrat und Proviant mitführen. Levadas an der Westseite und in Küstennähe können mit kurzen Hosen begangen werden, auch hier sollte man jedoch stets Vorkehrungen für Wetterumschwünge treffen und leichte lange Überhosen mitführen.

Levada-Wandern

Die Levadas gehören zu den auffälligsten Erscheinungen Madeiras, die häufig von Wegen begleitet werden. Diese dienten zum Bau oder der Wartung der Wasserkanäle und werden heute als beliebte Wanderrouten verwendet. Diese Wege sind

Die meisten Levadas werden von bequemen Wegen begleitet, die aber dennoch ausgesetzt sein können

aber aus Sicht der Wanderer anders zu beurteilen als herkömmliche Wanderrouten. Die meisten Pfade führen unmittelbar an den Kanälen entlang und sind daher naturgemäß eben. Sie bilden so einen markanten Kontrast zu den steilen Berghängen, die sie durchqueren. Obwohl der Weg kaum gehtechnische Schwierigkeiten aufweist, kann er ausgesetzt und mit Passagen bestückt sein, die Schwindelfreiheit und Trittsicherheit verlangen. Deshalb wird bei der Charakterisierung der Wanderungen in den Tourensteckbriefen extra darauf hingewiesen, ob solche Stellen, die weniger geübten Wanderern zum Verhängnis werden können, vorhanden sind.

Ferner sind die Touren meist Streckenwanderungen, auf denen man den Levadas bis zu einem Umkehrpunkt oder bis zum Ursprung folgt und anschließend denselben Weg zum Ausgangspunkt zurück nimmt. Um 2010 und später hat man in Folge von Unwettern und Wald-

Restaurierter Levada-Weg

WANDERN AUF MADEIRA

bränden etliche Levadas saniert, die Wege ausgebaut und gesichert. Das beste Beispiel dafür ist die Levada do Furado von Ribeiro Frio nach Portela, die eine der schönsten Routen auf Madeira ist. Bis 2010 musste der Weg als schwierig und schwindelerregend, seit dem Ausbau im Winter 2010/2011 kann der Weg gehtechnisch als leicht und von der Ausgesetztheit her als mittelschwer eingestuft werden. Die wahre Steilheit der Hänge wird oft auch vom üppigen Bewuchs aus Baumheide oder Lorbeerwald verdeckt. Man sollte es aber vermeiden, sich zu überschätzen, denn es gibt Levada-Touren für jeden Anspruch. Weil man ja meist auf derselben Strecke zum Ausgangspunkt zurückkehrt, kann man auch in schwierige Routen so lange „hineinschnuppern", wie es die subjektiven Möglichkeiten zulassen.

Orientierung

Die Orientierung entlang der Levadas ist zumeist denkbar einfach, weil der Kanal die Route wie ein roter Faden, der durch die Landschaft zieht, vorzeichnet. Abzweigungen oder Kreuzungen gehören eher zu den Ausnahmen. Beschilderungen und Markierungen sind selten, obwohl 19 offizielle Wege von der Regierung eingerichtet sind (Informationen unter: http://www.visitmadeira.pt/de-de/was-machen/aktivitaten/forschen/madeira/aktivitaten/wandern).

Oftmals ist es jedoch schwierig, den Einstieg in die Levada zu finden, weil durch Besiedelung und Straßenbau immer mehr verändert und erschlossen wird. So wandeln sich Schotterpfade auch gerne in asphaltierte Nebenstraßen.

Wetter

Auf jeden Fall ist das Wetter als Unsicherheitsfaktor zu beachten, denn plötzlich einfallender Passatnebel und damit verbundene Nässe können eine einfache Strecke durchaus erschweren und rutschig machen. Es ist selten, dass das Wetter den ganzen Tag über konstant bleibt, daher ist auch bei Sonnenschein ein Regenschutz mitzuführen.

Levada-Tunnel

Diese Besonderheit trifft man nicht alle Tage entlang von Wanderungen an, jedoch an den Levadas auf Madeira. Daher wird in den Tourensteckbriefen auch auf das Vorhandensein von Tunnels entlang der Wanderstrecke hingewiesen, denn für die meisten Tunnels benötigt man eine Taschen- oder Stirnlampe. Da die Wände und der Boden häufig sehr feucht sind, sollte man sich vor dem Betreten des Tunnels die Regenjacke überziehen, und festes Schuhwerk ist ohnedies immer anzuraten. Die Tunnels können sehr eng und niedrig sein, sodass man gebückt durchgehen muss.

Streckenlänge

Da sich die Levadas oft mit vielen Biegungen durch die Berghänge schlängeln, kann die Länge der Wanderung zwischen Ausgangspunkt und Zielort unterschätzt werden. Darüber hinaus fehlen meist Einkehrmöglichkeiten, daher sollte man mehr als ausreichend Wasser und Proviant im Rucksack haben.

Offizielle und zertifizierte Wanderrouten (PR)

PR-Wege sind mit modernen Wegweisern ausgestattet, die teilweise auch Kilometerangaben enthalten

PR 1	Vereda do Arieiro	PR 14	Levada dos Cedros
PR 1.1	Vereda da Ilha	PR 15	Vereda da Ribeira da Janela
Pr 1.2	Vereda do Pico Ruivo		
PR 1.3	Vereda da Encumeada	PR 16	Levada Fajã do Rodrigues
PR 5	Vereda das Funduras	PR 17	Caminho do Pináculo e Folhadal
PR 6	Levada das 25 Fontes		
PR 6.1	Levada do Risco	PR 18	Levada do Rei
PR 7	Levada do Moinho	PR 19	Caminho Real do Paul do Mar
PR 8	Vereda da Ponta de São Lourenço		
		PR 20	Vereda do Jardim do Mar
PR 9	Vereda do Caldeirão Verde	PR 21	Caminho do Norte
		PR 22	Verteda do Chão dos Louros
PR 10	Levada do Furado		
PR 11	Levada dos Balcões	PS PR 1	Vereda do Lico Branco de Terra Chã
PR 12	Caminho Real da Encumeada		
		PS PR2	Vereda do Pico Castelo
PR 13	Vereda do Fanal	PS PR3	Vereda o Calheta

GLOSSAR WANDERBEGRIFFE

A
achada (aschada): kleines Plateau
água (agwa): Wasser

B
baía (beia): Bucht
baixo (beischu): niedrig, unten
bica (bika): kleine Quelle
boca (boka): Bergpass

C
cabo (kabu): Kap
caldeirão (kaldärau): Kessel, Krater
câmara (kamara): Lager, Kammer
campo (kampu): Ebene
casa (kasa): Haus
choupana (schupana): Hütte
cimo (zimu): Gipfel
cova (kova): Grube, Höhle
cruz (krusch): Kreuz
curral (kural): Weideplatz, Stall

E
estreito (ischträtu): oberhalb gelegene Enge

F
fonte (fontä): Quelle
frio (friu): kalt

G
grande (grandä): groß

J
jardim (schardim): Garten

L
lombo (lombu): Grat zwischen zwei Schluchten

M
miradouro (miradoru): Aussichtspunkt
monte (montä): Berg

P
palheiro (paljäru): Kuhstall
paragem (paraschä): Bushaltestelle
pául (paul): Sumpf
pedra (pedra): Stein
pico (piku): Spitze, Gipfel
poios (peujusch): Terrasse für Äcker u.ä.
poiso (peusu): Pause, Aufenthaltsort
ponta (ponta): Spitze, Ende
porto (portu): Hafen
pousada (pusada): Hotel, Herberge (staatlich)

Q
quinta (kinta): Landhaus, Herrenhaus

R
ribeira (ribära): Fluss, Flusstal
rocha (roscha): Felsen, Klippe

S
seco (seku): trocken
serra (sera): Bergkette

T
terreiro (terreiru): Gelände

V
vereda: alter Verbindungsweg
vale (wale): Tal

Ein typisches Madeira-Häuschen (Casa de Colma)

ALLGEMEINE TOURENHINWEISE

SCHWIERIGKEITSBEWERTUNG

■ BLAU
Als blau sind solche Wege gekennzeichnet, die keine ausgesetzten Wegpassagen und kaum Höhendifferenzen aufweisen. Das Begehen ist zu jeder Zeit, auch bei Schlechtwetter möglich. Diese Routen eignen sich für ältere oder weniger geübte Wanderer, insbesondere aber auch für Familien.

■ ROT
Wegen der Besonderheit auf Madeira, dass einige Levadawege zwar eben, aber ausgesetzte Passagen aufweisen, können gehtechnisch leichte Wege auch rot klassifiziert sein. Ferner können rote Wege auch Höhenunterschiede bis 400 m aufweisen, schmal sein und Trittsicherheit erfordern. Schwindelfreiheit ist von Vorteil.

■ SCHWARZ
Als schwarz und damit sehr anspruchsvoll sind die Überquerung der Zentralkette vom Pico Arieiro zum Pico Ruivo sowie die Levada bei Queimadas eingestuft, da diese Wege absolute Schwindelfreiheit und im ersten Fall alpine Erfahrung erfordern. Diese Routen können nur bei guten Wetterbedingungen absolviert werden.

ZEITANGABEN
Die Gehzeiten basieren auf folgender rechnerischen Grundlage: 400 Hm im Aufstieg und 4 km horizontal pro Stunde; 1/3 weniger im Abstieg. Eine Formel, die auch in der Praxis sehr gut funktioniert. Die Angaben beziehen sich auf die reine Gehzeit – ohne Pausen.

MEINE LIEBLINGSTOUR

Die Überschreitung von der Achada do Teixeira über den Pico Ruivo bis zum Encumeada-Pass bietet alle Aspekte der Gebirgslandschaft von Madeira, ohne jedoch ausgesetzte Wegpassagen aufzuweisen.

Bei klarem Wetter wird diese Wanderung zu einer Aussichtstour auf fast die gesamte Insel. Ferner fasziniert die Vielfalt der Gesteinsformationen entlang dieses Weges sowie der Bewuchs, der von Gebirgspflanzen bis zu den Lorbeerwäldern reicht (Tour 36).

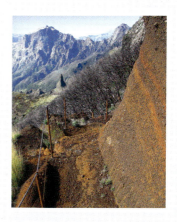

MEINE HIGHLIGHTS

1: Forellen-Levada
Zu einer der schönsten Levada-Wanderungen gehört die Route entlang der Levada do Furado von Ribeiro Frio nach Portela. Dabei lernt man besonders den ursprünglichen Lorbeerwald, aber auch die kunstvolle Anlage von Levadas kennen.
→ Tour 14, Seite 76

2: Familien-Levadas
Häufig begangene Levadastrecken in der Nähe von Funchal sind die entlang der Levada dos Tornos und der Levada da Serra do Fajal, die auch zu den beliebten Ausflugszielen Camacha und Monte führen. Eine der besten Einstiegstouren zum Levadawandern bietet die Route von Monte nach Bom Sucesso.
→ Tour 26, Seite 118

3: Botanischer Garten
Ein Muss für alle Pflanzenfreunde ist der Besuch einer der exotischen Gärten, vor allem aber des Botanischen Gartens in Funchal, der in traumhafter Lage oberhalb des Zentrums liegt und eine ungeheure Pflanzenvielfalt präsentiert.
→ Touren 24 u. 27, Seiten 109 u. 124

4: Der einsame Nordwesten
Wer es einsam liebt, wird die Levada Ribeira de Janela bei Porto Moniz im äußersten Nordwesten vorziehen.
→ Tour 52, Seite 223

5: Wanderparadies Rabaçal
Für Familien sind die Touren bei Rabaçal ideal geeignet, die Streckenlängen für alle Ansprüche aufweisen. Sie führen zu Wasserfällen, einsamen Felskesseln mit Bademöglichkeit oder zu eindrucksvollen Aussichten entlang einer klassischen Levada.
→ Touren 45–49, Seiten 198–215

A DE SÃO LOURENÇO

Ostspitze von Madeira

  7,5 km 2:45 h 310 hm  310 hm 234

START | Abrabucht, 77 m; Parkplatz am Ende der ER 109; Bus: Linie 113 von Santa Cruz bis Baia de Abra, mehrmals täglich, Fahrzeit ca. 1.30 Std. [GPS: UTM Zone 28   x: 340.501 m   y: 3.624.157 m]

CHARAKTER | Leichte Streckenwanderung auf durchwegs trassierten, teils befestigten Fels- und Schotterwegen. Die Anstiege sind mit Treppen ausgebaut, sämtliche abschüssige Passagen mit Seilgeländern gesichert. Der Aufstieg zum Pico do Furado (150 m) verläuft über Holz- und Steintreppen. Die Route ist schattenlos und dem Wind ausgesetzt. Trittsicherheit ist von Vorteil.

Der äußerste Osten von Madeira bietet einen teils herben Kontrast zur sattgrünen, von dichter Vegetation bewachsenen Hauptinsel. Das Kap Ponta de São Lourenço schiebt sich als wüstenähnliche Halbinsel weit ins Meer hinaus und wird von bizarren Steilküsten, aus dem Meer ragenden Felstürmen, buntem Vulkangestein und einer kargen, aber hoch interessanten Vegetation geprägt. Weiter ostwärts sind noch Inseln vorgelagert, die jedoch vom Festland abgetrennt sind. Im Frühjahr mildern zahlreiche Blüten und saftiges Gras den rauen Charakter. Mehrere Aussichtspunkte entlang der Route ermöglichen atemberaubende Blicke auf die Steilküste und zurück in Richtung Hauptinsel, die nebelverhangen sein kann, obwohl am Kap greller Sonnenschein herrscht. Ständig begleiten uns Seevögel wie Möwen, aber auch Turmfalken

01 Abrabucht, 77 m; **02** Graben, 30 m; **03** Engstelle Estreito, 94 m; **04** Casa do Sardinha, 60 m; **05** Pico do Furado, 170 m

Die bizarre Nordküste der Halbinsel kann von einem Aussichtspunkt entlang der Wanderung eingesehen werden

oder Madeirasturmtaucher. Die gesamte Halbinsel ist heute als Naturschutzgebiet ausgewiesen, um die sensible Flora zu erhalten. Im Frühjahr blühen die bis zu 1 m hoch werdenden Natternköpfe mit den violett-blauen Blütenkerzen, während die Wiesen mit Milchfleckdisteln und dem zartgelb blühenden Madeira-Hornklee bewachsen sind.

▶ Der Pfad beginnt unmittelbar am Parkplatz am Ende der ER 109 an der **Abrabucht** 01 und ist mit Richtungspfeil und Hinweistafel markiert. Wir wandern auf dem breiten Schotterweg über Steinstufen abwärts, queren auf einem Holzsteg einen **Graben** 02 und steigen über Holzstege wieder bergan. Zunächst verläuft der breite Weg durch den südexponierten Rücken des 163 m hohen Piedras Brancas, biegt bei einer Steinmauer nach links und erreicht einen Sattel mit einer Weggabelung. Nach links bringt uns der Seitenpfad nach wenigen Metern zu einem herrlichen Aussichtspunkt auf die Nordküste. Wie riesige Bauklötze liegen die Gesteinstürme im tosenden Meer und ergeben eine wildreiche Szenerie. Der Pfad nach rechts steigt zu einem Strand an die Südseite hinab.

Der Hauptweg ist nun mit Drahtseilgeländern gesichert und führt gut trassiert durch das felsige Gelände auf einen Sattel hinauf. Ab und zu helfen Stufen, die kurzen Auf- oder Abstiege zu überwinden. Nach einem längeren Auf- und Abstieg kommen wir zur nächsten Einsattelung, die wiederum Tiefblicke auf die Nordküste freigibt. Mit leichtem Auf und Ab erreichen wir einen Hangrücken mit Steinmauern zum Rasten. Danach geht es auf dem teils ins Lavagestein eingeschnittenen Weg der **Engstelle (Estreito)** 03 entgegen. Treppen führen zu dem schmalen Grat hinab, der zu beiden Seiten mit Geländern gut gesichert ist. Die

Der gut ausgebaute Weg überwindet gefahrlos die Grate und Engstellen

etwas luftige Stelle ist kurz und bald überwunden. Es geht um einen felsigen Rücken herum zu einem weiteren Aussichtspunkt, danach haben wir den oberen Rand einer wiesenartigen Senke mit dem alten Bauernhaus erreicht.

Bei einer Informationstafel mit Lageplan teilen sich die Wege. Wir gehen nach links und bleiben oberhalb der Senke, bis wir den nächsten Aussichtspunkt auf die Nordseite erreicht haben. Danach zieht der mit Steinen begrenzte Pfad durch die sensible Landschaft der **Casa do Sardinha** 04 entgegen. Es liegt wie eine Oase von Palmen umringt in der kargen Senke und hält schattige Picknickbänke bereit. Im Inneren hat die Naturparkverwaltung eine kleine Ausstellung zu den naturkundlichen Besonderheiten des Kaps eingerichtet (Info-Stand samt Buch- und Souvenirverkauf).

Hinter dem Haus beginnt der gut ausgebaute Aufstiegsweg zum Pico do Furado, der aus zig Holz- und Steintreppen besteht und die meiste Zeit zu beiden Seiten von Seilgeländern begleitet wird. Der breite Weg bringt uns auf den **Gipfel** 05, der einen Rundblick auf das gesamte Kap samt den vorgelagerten Inseln bietet. Vor uns bricht das Gelände fast senkrecht zum Meer ab und geht über eine schmale Landbrücke zur nächsten Halbinsel über, danach erstreckt sich die Insel mit dem Leuchtturm. Weit draußen im Meer erkennt man die Ilhas Desertas, die unbesiedelt sind und seit 1990 unter Naturschutz stehen. Bei klarem Wetter wird im Norden noch die Nachbarinsel Porto Santo sichtbar, die mit Fährbooten von Funchal aus zu erreichen ist.

Am Aufstiegsweg geht es zur **Casa do Sardinha** 04 zurück. Jetzt

Die Casa do Sardinha dient heute als kleines Besucherzentrum und Rastplatz für die Wanderer

wählen wir den nach Westen ausgehenden gepflasterten Weg, um an die Südseite des Kaps zu gelangen. Dort sind eine Holzhütte zum Vogelbeobachten sowie ein weiterer Picknickplatz eingerichtet. Vorbei an alten Steinmauern steigen wir zur Weggabelung mit der Infotafel hinauf und kehren nach links auf der schon bekannten Route zum **Ausgangspunkt** 01 zurück.

DER KÜSTENWEG VON CANIÇAL

Auf alten Hirtenpfaden an der Südostküste

  6,5 km 2:45 h  320 hm 80 hm 234

START | Hauptplatz von Caniçal, 10 m; neben der Bushaltestelle und dem Taxistandplatz; Bus: Buslinie 113 aus Funchal und allen Orten der Ostküste [GPS: UTM Zone 28 x: 337.285 m y: 3.623.631 m]
CHARAKTER | Mittelschwere Streckenwanderung in baumlosem Gelände, der Weg ist stellenweise verwachsen, schmal und steinig; der letzte Abschnitt verläuft über die asphaltierte Zufahrt zum Pico do Facho.

Nach der Halbinsel São Lourenço kann man in Caniçal eine kurze Streckenwanderung auf einem historischen Verbindungsweg unternehmen, der entlang der rauen Südküste zum herrlichen Aussichtspunkt Pico de Facho verläuft. Da die Tour kurz ist, bleibt Zeit für die Besichtigung des sehr interessanten Walmuseums von Caniçal. Wer nur in eine Richtung wandern möchte, kann vom Pico de Facho nach Machico absteigen und von dort mit dem Bus entweder zum Ausgangspunkt oder nach Funchal zurückkehren.

▶ Die Wanderung beginnt im östlichsten Ort Madeiras, der in moderner Zeit zum größten Hafen der Insel ausgebaut wurde. Direkt am **Hauptplatz 01** neben der Bushaltestelle wandern wir zuerst in Richtung Meer und dort nach rechts in die Küstenstraße. Vorbei am Schwimmbad und dem Restaurant Aquarium treffen wir gleich auf den auffallenden

01 Hauptplatz von Caniçal, 10 m; **02** Steinbogenbrücke, 30 m; **03** Strommast, 273 m; **04** Pico do Facho, 323 m; **05** Alter Caniçal-Tunnel, 230 m

Der Weg führt durch die karge Küstenlandschaft, der Strommast dient als Orientierungshilfe

Komplex des Walmuseums und schwenken nach links in die aufwärts führende Straße ein. Wir müssen eine eingezäunte Plantage umgehen und biegen bei der nächsten Kreuzung nach rechts den Schildern Praia Ribeira de Natal und Campo de Futebol folgend.

Der Wanderweg führt über diese alte Steinbogenbrücke

Wir kommen am Fußballstadion mit der Bar do Campo vorbei und wandern an der Westseite abwärts durch einen Parkplatz und weiter abwärts auf der Asphaltstraße nach rechts, bis in der nächsten Serpentine nach rechts der alte Saumpfad abzweigt. Sofort wandern wir über die restaurierte **Steinbogenbrücke 02**, dahinter setzt sich der schmale Saumpfad nach links von der Steinrampe fort und steigt ins raue, felsige Küstengelände. Nun verläuft unser Weg entlang von alten Hirtenpfaden und steigt zunächst im Zick-Zack einen felsdurchsetzten Hang hinauf. Wir durchlaufen einen Hangeinschnitt, danach führt der Pfad etwas luftig mit leicht ausgesetzten Stellen durch den dürftig bewachsenen Steilhang. Nach einer Kante geht es durch einen weiteren nun tieferen Hangeinschnitt auf einen Felsrücken zu, der am Kamm mit Bäumen bewachsen ist. Wir überqueren diesen und treten in den nächsten Einschnitt ein, der nun sanfter und mit alten Kulturterrassen durchsetzt ist. Wir umrunden den Kessel und halten auf einen **Strommast 03** zu, den wir hangoberseits umgehen. Danach geht der Saumpfad bald in einen Feldweg über und stößt nach wenigen hundert Metern in einer Einsattelung auf die schmale Asphaltstraße, die zum **Pico do Facho 04** führt. Nach links können wir in 5 Minuten zum ehemaligen Wachposten aufsteigen, der zum Schutz vor Piratenüberfällen angelegt wurde und heute einen prächtigen miradouro (Aussichtspunkt) bildet.

Zurück zur Einsattelung folgen wir der Asphaltstraße auf 1,1 km durch altes Kulturland, bis wir am Westportal des **alten Caniçal-Tunnels 05** gegenüber dem Wasserhaus angekommen sind.

DIE LEVADA DO CANIÇAL

Durch Feldterrassen rund um das Tal von Machico

 11km 3:45h 0hm 70hm 234

START | Bar A Calçadinha in Maroços, 250 m
[GPS: UTM Zone 28 x: 330.767 m y: 3.623.431 m]
CHARAKTER | Klassische und einfache Levada-Wanderung auf gutem, im April 2011 restauriertem Levadaweg, der keine schwierigen Passagen aufweist und großteils durch Kulturlandschaft und entlang von Feldterrassen verläuft; kurze Tunnelquerung (ohne Lampe möglich).

Das Talbecken rund um Machico weist noch besonders viele der traditionellen Feldterrassen auf, es gehört aber auch zu den am dichtesten besiedelten Regionen von Madeira. Die Levada von Caniçal verläuft mit zahlreichen Kurven an der oberen Grenze zwischen Kulturlandschaft und hangaufwärts anschließendem Wald und kommt immer wieder an blumenreichen Gehöften, mit Feldfrüchten bewachsenen Terrassen und kleinen Taleinschnitten vorbei. In einem dieser Täler wird sogar noch Zuckerrohr angebaut. Entlang der Wanderung erhalten wir interessante Einblicke in das dörfliche Leben der Bevölkerung, etliche der Kulturterrassen werden sogar noch per Hand bewirtschaftet.

▶ Der etwa 11 km lange Weg zählt zu den klassischen Levada-Wanderungen und weist keine anspruchsvollen oder luftigen Passagen auf. Die meiste Zeit begleitet uns eine schöne Aussicht auf das Tal von Machico. Der Einstieg in die Levada und damit in die Tour

01 Bar A Calçadinha in Maroços, 250 m; **02** Ribeira Grande, 250 m; **03** Ribeira da Noia, 240 m; **04** Abzweigung Boca do Risco, 230 m; **05** Alter Caniçal-Tunnel, 230 m

Die Levada do Caniçal im Taleinschnitt des Ribeira da Noia

befindet sich unmittelbar gegenüber der **Bar A Calçadinha** 01 in Maroços, die mit dem Mietauto leicht über die von der ER 108 abzweigende Ausfahrt zu erreichen ist. Zunächst führt der Kanal, dem wir in Fließrichtung folgen, wie eine Dorfstraße an kleinen Häuschen vorbei und trifft bald auf die Wanderroute in Richtung Portelapass, wenig später queren wir eine steile Asphaltstraße. Leicht versetzt läuft die Route an der gegenüber liegenden Straßenseite über eine betonierte Rampe zum Wasserkanal zurück und zieht in Wiesengelände hinein. In der Folge umrunden wir den Taleinschnitt Faja dos Rolos. Dabei bieten sich immer wieder malerische Szenerien aus kleinen Bauernhäusern, üppigen Gärten und Feldterrassen. Bevor es auf der gegenüber liegenden Talseite an romantischen kleinen Häuschen und mosaikartig gestuften Hängen wieder aus dem Tal herausgeht, queren wir tief im Taleinschnitt auf Trittsteinen den Bachlauf. Bald befinden wir uns wieder hoch über Machico, um in das nächste

Seitental einzuschwenken. Hier bildet die Levada einen Teil des alten Verbindungsweges zwischen den Bauernhäusern und wird von Straßenlaternen begleitet. Deswegen ist der Weg auch bis zum nächsten Hangeinschnitt betoniert. Wir umrunden nun das Tal oberhalb von **Ribeira Grande** 02. An der Stirnseite des darauf folgenden Hangrückens wird das Gelände etwas schroffer und ein kurzer, etwa 30 m langer Tunnel ist zu durchqueren, für den wir jedoch keine Taschenlampe benötigen. Nur wenig später folgt ein weiß getünchtes Wasserhaus, von dem eine betonierte Rinne steil abwärts zieht.

Danach folgt der nächste Taleinschnitt, der vom **Ribeira da Noia** 03 gebildet wird. Der tief eingeschnittene Bachlauf wird im Talschluss auf einer Holzbrücke gequert. Am herausführenden Weg treffen wir bald auf die kleine Bar O Jacaré, die etwa auf halber Gehstrecke liegt und zur Rast lädt. Wir wandern ein wenig auf der Asphaltstraße, doch sofort nimmt uns der Levadaweg wieder auf.

Nun geht es in den tiefsten Taleinschnitt hinein, der vom Ribeira Seca durchflossen wird. Hier wechseln Waldpassagen mit Feldterrassen und Gemüsebeeten, ehe wir nach gut 8 km Wanderstrecke den Bachlauf im Talschluss überqueren. Nach wenigen hundert m erreichen wir den **Abzweig** des alten Saumpfades 04, der zum **Boca do Risco** aufsteigt und weiter der Nordküste entlang mit abenteuerlichem Verlauf in Rich-

Die Levada quert immer wieder üppige Kulturterrassen

tung Porto da Cruz führt. Der Abstecher zum Sattel verläuft über einen mit Steinen gepflasterten Saumweg, der zunächst einer Steinmauer folgt und später teilweise steil und mit undeutlichem Verlauf zum Sattel hinaufsteigt. Dort stehen wir auf 355 m Seehöhe unvermittelt an der steilen Nordküste hoch über dem Meer, die Szenerie hat sich schlagartig verändert. Vor uns liegt die steile Felsküste des Nordens, die schroffen Steilwände ziehen bis zum Meer hinab. Auch das Wetter kann ganz unterschiedlich sein. Während im Talbecken von Machico die Sonne scheint, umfängt uns hier der Passatnebel, der sich am Nachmittag an der Küste staut. Bei gutem Wetter reicht der Blick aber bis zur 50 km entfernten Insel Porto Santo. Vom Sattel führt der abenteuerliche Küstenweg der Steilküste entlang bis Porto da Cruz und kann nur von absolut schwindelfreien und erfahrenen Wanderern begangen werden. Der Abstecher zum Sattel ist hin und retour etwas mehr als 3 km lang und dauert etwa 1¼ Stunden.

Zurück zur Abzweigung wandern wir weiter entlang des Wasserkanals, der nun dem Wiesengelände und den bewaldeten Hangeinschnitten folgt. Nach rechts fallen die Blicke auf das immer dichter besiedelte Tal mit den Ortschaften Ribeira Seca und Moinho da Serra hinab. Auf einem sattelähnlichen Hangrücken schwenkt die Route in westliche Richtung und durchquert den letzten Taleinschnitt. Kurz vor dem Ziel wird der Levadaweg zur schmalen „Dorfstraße" und verläuft durch kleine Häuschen und Gärten hindurch.

Nach dem Überqueren einer Straße endet die Wanderung knapp vor dem alten **Caniçal-Tunnel** 05 bei einem restaurierten Levadahäuschen (Levandeiro). Eine Hinweistafel zeigt uns, dass die gesamte Levadastrecke restauriert und im April 2011 neu eröffnet wurde. Deshalb finden wir durchwegs einen sehr gut gepflegten Weg vor, der problemlos begangen werden kann. Am Endpunkt befindet sich auch eine Haltestelle der Buslinie von Caniçal nach Machico.

VON MACHICO ZUM BOCA DO RISCO

Entlang der wilden Nordküste

 13 km 4:30 h 230 hm 450 hm 243

START | Canical-Tunnel, 230 m; von Machico auf der ER 214 bis zum Südportal des Caniçal-Tunnels. Mit Bus 113 zum Tunnel, mit Bus 53 oder 78 von Porto da Cruz retour nach Machico
[GPS: UTM Zone 28 x: 334.699 m y: 3.623.056 m]
CHARAKTER | Bis zur Boca do Risco bequeme Wanderung auf Wiesen- und Feldwegen; ab dem Sattel schwierige Route auf teils extrem ausgesetzten Felspfaden, hier sind Trittsicherheit und Schwindelfreiheit absolut notwendig; der letzte Abschnitt verläuft wiederum auf Erdwegen und Dorfstraßen ohne Schwierigkeiten.

Neben der bekannten Levada-Wanderung rund um das nördliche Talbecken von Machico kann man durch den Taleinschnitt Ribeira Seca auch zum Sattel Boca do Risco wandern, der einen herrlichen Blick auf die wildreiche Steilküste an der Nordostseite von Madeira erlaubt. Der Startpunkt befindet sich am Endpunkt der Levada von Machico beim alten Caniçal-Tunnel, an der Zufahrtsstraße zum Aussichtspunkt Pico do Facho sind ein paar Parkplätze am Straßenrand vorhanden.

▶ Beim **Caniçal-Tunnel** 01 überqueren wir die Straße und treffen beim restaurierten Wasserhaus auf die Levada, der wir in nördlicher Richtung folgen (siehe Tour 3). Vorbei an einigen Häusern, Gärten und Kulturterrassen wandern wir etwa 45 Minuten, bis wir

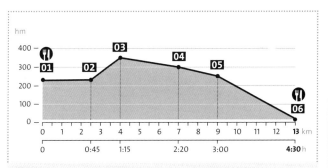

01 Caniçal-Tunnel, 230 m; **02** Abzweigung, 230 m; **03** Boca do Risco, 350 m; **04** Espigão Amarelo, 300 m; **05** Larano, 250 m; **06** Porto da Cruz, 10 m

Die Wanderroute führt durch die wildreiche Steilküste an der Nordseite

im Taleinschnitt von Ribeira Seca auf einen von links unten kommenden, die Levada querenden Weg stoßen und eine **Abzweigung** 02 nach rechts erreichen. Hier verlassen wir den Wasserlauf und biegen auf den nach rechts aufwärts führenden Weg ein. Es verrät uns jedoch kein Wegweiser, dass dies der Zugang zur Boca de Risco ist, jedoch können wir uns an Holzmasten einer Stromleitung orientieren, die durch den Taleinschnitt verläuft. Wir steigen zunächst durch Wiesengelände auf dem teils gepflasterten Weg aufwärts, wobei uns ein kurzes Stück lang eine Steinmauer begleitet. Während wir an Höhe gewinnen, kommen wir noch an einzelnen, mit Wellblech gedeckten Häuschen vorbei, die innerhalb der zum Teil aufgelassenen Kulturterrassen dieses ruhigen Taleinschnittes liegen. Weiter aufwärts folgt lichter Kiefernwald, später nochmals ein paar Feldterrassen. Nach etwa 30 bis 40 Minuten ab der Abzweigung erreichen wir nach links die markante Anhöhe der **Boca do Risco** 03 und werden vom dramatischen Wechsel der Szenerie überrascht. Wir stehen vor den fast senkrechten Felswänden der Nordküste hoch über dem Atlantik und blicken mit Respekt auf die atemberaubende Landschaft, die vom Wind und den rauen Wellen des Meeres geprägt ist. Ein idealer Ort, um eine ausgiebige Rast einzulegen. Wanderer, die über zu wenig Trittsicherheit verfügen, oder nicht absolut schwindelfrei sind, müssen die

Madeiras

Tour hier beenden und durch das Tal von Ribeira Seca auf demselben Weg zum Ausgangspunkt am Caniçal-Tunnel zurückkehren.

Bergerfahrene und schwindelfreie Wanderer können sich an den alten Küstenweg heranwagen, der durch die steile Felsküste in Richtung Porto da Cruz verläuft und teilweise in die senkrecht abfallenden Wände geschlagen wurde. Wir folgen vom Sattel aus dem Pfad in Richtung Westen, wobei zunächst noch Wald und teils dichtes Gebüsch den unvermittelten Tiefblick verstellt. Dann durchläuft die Route leicht terrassiertes Gelände, wobei zweimal Gatter von Ziegenweiden passiert werden. Nach 15 Minuten ab der Boca do Risco erreichen wir die wildreiche Wegpassage, in der die schmale, oft schottrige Trasse in den steil zum Meer hinab fallenden Felswänden verläuft. Hier schützt keine Vegetation den Wegrand, auch alte Drahtseile oder verfallene Holzzäune, die hier noch vorhanden sind, würden keinen Schutz vor einem Absturz über die bis zu 300 m hohen Felswände bieten. Also muss man sich auf die eigenen Möglichkeiten verlassen, die unbedingt richtig einzuschätzen sind. Im Laufe dieses Abschnittes, der gut 20 Minuten dauert, sind mehrmals Ziegengatter zu durchschreiten.

Wir streben dem Vermessungspunkt **Espigaõ Amarelo** 04 entgegen, der auf einem markanten Felsvorsprung errichtet wurde. Nun ist der schwierigste Abschnitt bewältigt und sogleich ändert sich die Aussicht, denn vor uns rückt der Adlerfelsen ins Bild, auf den wir nun in der Folge zuwandern. Bald gibt der dichte Wald aus Akazien und Eukalyptus wie-

Die Kirche von Porto da Cruz

der Schutz vor den Tiefblicken, während sich auch die Wegtrasse bessert. Am Beginn von alten Kulturterrassen geht dieser in eine Erdstraße über, die knapp vor der Ortschaft Larano zu einer Betonstraße wird. Wir kommen an einer Transportseilbahn vorbei, die bis zum Meer hinabführt.

Die Wegroute wendet sich nun von der Küste ab und führt ein wenig ins Landesinnere. Wir wandern durch Feldterrassen den ersten Häusern von Larano entgegen, wo der Untergrund von Beton zu Asphalt wechselt. Den letzten Abschnitt der Wanderung legen wir auf der Dorfstraße von **Larano** 05 zurück, die mit einigen Kurven in Richtung Nordwesten zum Meer hinabläuft. Bei einer Bar können wir nach rechts einem steilen Treppenweg folgen und

über eine Felskuppe mit Höhleneingängen eine Kehre abkürzen. Nach Querung einer schmalen Asphaltstraße gelangen wir zum Strand Praia do Larano, den wir im hinteren Abschnitt im Bereich des Bachbettes (die frühere Brücke ist eingestürzt) überqueren und zu einer Erdstraße hinaufsteigen. Mit Blick auf den Adlerfelsen folgen wir dieser, kommen an einer alten Zuckerfabrik vorbei und erreichen nach Durchqueren eines Eisentores den Hauptplatz von **Porto da Cruz 06** oberhalb der Kirche.

Am Südwestende finden wir einen Taxistandplatz vor, während die Bushaltestelle an der Hauptstraße neben dem Postamt angelegt ist. Hier endet nach insgesamt 4 Stunden Gehzeit diese spannende und teils atemberaubende Tour (10 m).

5 PORTELA – PORTO DO CRUZ

Ein alter Königsweg zur Küste

  6 km 2:15 h 40 hm 620 hm 243

START | Portela, 605 m; auf der ER 102 oder ER 212 zum Portelapass oder von Funchal mit der Buslinie 53
[GPS: UTM Zone 28   x: 328.935 m   y: 3.624.774 m]
CHARAKTER | Mittelschwere Tour auf altem Pflasterweg, Dorf- und Asphaltstraßen; teilweise können die Pfade durch Schotter etwas rutschig sein; kaum Gegenanstiege.

Ein klassischer Saumpfad, kunstvoll mit flachen Steinen gepflastert und von üppiger Vegetation begleitet, führt vom Portelapass hinunter nach Porto da Cruz. Es handelt sich um einen der alten Verbindungswege, die früher die gesamte Insel wie heute das Straßennetz durchquert haben. Heute sind von diesen mit Hand angelegten Pfaden nur mehr Bruchstücke vorhanden.

▶ Wir wenden uns am **Portelapass** 01 nach rechts dem Restaurant Miradouro de Portela zu und folgen der Asphaltstraße links vorbei, die wenig später in einen Schotterweg übergeht. Auf Höhe des Gasthauses geht bei einer Hinweistafel und dem Schild „Caminho Municipal Portela-Cruz de Garda" nach ein schmaler Pfad ab, der einem bewaldeten Hangrücken folgt. Sogleich nimmt uns das kunstvolle Steinpflaster auf, das den teilweise steilen Weg vor Erosion schützt. Dennoch treffen wir auf rutschige Passagen, bei denen etwas Trittsicherheit erforderlich ist. Der Weg zieht den dicht bewachsenen Hang hinab.

01 Portelapass, 622 m; 02 Cruz da Guarda, 310 m; 03 Caminho Caetano Soares, 200 m; 04 Hügelkamm, 210 m; 05 Porto da Cruz, 25 m

Der Ausgangspunkt der Tour am Portelapass

45

Vom Portelapass genießen viele Besucher den herrlichen Blick zum Adlerfelsen

Nach einigen Serpentinen, die von Feldterrassen begleitet werden, treffen wir nach etwa 1,5 km auf eine Steintreppe. Diese leitet uns in den kleinen Weiler **Cruz da Guarda** `02` hinab. Wir wandern an den Häusern vorbei auf eine Straßenkreuzung zu, bei der wir nach links mit einer spitzen Kurve in den abgehenden Weg einbiegen, der von einer kleinen Levada begleitet wird. Die schmale Straße windet sich mit mehreren Kurven durch das teils üppig bewachsene Gelände und bringt uns nach Folhadal. Nach einer Kapelle biegen wir bei der folgenden Kreuzung nach rechts ab und folgen dem Taleinschnitt der Ribeira de Volta weiter abwärts. Unsere Route nimmt wieder den Verlauf des alten Pflasterweges an, der sogar noch mit einer alten Steinbogenbrücke einen Bachlauf überquert. Das Vergnügen ist nur kurz, denn bald folgt wieder eine asphaltierte Straße, die uns an eine Weggabelung heranbringt. Wir biegen nach rechts in den **Caminho Caetano Soares** `03` ein, der uns stets teilweise steil abwärts durch den Ortsteil Serrado geleitet. Vorbei an etlichen Bauernhäusern und Fincas lassen wir schon relativ knapp an der Küste den von rechts einmündenden Weg unberücksichtigt und folgen der Straße nach links. Sobald wir am **Hügelkamm** `04` beim Gebäude der Associação Grupo Cultural Flores de Maio angekommen sind, kürzen wir nach links über einen Feldweg eine Straßenschlinge ab. Bei der nächsten Kreuzung gehen wir geradeaus und gelangen auf dieser Straße zum Hauptplatz von **Porta da Cruz** `05` mit der Pfarrkirche, bei der wir die Tour beenden.

FUNDURAS

Durch ursprüngliche Lorbeerwälder zum romantischen Forsthaus

  17 km 6:00 h  350 hm 350 hm 234

START | Portelapass, 600 m; über die ER 102 oder 212 zum Portelapass, eine Bushaltestelle befindet sich direkt an der Passhöhe [GPS: UTM Zone 28 x: 328.935 m y: 3.624.774 m]
CHARAKTER | Leichte Wanderrunde auf Forstwegen, die als „Wege für alle" – Caminho para Todos – ausgewiesen sind. Dennoch kann die schottrige Oberfläche ausgewaschen sein und Rinnen aufweisen. Durch abgehende Seitenwege ist die Orientierung etwas erschwert.

Im Hinterland von Machico breitet sich ein weites Waldgebiet aus, das als Naturpark Funduras ausgewiesen ist. Das Gebiet wird von mehreren Forststraßen durchzogen, die sich zu einer Wanderrunde verbinden lassen. Dabei kommen wir sowohl am Forsthaus von Funduras als auch an Aussichtspunkten und Picknickplätzen vorbei. Ein Zugangsweg beginnt in Ribeira de Machico, wobei etwa 300 Höhenmeter überwunden werden müssen. Bequemer gestaltet sich der Zugang vom Portelapass aus, von dem eine Forststraße zuerst eben, dann abwärts zur Wanderrunde führt. Wer nicht mit dem Mietauto unterwegs ist, kann am Portelapass starten und später in Richtung Ribeira de Machico absteigen.

01 Portelapass, 622 m; **02** Levada-Tunnel, 600 m; **03** Cabeço de Lapa, 620 m; **04** Casas de Funduras, 570 m; **05** Bachgraben, 350 m; **06** Abzweigung, 460 m

Die Tour verläuft teilweise durch Lorbeerwälder und bewachsene Taleinschnitte

▶ Am **Portelapass** 01 befindet sich in 622 m Seehöhe die gleichnamige Gaststätte, an der links ein Weg vorbei führt. Dieser geht bald in einen Forstweg über, der mit einem Schranken versperrt ist. Der breite Weg schneidet direkt in das Vulkangestein ein, das die Basis für den ursprünglichen Lorbeerwald ist, der im Gebiet rund um Funduras noch erhalten geblieben ist. Die Route folgt einem Kammrücken und wird von einer kleinen Levada begleitet, die bald für einen kurzen Moment in einem **Tunnel** 02 verschwindet, um eine Hangnase abzukürzen. Kurzzeitig wechseln Lichtungen den dichten Lorbeerwald ab, ehe die Forststraße um einen Hangrücken in südliche Richtung schwenkt. Wenig später treffen wir am Sattel **Cabeço de Lapa** 03 auf eine Weggabelung, bei der die eigentliche Wanderrunde beginnt. Wir schwenken nach links auf den Weg ein, der einige Zeit beinahe eben das Waldgelände durchquert. Die Route windet sich durch die kleineren und größeren Taleinschnitte, bis in einer Spitzkehre bei einer Picknickbank samt Informationstafel ein gut ausgebauter Steig in den Lorbeerwald hineinführt. Wir schlängeln uns durch das herrliche Waldgelände, in dem die Wegränder von dichten Farnstauden und allerlei krautigen Pflanzen begleitet wird. Die Trasse durchläuft Taleinschnitte mit Gegenanstiegen und bringt uns nach einiger Zeit zum Forsthaus **Casas de Funduras** 04. Die in herrlicher, aussichtsreicher Lage angelegte Station verfügt über Rastbänke, Feuerstellen und eine Informationstafel zur Region und zum Lorbeerwald. Diese Wälder brauchen erhöhte Luftfeuchtigkeit, die von den Passatwinden herangebracht wird. Das feuchte Klima bewirkt

Der Rastplatz an den Casas de Funduras ist ein Ziel dieser Wanderung

6

49

eine üppige Vegetation aus verschiedenen immergrünen Bäumen, vielen Farnen, Moosen und Flechten, wodurch das urwüchsige Aussehen hervorgerufen wird. Unterhalb der Gartenanlage geht ein mit Holztreppen befestigter Steig ab, der nach Maroços hinab führt und mit einem Wegweiser gekennzeichnet ist.

Nach einer ausgiebigen Rast beim Forsthaus kehren wir auf der Zufahrtsstraße zur Hauptroute zurück und setzen die Wanderung nach links fort. Der Forstweg läuft nun weit ausladend in den unteren Taleinschnitt der Ribeira das Cales hinein und quert den **Bachgraben** 05 mit einer Steinbrücke. Ein Gegenanstieg bringt uns rund um einen Hangrücken in die nächste Talung hinein. Nach zwei weiteren Bachquerungen kommen wir zur T-Kreuzung, an der ein Forstweg nach links in Richtung Ribeira de Machico abzweigt. Wir gehen geradeaus und beginnen mit dem Aufstieg retour zur **Abzweigung** 06 in Richtung Portelapass. An einigen Stellen fehlt die Vegetation am

Miradouro do Larano

Vom Forsthaus können wir einen Abstecher zum Aussichtspunkt Miradouro do Larano unternehmen, zu dem wir über einen nach Westen abgehenden Weg gelangen. An dem herrlichen Platz wurden ebenfalls Picknickbänke aufgestellt, ferner genießen wir eine schöne Aussicht auf die Nordwesthänge oberhalb von Canical. Der Abstecher ist mit gelb-roten Markierungen gekennzeichnet und lässt sich in 30 Minuten hin und retour bewältigen.

Wegrand, sodass wir das weitläufige Gebiet mit dem Lorbeerwald gut überblicken können. Nach mehreren kleinen Taleinschnitten schließen wir bei der Kreuzung am **Cabeço de Lapa** 03 die Runde und kehren nach links auf dem bereits bekannten Wegstück um **Portelapass** 01 zurück (Wegweiser).

Die Tour beginnt am Portelapass mit einem breiten Fahrweg, der von einer alten Levada begleitet wird

KLEINE SANTO-DA-SERRA-RUNDE

Kurze Rundtour zur Levada Nova

 9,5 km 3:00 h 220 hm 220 hm 234

START | Hauptplatz von Santo da Serra, 700 m; Buslinie 77 von Funchal über Camacha nach Santo da Serra, SAM-Linie 20 von Funchal über Flughafen, Machico nach Santo da Serra
[GPS: UTM Zone 28   x: 329.656 m   y: 3.622.147 m]
CHARAKTER | Einfache Wanderung auf Asphaltstraßen, Feldwegen und einem klassischen Levadaweg entlang der Levada Nova; nur die brückenlose Überquerung der Ribeira de Santa Cruz verlangt etwas Geschick, bei zu hohem Wasserstand muss man durch den Bachlauf waten; Orientierungssinn ist von Vorteil, da die Route kaum markiert ist.

Die „kleine" Santo-da-Serra-Runde beginnt im gleichnamigen Ort und hat im Mittelstück nur den Teil der Levada Nova zum Inhalt, der keine ausgesetzten Stellen aufweist. Lediglich die Querung des Bachbettes der Ribeira de Santa Cruz stellt eine gewisse Anforderung an Trittsicherheit, kann aber außerhalb der Regenzeit halbwegs problemlos gemeistert werden. Die kürzere Gehzeit erlaubt es, sich näher in diesem umzusehen und vielleicht sogar eines der Restaurants zu besuchen. Am Sonntag wird hier ein bunter Markt abgehalten, zu

01 Hauptplatz von Santo da Serra, 700 m; **02** Abzweigung, 690 m;
03 Levadaeinstieg, 500 m; **04** Levadaunterbrechung, 500 m;
05 Bachsohle, 480 m; **06** Levada dos Tornos, 520 m;
07 Levadaausstieg, 520 m; **08** Gegenanstieg, 690 m;
09 Tal der Ribeira Morena, 640 m; **10** ER 207, 700 m

Ein typisches Landhaus mit Hortensien in der Umgebung von Santo da Serra

dem die Einheimischen aus allen Richtungen herbeiströmen. Darüber hinaus befindet sich in der näheren Umgebung ein Golfplatz, an dessen Clubhaus wir am Rückweg vorbeikommen. Kleine Restaurants, romantische Hotels und ein Herrschaftssitz mit herrlichem Garten machen Santo da Serra zu einem beliebten Urlaubsort. In der Umgebung hat man Bungalow-Dörfer errichtet, dazu kommen Ferienhäuser, vor allem von Engländern, die sich in der sanften, leicht hügeligen Landschaft hoch über der Küste wohl fühlen. So hat sich die Ortschaft den Ruf geschaffen, ein Zentrum des Landurlaubes auf Madeira zu sein. Dazu tragen nicht zuletzt die Wanderrouten bei, die in alle Richtungen ausgehen, um den Levadas zu folgen oder die Landschaft zu entdecken.

▶ Wir beginnen die Wanderrunde am Dorfplatz von **Santo da Serra** 01 und folgen der ER 207 in südöstlicher Richtung (Richtung Água de Pena). Nach dem in einem Herrschaftshaus untergebrachten Clubhaus des Golfplatzes treffen wir am Ende der Hauptstraße auf einen Kreisverkehr mit der **Abzweigung** 02 nach rechts, um in eine schmälere Nebenstraße einzubiegen. Diese führt uns zunächst eben aus dem Dorf und kommt bald am Anwesen Quinta da Santo da Serra vorbei, das durch eine noble Umzäunung auffällt. Das ehemalige britische Herrschaftshaus samt Gartenanlage wurde von der Gemeinde erworben und in einen öffentlich zugänglichen Park samt Spielflächen und kleinem botanischen Garten verwandelt. Es folgen noch ein paar Wohnhäuser, dann beginnt sich die Asphaltstraße steil abzusenken und beinahe in der Falllinie abwärts zu führen. Nach einigen kurvigen Schwüngen stößt das Asphaltband auf die Levada, die mit einem Kanal unter der Fahrbahn hindurchgeleitet

Die Levada dos Tornos im Tal der Ribeira Morena

Die Bungalows des Hotels Quinta das Eiras

wird. Wir verlassen die Straße nach rechts – **Levadaeinstieg 03** – und befinden uns nun auf dem Begleitweg der Levada Nova de Santa Cruz, der wir gegen die Fließrichtung folgen. Der teilweise restaurierte Weg bringt uns oberhalb des Tales der Ribeira de Santa Cruz in dichten Wald hinein. Dennoch sind ein paar luftige Stellen vorhanden, wenn der Baumbewuchs im steilen Gelände zurückweicht und Tiefblicke freigibt.

Doch der Talboden kommt rasch näher und wir erreichen bald eine Wehranlage, mit der Wasser in die Levada eingeleitet wird. Hier ist der **Begleitweg unterbrochen 04**, weshalb wir den undeutlich mit roten Punkten markierten Weg zur **Bachsohle 05** hinab folgen und den Fluss überqueren oder bei hohem Wasserstand durchwaten müssen. Die hier angelegte Brücke hat ein Hochwasser zerstört. Am gegenüberliegenden Ufer versuchen wir wiederum die roten Markierungspunkte zu finden, um im Waldgelände steil und beinahe weglos nach oben zu steigen. So erreichen wir den Beginn der **Levada dos Tornos 06**, die das Wasser aus dem Tal nach Westen leitet. Wir biegen nach links auf den Begleitweg ein und benützen ihn etwa 150 m bis zum **Levadaausstieg 07**, um nach rechts auf einen gepflasterten Saumweg zu wechseln. Dieser führt mit einem **Gegenanstieg 08** zunächst steil, dann flacher und an Gärten vorbei aufwärts. Wir treffen auf einen Fahrweg, in den wir nach links einbiegen. Nur etwas später schwenken wir bei einem eingezäunten Grundstück nach rechts in die asphaltierte Waldstraße ein, die in das dicht bewaldete **Tal der Ribeira Morena de Santa Cruz 09** führt. Der romantische Bachlauf wird auf einer Steinbrücke gequert, danach folgt ein Gegenanstieg, der in das ländliche Gebiet rund um Santa da Serra führt. Nach zwei Kreuzungen, bei denen wir die Richtung geradeaus beibehalten, kommen wir an der Bungalowsiedlung Quinta das Eiras mit den auf Stelzen stehenden Holzhäuschen vorbei.

Von hier aus sind es nur mehr wenige hundert Meter, bis diese Nebenstraße in die **Hauptstraße ER 207 10** von Santo da Serra mündet und wir nach rechts zurück zum **Marktplatz 01** gelangen.

GROSSE SANTO-DA-SERRA-RUNDE

Spannende Rundwanderung an der Levada dos Tornos

  15,5 km 4:15 h 270 hm 270 hm 234

START | Hauptplatz von Santo da Serra, 700 m; Buslinie 77 von Funchal über Camacha nach Santo da Serra, SAM-Linie 20 von Funchal über Flughafen, Machico nach Santo da Serra
[GPS: UTM Zone 28 x: 329.656 m y: 3.622.147 m]
CHARAKTER | Etwas anspruchsvolle Wanderung auf Asphaltstraßen, Feldwegen und klassischem Levadaweg entlang der Levada dos Tornos; dieser ist teilweise nicht in Stand gehalten und deshalb ab und zu verwachsen oder von Gebüsch blockiert; Orientierung etwas schwierig, keine Wegbeschilderung, ab und zu rote Punkte und Richtungspfeile von privaten Wanderern.

Rund um Santo da Serra verlaufen zwei wichtige Levadas, die Levada da Serra do Fajal, etwa 250 Höhenmeter oberhalb des Ortes, und die Levada Nova gut 150 Höhenmeter unterhalb, der wir einen Abschnitt lang folgen. Wir können diese Levadawanderung zusammen mit Nebenstraßen zu einer Rundtour ausbauen und haben somit den gleichen Start- und Zielpunkt. Die hier vorgestellte Wanderrunde verläuft zunächst über asphaltierte Nebenstraßen, die ein romantisches Flusstal mit herrlicher Vegetation durchqueren. Diese Straßen bringen uns zur Levadastrecke, der wir in Richtung Santo da Serra folgen. Der nicht ganz einfache

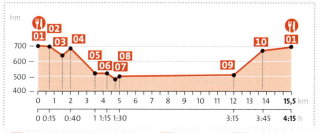

01 Santo da Serra, Hauptplatz, 700 m; **02** ER 207, 700 m; **03** Tal Ribeira Moreno, 640 m; **04** Gegenanstieg, 690 m; **05** Levadaeinstieg, 520 m; **06** Markierung/Abzweigung, 520 m; **07** Bachsohle, 480 m; **08** Levada Nova, 500 m; **09** Capela dos Cardais, 510 m; **10** ER 207, 670 m

8

Der Markttag in Santo da Serra ist ein guter Anlass für diese Tour

Verlauf sowie umgefallene Bäume oder verwachsene Stellen können uns beim Wandern behindern. Die Route beinhaltet auch ungesicherte, leicht ausgesetzte Abschnitte, wo wir entlang der Levadamauer gehen und das Gelände bis maximal 10 m Tiefe senkrecht abfällt. Ferner ist auf rutschigem Terrain ein Bachtal zu durchqueren. Der Gegenanstieg nach Santo da Serra verläuft über eine sehr steile, asphaltierte Nebenstraße. Beim Orientieren müssen wir genau auf die die Levada querenden Nebenstraßen achten.

▶ Vom Hauptplatz von **Santo da Serra** 01, das eigentlich Santo Antonio de Serra heißt, wandern wir vorbei an der Bar-Pasteleria Padaria südwärts in die Rua Padre João Pedro Gomes Henriques, um nach wenigen hundert Metern die **Hauptstraße ER 207** 02 zu überqueren. Gleich gegenüber setzt sich der asphaltierte Feldweg Caminho da Pereira fort. Bei der nächsten Gabelung halten wir uns rechts und kommen abwärts zur Bungalowsiedlung Quinta das Eiras mit eigenwilligen, auf Stelzen stehenden Holzchalets. Bei der anschließenden 3-Wege-Kreuzung wandern wir weiter geradeaus, um auf einer etwas steil abwärts führenden Passage das Flusstal des **Ribeiro Moreno de Santa Cruz** 03 zu durchqueren. Der Wildbach wird von einem dichten Saum aus Eichen und Platanen gesäumt und, obwohl wir auf einer Asphaltstraße wandern,

Markttag in Santo da Serra

Sonntag ist Markttag in Santo da Serra. Dieser wird rund um den Parque de Feiras abgehalten, auf dem Marktstände und Imbissbuden errichtet werden. Zu den Besonderheiten sollen die Hefeladenbrote und die Lorbeerspieße gehören.

Im wildreichen Tal der Ribeira Morena de Santa Cruz mit den herrlichen Eukalyptuswäldern

gehört dieser Abschnitt zu den schönsten Passagen der Tour. Die Straße führt mit einem **Gegenanstieg** 04 aus dem Flusstal hinaus, bei der nächsten Kreuzung biegen wir am Ende eines eingezäunten Grundstückes nach links auf einen gepflasterten Waldweg ab, der abwärts führt, bald eine Linkskurve macht und an Häuser heranführt. Dort biegen wir nach rechts zwischen Gärten hindurch auf einen gepflasterten Saumweg ab, der zunächst eben, dann steil abwärts durch Waldgelände führt und direkt auf die Levada dos Tornos trifft.

Wir haben den **Levadaeinstieg** 05 erreicht und biegen nach links auf den Begleitweg ein. Nach ca. 150 m verrät uns in einer Linkskurve eine rote **Markierung** 06, die Wanderer auf der Levadamauer angebracht haben, dass der Levadaweg in weiteren 150 m zu Ende ist und wir deshalb nach rechts auf den Waldpfad wechseln müssen, der steil abwärts führend dem Bachlauf des Ribeiro Moreno de Santa Cruz entgegen strebt.

Die etwas unangenehme, teils verwachsene und undeutliche Wegführung verlangt Trittsicherheit und Orientierungsgeschick. Wir kommen bei der von Flutwellen zerstörten Brücke in der **Bachsohle** 07 an und müssen den Bachlauf je nach Wasserstand entweder springend überqueren oder durchwaten. Wenige Meter flussaufwärts befindet sich in dem schattigen Talkessel ein herrlicher Platz zum Rasten. An den Felswänden ist eine Wehranlage zu sehen, mit der Wasser in die Levada Nova de Santa Cruz eingeleitet wird, die uns in der Folge be-

gleitet. Wenn wir das andere Ufer erreicht haben, benützen wir den nun wieder deutlichen Pfad und haben nach kurzem Anstieg die **Levada Nova** 08 erreicht, die etwa 30 Höhenmeter tiefer verläuft, als die Levada dos Tornos zuvor. Wir folgen dem teils restaurierten Weg, der an den Osthängen oberhalb des Ribeiro de Santa Cruz talauswärts zieht. Während sich das Tal immer tiefer einsenkt, wandern wir an wenigen etwas luftigen Passagen vorbei, bis wir eine erste Asphaltstraße queren. Wir bleiben bis zur nächsten Straßenquerung, die bald erreicht ist, noch an der Levada.

Wer nicht schwindelfrei ist, muss die Levadastrecke hier verlassen. Denn der folgende Abschnitt bis zur Capela de Cardais enthält ausgesetzte Abschnitte, die entlang von Felsen verlaufen und sehr eng sind. Hier sollte man schwindelfrei sein, wenn man den Spaß am Levadawandern nicht verlieren will. Die Route zieht durch mehrere Einschnitte oberhalb des Tales Marco do Poiso und mündet nach Querung einer Asphaltstraße nach der Seniorenresidenz Senhora dos Remédios in die ER 207.

Ein letzter kurzer und wieder einfacherer Levadaabschnitt bringt uns zur Kapelle **Capela dos Cardais** 09, bei der wir bei einem Wasserreservoir nach links auf eine Straße einbiegen, die zur ER 239 und später zur **ER 207** 10 führt. In weiterer Folge kommen wir am Golfplatz von Santo da Santa vorbei, der der älteste der Insel und einer der schönsten Europas ist, und später zum Kreisverkehr am östlichen Ortsrand. Von hier sind es nur noch ein paar Schritte bis zum Marktplatz von **Santo da Serra** 01.

ASSOMADA – CAMACHA

Ins Dorf der Korbflechter

  6 km 2:15 h 475 hm 0 hm 234

START | Assomada, 225 m; Busverbindungen von Funchal nach Assomada und Camacha
[GPS: UTM Zone 28 x: 328.740 m y: 3.615.001 m]
CHARAKTER | Einfache Wanderung auf klassischem Levada-Begleitweg und Saumpfaden; eine ausgesetzte Stelle in Form einer Brücke ohne Geländer; Anfahrt von der Autobahn ER 101-VR1 bis zur Ausfahrt Assomada, dann beschildert.

Eine reizvolle Wanderung im Südwesten der Insel verbindet zwei Dörfer, die auf unterschiedlichen Niveaus der reich gestuften Hänge liegen. Während sich Assomada im unmittelbaren Hinterland der Küste befindet, schmiegt sich Camacha als pittoreske Ortschaft in die oberen Hänge um 700 m Seehöhe. Zwei Drittel der Route wird von der Levada do Moinho begleitet, die durch das landschaftlich schöne Porto-Novo-Tal verläuft. Hier haben die Bauern früher Ackerbau betrieben und Kulturterrassen hinterlassen, die heute noch schwach sichtbar sind. Im letzten Drittel steigen wir teils steil nach Camacha hinauf. Die Wanderung weist im Allgemeinen nur eine ausgesetzte Stelle auf, nämlich eine 15 m lange Levada-Brücke ohne Geländer, darüber hinaus können stellenweise fehlender Bewuchs waghalsige Tiefblicke freigeben und abgerutschte Wegstücke Schwierigkeiten bereiten. Am besten, man erkundigt sich im örtlichen Touristenbüro über den aktuellen Zustand.

01 Assomada, 225 m; 02 O Moinhos, 300 m; 03 Levada do Caniço, 400 m; 04 Camacha, 700 m

Oft zeigen nur einfache, von Wanderern angebrachte Markierungen die Wegroute an

▶ Der Startpunkt dieser Streckenwanderung befindet sich an der Pfarrkirche in **Assomada** 01. Über Stufen gelangen wir zu einer Asphaltstraße, der wir aufwärts folgen und an der Bar **O Moinhos** 02 vvorbei kommen. Nach 200 m biegt in einer Rechtskurve der Zugangsweg zur Levada do Caniço ab, der durch ein altes Mühlenhaus samt Aquädukt leicht ersichtlich ist. Wir folgen dem Wasserlauf entgegen der Fließrichtung auf dem noch breiten, betonierten und gut begehbaren Pfad, durchqueren einen kurzen Tunnel. Der mittlerweile schmale, zum Erdpfad gewordene Begleitweg führt uns durch Kiefern- und Eukalyptusbäume mit teils dichtem Unterwuchs aus Baumerika, Brombeere und Akazie. Stellenweise wurde der Steig in den Felsen geschlagen, der dichte Bewuchs verdeckt aber das abschüssige Gelände, sodass keine Schwindelgefühle aufkommen.

Wir wandern in ein tiefes Seitental hinein, in dem sich die Quelle der Levada befindet und treffen auf die Schlüsselstelle der Tour. Eine kleine Brücke muss ohne Geländer überquert werden, wobei die Mauer des Kanals gerade 50 cm breit ist. Den nächsten markanten Punkt bildet ein Wasserhaus samt Rechen und Absetzbecken. Der folgende Abschnitt gestaltet sich wiederum etwas unangenehm, da nur eine schmale, teils steinige Trasse vorhanden ist.

Nach knapp 4 km ist die **Levada do Caniço** 03 zu Ende, es beginnt der steile Aufstieg nach Camacha. Wir passieren ein Hinweisschild, etwa 10 m danach zweigt nach links eine Treppe ab, die auch eine rote Markierung aufweist. Nach etwa 20 Minuten haben wir auf dem Pflasterweg die 250 Höhenmeter überwunden und erreichen den südlichen Rand von Camacha. Feldterrassen kennzeichnen die Landschaft, während ein Hinweisschild die Levada dos Tornos ankündigt. Geradeaus zieht die Route steil über eine Dorfstraße Richtung Zentrum von **Camacha** 04, der durch den großen Marktplatz samt kleiner Kapelle zu erkennen ist. Den Touristenmagnet von Camacha bildet aber ohne Zweifel das Café

Typisches Wohnhaus in Camacha

Relógio direkt am Largo da Achada, das einem Großkaufhaus für Flechtwaren aller Art gleichkommt. Es befindet sich am nordöstlichen Ende des zentralen Platzes. Im Untergeschoss arbeiten werktags bis zu 17 Flechter, denen man zuschauen kann, während ihre Produkte im Obergeschoss zum Verkauf angeboten werden. Aber auch die moderne Kirche mit dem alten Uhrturm (= relógio) ist genauso sehenswert wie der Aussichtsplatz mit Blick auf die Küste. Gleich in der Nähe treffen wir auf den Taxistandplatz oder die Busstation.

10 AUF DEN PICO DO SUNA

Ein einfacher Eintausender

 6 km 1:45 h 150 hm 150 hm 234

START | Parkplatz, 1120 m; am Beginn der Forststraße an der ER 202 etwas westlich der bewaldeten Kuppe Cabeço Gordo (1150 m), keine öffentliche Verkehrsverbindung
[GPS: UTM Zone 28   x: 325.868   y: 3.621.725 m]
CHARAKTER | Leichte Wanderung auf Forstwegen und Heidepfaden, der „Aufstieg" zum Gipfel verläuft meist abwärts, der Anstieg ist am Rückweg zurückzulegen. Bei Nebel etwas schwierige Orientierung.

Der unscheinbare Berg befindet sich im Hinterland von Santo da Serra und kann über eine Forststraße leicht erreicht werden. Der 1028 m hohe Gipfel wird von einem Feuerwachturm eingenommen. Sollte dieser geöffnet sein, fällt der Blick von der Aussichtsterrasse auf die Ostseite der Insel, obwohl er als Ausläufer des zentralen Bergmassivs sehr unscheinbar wirkt. Bei freier Sicht bauen sich die schroffen Gipfel und Grate der Zentralkette wie Pico Arieiro oder Pico do Gato im Hintergrund auf. Die Wanderung ist wenig begangen, weshalb man die eigentümliche Landschaft aus Weiden und Ginstergebüschfluren in aller Ruhe genießen kann.

▶ Wir starten an der **Einmündung des Forstweges** 01, der etwa auf halber Strecke zwischen Sítio do Quatro Estradas und dem Poisopass im rechten Winkel auf die ER 202 trifft. Nach wenigen Metern versperrt ein Schranken den Weg, sodass die Wanderer

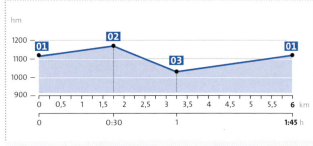

01 Parkplatz, 1120 m; 02 Lombo Comprido, 1172 m; 03 Pico do Suna, 1028 m

10

Die Landschaft rund um den Pico do Suna mit den offenen Ginsterheiden

Der Rückweg verläuft stets auf diesem breiten Forstweg

ungestört bleiben. Die steinige Piste führt in nördlicher Richtung leicht aufwärts und erreicht schon nach 10 bis 15 Minuten die Abzweigung eines etwas undeutlichen Saumpfades, der in einer lang gestreckten Rechtskurve der Forststraße nach links fast im rechten Winkel weg führt und die mit Ginster bewachsenen Hänge hinaufzieht. Der Steig bringt uns mit steilem Verlauf rasch auf die Anhöhe des **Lombo Comprido** 02, einem waldfreien Rücken, dessen höchste Erhebung immerhin 1172 m beträgt. Hier treffen wir auf quer verlaufende Wege, denen wir in nördlicher Richtung folgen. Kurz nach dem höchsten Punkt diesen Rückens führen die Steige wieder abwärts zur Forststraße zurück, auf die wir nach rechts einschwenken. Wir durchlaufen einige Einschnitte in den mit Ginster und Baumerika bewachsenen Hängen, wobei der Blick weit über das wellige Hinterland oberhalb Santo da Serra reicht. Bei den zwei folgenden Weggabelungen wählen wir stets den linken bzw. geradeaus führenden Weg. Dieser bringt uns vorbei an einem Steinbrunnen leicht aufwärts in weiteren 10 Min. auf die bewaldete Kuppe des **Pico do Suna** 03, während die Forststraße bei der zweiten Abzweigung abwärts in Richtung Portela führen würde. Wenn der Feuerturm offen ist, können wir von der Aussichtsplattform ein herrliches Panorama genießen.

Der Rückweg verläuft nun ständig über den Forstweg, wobei wir ein kurzes Stück abwärts und dann stetig aufwärts gehen müssen. Nach etwa 45 Minuten senkt sich die Straße und mündet wenig später beim Schranken in die ER 202 ein, wo wir die Wanderung begonnen haben.

VON RIBEIRA DO MACHICO NACH SITIÓ DA QUATRO ESTRADAS

Entlang der Levada da Serra do Fajal

 13 km 3:45 h 350 hm 50 hm 234

START | Ortszentrum von Ribeira do Machico nahe der Kirche bzw. gegenüber der Schule; Buslinie 53 von Funchal über Machico nach Ribeira do Machico; Buslinie 77 von Quatro Estradas nach Funchal und Santo da Serra
[GPS: UTM Zone 28   x: 329.731 m   y: 3.623.589 m]
CHARAKTER | Einfache Levada-Wanderung auf schattigen Waldwegen; der Hauptanstieg erfolgt am Beginn bis zum Forsthaus von Lamaceiros; die Levadastrecke weist keine nennenswerten Schwierigkeiten auf; der Abstieg verläuft über eine Asphaltstraße.

Am Portelapass starten oder enden mehrere Wanderrouten, eine davon verläuft entlang der Levada da Serra do Fajal durch einen prächtigen Mischwald. Dabei handelt es sich um eine sehr leichte Route, die stets einem breiten Waldweg folgt und keinerlei schwierige Wegpassagen aufweist. So eignet sich diese Tour ideal für Familien, die zur Abkürzung der Wegstrecke am Portelapass und nicht in Ribeira do Machico starten. Wer etwas länger wandern möchte, fährt mit dem Bus bis in den kleinen Ort Ribeira do Machico und

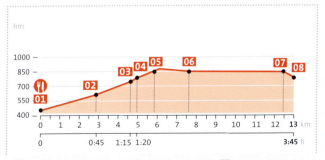

01 Ribeira do Machico, 450 m; **02** Portelapass, 622 m; **03** Landhaus Herdade Lombo das Faias, 629 m; **04** Forsthaus von Lamaceiros, 780 m; **05** Levadabeginn, 800 m; **06** Wasserhaus von 1906, 850 m; **07** Kreuzung ER 202, 850 m; **08** Quatro Estradas, 750 m

11

Der schattige Weg entlang der Levada da Serra do Fajal

wandert zuerst zum Portelapass hinauf, auf dem stets viel touristischer Rummel herrscht. Auch wenn die Levada da Serra do Fajal mittlerweile größteils nicht mehr in Funktion ist, können wir diese Tour als Einstieg ins Levada-Wandern betrachten.

▶ Von der kleinen Pfarrkirche am Hauptplatz in **Ribeira do Machico** 01 folgen wird der Straße nach links leicht aufwärts aus dem Dorf hinaus. Nach einer Linkskurve wechseln wir auf eine betonierte Rampe, die nun sehr steil ansteigt. Vorbei an kleinen Bauernhäusern wird diese befestigte Straße zu einem Forstweg, der durch Eukalyptuswald aufwärts zum **Portelapass** 02 verläuft und diesen nach insgesamt 2,5 km erreicht. Der Forstweg, der zur Holzgewinnung verwendet wird, mündet unmittelbar beim Gasthaus am Portelapass in die Asphaltstraße. Gegenüber, an der ER 102, befindet sich ein Taxistandplatz samt Kiosk, dahinter beginnt die Wanderroute, die sowohl nach Ribeiro Frio als auch zur Levada da Serra do Fajal führt. Der Blick von der Aussichtskanzel reicht weit nach Osten bis zum Adlerfelsen und Porto da Cruz.

Der mit einer Hinweistafel samt Wegweiser gekennzeichnete Weg steigt über Treppen hinauf zur kleinen Levada do Portela und erreicht später das eingezäunte Farmgelände, **Herdade Lombo das Faias** 03. Knapp danach wechseln wir nach links auf eine Schotterpiste und gelangen an eine Kreuzung. Dort folgen wir dem Wegweiser nach rechts in Richtung Ribeiro Frio und wandern auf einer breiten Waldstraße an einer großen Rodungsfläche

66

vorbei, die ein ganzes Talbecken umfasst. Vorbei an einem riesigen Speicherteich für Löschwasser erreichen wir das **Forsthaus von Lamaceiros 04**, bei dem sich eine Informationstafel zur Wanderroute PR 10 befindet. Gegenüber der Station lädt ein kleiner Garten mit Baumfarnen, Madeira-Zedern und Picknickplatz zur Rast in dem romantischen, blumenreichen Ambiente. Hocker und Tische bestehen aus mehreren umgedrehten Baumstrünken. Neben der Info-Tafel führen Stufen entlang der schmalen Betonrinne der Levada hinauf bis zu einer Weggabelung, die sich beim Wasserhaus von Lamaceiros befindet. Hier teilen sich die Wanderrouten: Während ein Pfad geradeaus zum Pico da Suna führt und von rechts die Route aus Ribeiro Frio einmündet, folgen wir dem mit dem Hinweisschild „Santo da Serra" gekennzeichneten Weg in den dichten Wald hinein

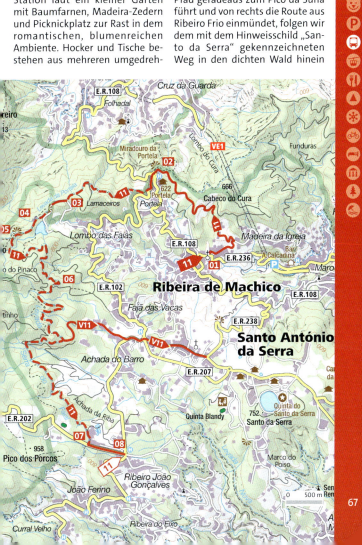

Im Garten des Forsthauses von Lamaceiros

(**Levadabeginn** 05). Die breite, bequeme Wegtrasse durchquert den schattigen Bewuchs aus Eichen, Kiefern, Lorbeer- und Eukalyptusbäumen. Bald folgt eine Engstelle, an der die Levada verfallen ist. Der schön restaurierte Weg schlängelt sich mit kurvigem Verlauf durch den Nadelwald und kommt an ein 1906 gebautes **Wasserhaus** 06 heran, das etwa die Hälfte der Wegstrecke markiert. Hier zweigt nach links ein Waldpfad ab, der in etwa 45 Minuten nach Santo da Serra führt und somit eine Abkürzungsmöglichkeit bietet. Aus dem Ort fahren mehrere Buslinien nach Funchal oder Machico.

Um weiter der klassischen Levadaroute zu folgen, bleiben wir am bisher eingeschlagenen Weg und biegen hinter dem Haus nach rechts auf die nun zum breiten Forstweg werdende Route ein. Nach dem Durchqueren von zwei Taleinschnitten, dem Umrunden von zwei bewaldeten Hangrücken und dem Passieren einer querenden Forststraße wandern wir ins Tal des Ribeira da Serra de Água hinein. Der Graben des Wildbaches wird auf zwei Steinbrücken gequert, in der auch die Levada verläuft. Nach einem kleinen Levadahaus wird der Weg schmaler und etwas verwachsen. Der Wasserkanal ist kaum mehr am Wegrand zu erkennen und dicht von Sträuchern und Farnen überwuchert. 30 Minuten vor dem Ende der Levadastrecke überqueren wir eine weitere Straße.

Sobald uns linker Hand ein Zaun begleitet, ist das Ende der Levadawanderung nahe. Wenig später stößt der Weg oberhalb eines eingezäunten Geländes, auf dem sich eine aufgelassene Schweinezucht befindet, auf die **ER 202** 07 . Gegenüber setzt sich die Levada da Serra do Fajal fort, um nach 5,3 km Aguas Mansas oder später Camacha zu erreichen. Wir aber schwenken nach links auf die Asphaltstraße ein und wandern 800 m abwärts bis zur Kreuzung **Quatro Estradas** 08 , wo sich die Bushaltestelle befindet. Die Straßenkreuzung wird von einem großen Blumenbeet geziert, in dem ein dreidimensionales Inselrelief Madeiras gezeigt wird.

VON AGUAS MANSAS NACH SITIO DAS QUATRO ESTRADAS

Entlang der Levada dos Tornos

 11,5 km | 3:45 h | 150 hm | 150 hm | 234

START | Aguas Mansas, Ortszentrum (700 m); Bus 77 nach Aguas Mansas, von Quatro Estradas Bus 77 nach Camacha oder Funchal [GPS: UTM Zone 28 x: 327.794 m y: 3.618.876 m]
CHARAKTER | Gehtechnisch einfache Wanderung entlang von Levadawegen sowie auf Forststraßen und asphaltierten Nebenstraßen. Der Weg an der Levada dos Tornos kann im zweiten Abschnitt verwachsen sein und weist kurze luftige Passagen ohne Sicherung auf. Der Rückweg verläuft über einen breiten Waldweg. Aufgrund fehlender Markierung und Seitenwegen ist die Orientierung etwas schwierig, insbesondere um die Abzweigung nach Quatro Estradas zu finden. Man muss genau auf die Karte achten. Die in der Karte eingezeichnete Variante dieser Tour, die bis Camacha führt, muss wegen ausgesetzter Wegstellen und der Querung eines Tunnels, für den eine Taschenlampe notwendig ist, als schwer eingestuft werden.

Das kleine Örtchen Aguas Mansas liegt auf halber Strecke zwischen Camacha und Santo da Serra inmitten der bewaldeten Hänge an der Südostseite der Insel. Das typische Straßendorf ist an einer wichtigen Straßenkreuzung entstanden, hier zweigt die ER 206 von der ER 102 ab und führt zur Küste in Richtung Gaula hinab. Oberhalb und unterhalb des Ortes verlaufen zwei Levadastre-

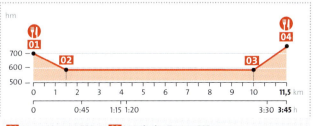

01 Aguas Mansas, 700 m; **02** Levada dos Tornos, 585 m;
03 Levadaausstieg, 585 m; **04** Quatro Estradas, 750 m

Die Bar an der Straßenkreuzung Quatro Estradas ist der Endpunkt zu dieser Tour

cken, die wir entlang typischer Wanderungen erleben können. Wir folgen bei dieser Tour einem Abschnitt der Levada dos Tornos, die von Monte und Camacha kommend in Richtung San Antonio da Serra verläuft und von einem Begleitweg gesäumt wird. Sie endet schließlich in den Hängen des Tales der Ribeira de Santa Cruz.

▶ Der beste Ausgangspunkt für diese Wanderung ist die Bar O Arsenio Poncha Regional in **Aguas Mansas** 01 unmittelbar an der Straßenkreuzung. Wir folgen zuerst 1,6 km der ER 206 abwärts, bei einigen abzweigenden Wegen, die zu Siedlungen führen, immer geradeaus, bis wir nach mehreren Kurven und einer lang gezogenen Serpentine in einer Linksbiegung unterhalb einer Bushaltestelle in Lombo Grande auf die Levada treffen. Wir schwenken nach links auf den Begleitweg ein, der etwas unterhalb der Straße beginnt. Gegenüber weist ein Holzschild auf die **Levada dos Tornos** 02, die in dieser Richtung nach Camacha verläuft und mehrere unangenehm ausgesetzte Stellen samt drei Tunnelquerungen aufweist, geradeaus führt ein gepflasterter Weg steil abwärts. Wir sehen sofort, dass der Wasserkanal kürzlich saniert und neu betoniert ist. Auch Teile des Wanderweges mussten infolge von Unwettern in Stand gesetzt und ausgebessert werden. So finden wir im ersten Abschnitt einen gut begehbaren, bequemen Weg vor, der am Übergang der Hangwälder zu den Kulturterrassen verläuft. Deshalb kommen wir auch immer wieder an kleineren Häusern vorbei, die unmittelbar an der Levada stehen. Wir wandern entlang von blühenden Obstbäumen oder Ackerkulturen und genießen den Reiz dieser terrassierten Kulturlandschaft mit dem bunten Wechsel an Eindrücken. Der schmale, erdige Weg kann ab und zu von hohem Gras begleitet werden, ist aber im ersten Abschnitt insgesamt gut zu begehen. Eine kleine Siedlung rückt nach einem Taleinschnitt näher, in der die Levada mit einer gemauerten Unterführung durch ein Haus fließt. Hier endet der ausgebaute Abschnitt und wir folgen nun dem alten, kaum Wasser führenden Gerinne.

Dementsprechend wird der Weg etwas unbequemer und schmäler, er ist öfters von der üppig wachsenden Vegetation überwuchert. Der Kanal leitet uns aber sicher durch die immer noch mit kleinen, pittoresken Bauernhäusern durchsetzte Landschaft. Wir wandern in ein weites Seitental hinein, das vom Ribeira da Boaventura durchflossen wird. Nach wie vor sind die Hänge minutiös terrassiert und von bunten kleinen Häuschen geziert. Es folgen kurze, leicht ausgesetzte Passagen, in denen die Levada nahe an den Felsen verläuft. Gleich danach muss eine Stelle, an der die Levadamauer kaum 15 cm breit ist, ein paar Meter nach unten umgangen werden. Im Talschluss wird die Vegetation immer üppiger, die über die Levada herabhängenden Gebüsche bilden einen regelrechten Laubengang. Der Bewuchs wird ursprünglicher, bis schließlich der Wildbach auf einer schmalen Betonrinne zu überqueren ist. Wenn man in der Levada geht, ist das kein Problem, die Brücke verläuft etwa 5 m über dem Bachbett. Danach nimmt uns wieder der Erdpfad auf, das Gelände wird wieder sanfter, denn es geht entlang den Ackerterrassen an der Nordseite wieder talauswärts.

Nahe dem Levadaausstieg ist diese leider bereits verfallen

In einem weiteren Seitental queren wir den über die Levada fließenden Bach auf Trittsteinen, dann geht es in Kiefernwald mit üppigem Unterwuchs hinein. Hier sind wieder einige Stellen des Kanals saniert, weshalb der Begleitweg wieder breiter und kaum verwachsen ist. Die nächste Unterbrechung bildet eine Straßenquerung im Weiler Ribeira da Eixa, wo die Levada ein kurzes Stück unsichtbar wird.

Weiter geht es durch die Kulturlandschaft, die nun plateauartiger ist und an größeren Bauernhäusern vorbeiführt. Dann wird der Weg zu beiden Seiten von einem Drahtzaun begrenzt, ehe wir im Kiefernwald zu einem Wasserhaus samt Rechen gelangen. Hier wird Laub aus dem Kanal gefischt und gleich daneben kompostiert. Wir queren noch zweimal Asphaltstraßen und beginnen den letzten Abschnitt entlang der Levada dos Tornos, der zunächst durch Eukalyptuswald verläuft. Noch einmal ist ein betonierter Seitenbach auf Trittsteinen zu überqueren, dann trifft die Levada in einer Serpentine auf eine Nebenstraße, die von Quatro Estradas kommt. Wir überqueren diese und folgen der Levada noch durch einen Taleinschnitt hindurch, der dicht mit Laubmischwald bewachsen ist. Der Talschluss mit Felskaskade und Wasserfall wird auf einer Steinbrücke überquert. Dann gehen wir noch ein paar hundert Meter dem Kanal entlang, bis in einer Linkskurve bei einem Lichtmast mit rotem Punkt nach links ein etwas verwachsener, gepflasterter Saumpfad von der Levada aufwärts in den Wald abzweigt (= **Levadaausstieg 03**). Diesen benützen wir ein wenig durch das Dickicht hindurch, um bei einem Haus auf den gepflasterten Caminho Serrado das Ameixieras zu treffen. Dieser bringt uns aufwärts an eine Kreuzung neben einem Umspanngebäude heran, bei der wir geradeaus in die Rua Mary Jane Wilson einbiegen, um nach 800 m weiter aufwärts die markante Kreuzung **Quatro Estradas 04** zu erreichen.

SITIO DAS QUATRO ESTRADAS – AGUA MANSA

Entlang der Levada da Serra do fajal

 5,5 km 1:45 h 50 hm 100 hm 234

START | Sitio das Quatro Estradas (750 m); Bus 77 nach Aguas Mansas, von Quatro Estradas Bus 77 zurück nach Camacha oder Funchal [GPS: UTM Zone 28 x: 328.450 m y: 3.620.817 m]
CHARAKTER | Einfache Wanderung entlang des gemütlichen Begleitweges zur Levada. Der Aufstieg erfolgt auf einer asphaltierten Nebenstraße, der Abstieg auf einem Forstweg.

▶ Bei der Kreuzung in **Sitio dos Quatro Estradas** 01 folgen wir der Straße aufwärts in Richtung Paso de Poiso, bis wir nach 600 m bei der Schweinezucht auf die **Levada da Serra do Fajal** 02 treffen. Diese kommt von Portela und zieht Richtung Camacha und Monte durch die nun durchwegs bewaldeten Hänge. Ein brauner Pfeil deutet am linken Straßenrand in Richtung Camacha. Der breite Forstweg folgt keinem Kanal mehr, denn dieser liegt nun in einem Rohr unter uns. Die etwa 6 km lange Strecke bis Aguas Mansas verläuft hauptsächlich durch Eukalyptuswald, teilweise wirken die begleitenden Bäume wie eine Allee. Ein Seitenbach wird auf einer Steinbogenbrücke gequert, danach begleiten mächtige Eichen den Weg. An der äußeren Spitze eines bewaldeten Hangrückens umgehen wir ein kurzes Tunnelstück, das vom breiten Weg umrundet wird. Es folgt eine Wasserfassung, später eine weitere Brückenquerung in einem Seitental. Die Levada läuft in einem aus Steinen gemauerten Gerinne der Brücke entlang.

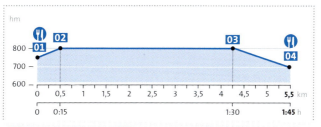

01 Quatro Estrades, 750 m; 02 Levada da Serra do Fajal, 800 m;
03 Levadaausstieg, 800 m; 04 Aguas Mansas, 700 m

Die Levada dos Tornos führt knapp an Wohnhäusern vorbei

Der letzte Abschnitt führt durch lichten Eukalyptuswald, ehe wir im rechten Winkel auf einen breiten Forstweg stoßen. (Markanter Hinweis: Der Levadaweg wird von einem Rigol begrenzt.)

Rechts befindet sich am Wegrand ein hölzerner Wegweiser, der in Richtung Santo da Serra deutet. Diese Weggabelung bedeutet, dass die Levada-Wanderung für uns zu Ende ist **(Levadaausstieg 03)**. Wir verlassen den Levadaweg und folgen dem Forstweg abwärts, kommen an einer Casa Forestal vorbei und erreichen nach ein paar hundert Meter die Hauptstraße E 102 am Nordrand von **Aguas Mansas 04**. Zur Bar O Arsenio Poncha Regional sind es nach rechts nur noch 150 m.

Variante Agua Mansa – Camacha
Die relativ kurze Wanderung muss nicht in Agua Mansa zu Ende sein, denn die Levada do Fajal setzt sich ja noch weit in Richtung Westen fort. Wir können die nächste Etappe bis Camacha anschließen, wobei sich der Charakter der Tour stellenweise ändert.

Anfangs durchläuft der Kanal bewaldetes Gelände, kommt in der Siedlung Curral Velho knapp an die ER 102 heran und durchläuft später mehrere Taleinschnitte. Dabei tauchen infolge von Hangrutschungen und den Waldbränden von 2010 leicht ausgesetzte Passagen auf, die wir auf der schmalen Levadamauer oder im Kanal bewältigen.

Im Taleinschnitt der **Ribeira Porto Nuovo** folgen wir 1 km lang der Dorfstraße und wechseln nach dem Weiler Ribeiro Serrão wieder auf den Levadapfad. Gegen Ende folgt noch ein kurzer, geradliniger Tunnel, der aufgrund der geringen Höhe in gebückter Haltung bewältigt werden muss. Eine Lampe ist jedoch keine notwendig.

Zuletzt läuft die Levada in das Ortsgebiet von Camacha hinein, das der Kanal im Ortsteil Rochao erreicht. Wir verlassen den Wasserlauf bei der Querung mit der Dorfstraße, gegenüber setzt sich die Route der **Tour 13 in Richtung Monte** fort (Wegweiser) fort.

Auf dem nach links abwärts führenden Sträßchen Caminho Municipal da Portela gelangen wir ins Zentrum von Camacha, beim Supermarkt führt die Rua Maria Acensão zum Marktplatz mit Bushaltestelle, Taxistandplatz und dem bekannten Café Relógio (Gehzeit ca. 2 Std.).

Der Weg verläuft teilweise aber auch durch felsiges und leicht ausgesetztes Gelände

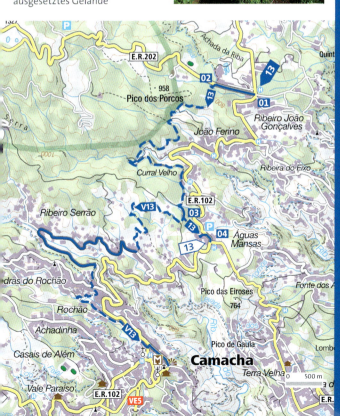

14 VON RIBEIRO FRIO ZUM PORTELAPASS

Entlang der „Forellen-Levada"

 11 km 3:30 h 0 hm 275 hm 234

START | Ribeiro Frio an der ER 103 (875 m); Buslinie 103 von Funchal nach Ribeiro Frio, retour mit dem Taxi
[GPS:UTM Zone 28   x: 323.231 m   y: 3.623.510 m]

CHARAKTER | Reizvolle Streckenwanderung, die gehtechnisch nicht allzu schwierig ist und stets abwärts führt. Zuletzt folgt ein steiler Abstieg in Richtung Portelapass, wo der Weg teils mit Erdtreppen ausgebaut ist. Ausgesetzte Wegpassagen sind enthalten, aber mit Geländern gesichert, sie können jedoch dennoch zu Schwindelgefühlen führen, vor allem am letzten Abschnitt der Levada ca. 800 m vor dem Wasserhaus; ab und zu müssen Taleinschnitte im Bachbett umgangen werden (etwas Trittsicherheit erforderlich).

Ribeiro Frio, auf 860 m Seehöhe gelegen, gehört zu den schönsten Ecken Madeiras und besticht durch den herrlichen Lorbeerwald, der sich an den Hängen links und rechts der Talung großflächig ausbreitet. Viel Feuchtigkeit und häufiger Nebel führen dazu, dass sich dieser Waldtyp hier prächtig entwickeln kann. Das reichlich vorhandene Wasser, das in den Taleinschnitten abfließt, wird für die Forellenzuchtstation genutzt, die Ribeiro Frio zum viel besuchten Ausflugsziel für alle Madeira-Urlauber macht. Für den Naturfreund weit beeindruckender und wertvoller ist aber der Lorbeer-

01 Ribeiro Frio, 875 m; 02 Wasserhaus von Lamaceiros, 850 m; 03 Forsthaus von Lamaceiros, 800 m; 04 Herdade Lombo das Faias, 629 m; 05 Portelapass, 622 m

Die Forellen-Levada knapp nach Ribeiro Frio mit den herrlichen Lorbeerwäldern

wald, den wir im kleinen Botanischen Garten oder am Beginn dieser Tour kennen lernen können. Die Wichtigkeit des Lorbeerwaldes für Madeira hat dazu geführt, dass die Landschaft um Ribeiro Frio zu einem Naturpark erklärt wurde. Denn im Zuge der Erschließungstätigkeit hat man den Lorbeerwald großflächig abgeholzt, sodass er sogar zu verschwinden drohte. Managementprogramme schützen heute dieses zu den seltensten Waldtypen der Welt gehörende Ökosystem und versuchen es auf der Insel wieder großflächiger anzusiedeln. Die Levada da Furado wurde an einigen Stellen spektakulär und kunstvoll in die Steil- und Felshänge gebaut.

Ein Gutteil der Wanderung entlang der Levada do Furado in Richtung Portelapass verläuft durch Lorbeerwald. Dies ist aber nur ein Aspekt, warum diese Streckenwanderung zu den beliebtesten Touren der Insel gehört. Die anderen Höhepunkte liefern die eindrucksvolle Streckenführung in den Steilhängen des Ribeiro-Frio-Tales, die Felsgalerien etwa 800 m vor dem Wasserhaus von Lameceiros sowie die Ausblicke auf eine noch sehr ursprüngliche Landschaft. Im Frühjahr begeistern die Wasserfälle und Kaskadenbäche, die über Felswände herabstürzen oder Taleinschnitte zu herrlichen Gumpen ausgewaschen haben.

▶ Die Wanderung beginnt in **Ribeiro Frio 01** unterhalb Victor's Bar bei einem Wegweiser und dem alten Schild, das noch 8 km bis Portela angibt. In Wirklichkeit beträgt unsere Tourenlänge 11 km und wird etwa drei bis dreieinhalb Stunden in Anspruch nehmen. Eine Betonbrücke führt über den „Kalten Fluss", zunächst gehen wir über den betonierten Weg leicht abwärts in den Lorbeerwald hinein und gleich nach einer Informationstafel begleitet uns rechter Hand der betonierte Wasserkanal. Der breite und bequeme Weg, der 2010 komplett saniert wurde, verläuft stets durch das grüne Dickicht, stellenweise ragen moos- und farnbewachsene Lavasteinwände auf. Seitenbäche münden ein oder werden mit betonierten Rinnen über die Levada geleitet. In Taleinschnitten kann der Weg auch auf Betonplatten über dem Kanal verlaufen, später kommen wir an einem stillgelegten Stollen vorbei, der mit einem blauen Gittertor verschlossen ist. Dann wird das Gelände steiler und erste mit Drahtseilen gesicherte Passagen tauchen auf. Der Weg weist nur mehr eine Breite von 30 bis 40 cm auf, abschüssige Blicke werden durch den dichten Bewuchs verhindert. Stellenweise klebt die Levada regelrecht an den Felsen, die auch leicht überhängend sein können. Nach etwa 45 Minuten erreichen wir ein breiteres Wegstück, an dem ein Wasserfall über die Felswand herab in die Levada stürzt. Bevor die Route in ein Seitental einbiegt, werden Felspassagen passiert, wo wir freie Sicht auf das nun schon weit eingesenkte Tal haben. Sämtliche luftige Abschnitte sind aber gut mit Drahtseilgeländern gesichert, der Weg verläuft auf der breiten, gut ausgebauten Levadamauer.

Nach einer Stunde überquert der Weg in einem Seitental einen Bachlauf, die Levada führt als Trog auf der Brücke entlang. Zuvor mündet eine Seitenlevada ein, hier beginnt auch der abenteuerliche Pfad der Chao de Feiteiras-Runde (siehe Wanderung 16). Bald ist das nächste Seitental erreicht, in dem der Bach ein paradiesisches Felsbecken ausgewaschen hat. Während die Levada um den Talschluss herumläuft, müssen wir durch das Bachbett wandern. Nach einem dritten Seitental geht es weiter auf dem gut restaurierten und gesicherten Weg, bis wir durch einen engen Felsspalt schlüpfen. Dann folgen dreimal enge Passagen, an

denen sich die Levada zwischen Felswand und großen Blöcken hindurch zwängt. Der Weg führt auf dem mit Betonplatten bedeckten Kanal. Danach muss der Wasserlauf mehrmals umgangen werden, wobei die Steige stets gut ausgebaut und mit Geländern versehen sind.

Nach 2½ Stunden erreichen wir den gewaltigen Felsspalt, durch den wir aus dem Ribeiro-Frio-Tal auf die Portela-Seite wechseln. Der Felsspalt ist eigentlich ein Tunneleingang, der aus dem Vulkangestein herausgearbeitet wurde. Eine Lampe ist aber nicht erforderlich. Dieser Durchstich leitet die spektakulärste Passage der Wanderung ein, denn die Levada führt nun in eine senkrechte Felswand hinein. Der Weg verläuft teils auf einem schmalen Felsband und mehrmals durch kleinere Tunnels und Galerien. Die gesamte Passage ist mit Seilgeländern gesichert, kann aber bei nicht schwindelfreien Wanderern Höhenangst hervorrufen. Die Nischen in den Tunnelabschnitten helfen im Falle, diese „Problemstelle" zu überwinden.

Nach rund 800 m endet dieser spannende Abschnitt an einem breiten Weg, der zum **Wasserhaus von Lamaceiros** 02 führt. Dahinter treffen wir auf den Weg, der entlang der Levada da Serra do Fajal verläuft und wandern nach links abwärts bis zum **Forsthaus Lamaceiros** 03 (mit Garten und Picknicktischen). Die Levada ist inzwischen verrohrt. Später steigen wir entlang der Levada da Portela abwärts und kommen zu einer breiten Schotterstraße. Bei der nächsten Gabelung (Wegweiser) schwenken wir nach links und wandern dem landwirtschaftlichen Gelände **Herdade Lombo das Faias** 04 entgegen. Hier wechseln wir wieder auf einen Erdpfad, der neben einer kleinen Levada verläuft. Zuletzt folgen wir Erdstufen abwärts und erreichen wenig später die Fahrstraße oberhalb des **Portelapasses** 05.

15 BALCÕES

Kurztour zu einem lohnenden Aussichtspunkt

  3,5 km 1:15 h 15 hm 15 hm 234

START | Ribeiro Frio an der ER 103 (875 m); Buslinie 103 von Funchal nach Ribeiro Frio [GPS: UTM Zone 28 x: 323.231 m y: 3.623.510 m]
CHARAKTER | Leichte Streckenwanderung auf ebenem und breitem Waldweg, besonders geeignet für Familien, kaum Höhenunterschiede, keine ausgesetzten Wegstellen, Aussichtsplattform mit Geländer und Picknickbank.

Für diese einfache Wanderung lässt sich mit gutem Gewissen das bekannte Motto verwenden: „In der Kürze liegt die Würze". Denn man benötigt hin und retour auf dem breiten Waldweg, der noch dazu kaum Höhenunterschiede aufweist, knapp eineinhalb Stunden. Die Wegführung durch den herrlichen Lorbeerwald sowie das Ziel, eine schwindelerregende Aussichtsplattform mit Blick auf das Zentralgebirge, machen diese Kurztour so spannend. Der Weg schlängelt sich einer alten, teils verfallenen Levada folgend, durch den noch gut erhaltenen Lorbeerwald und quert am Beginn Hänge mit alten Kulturterrassen.

▶ Vor der Wanderung empfiehlt sich ein Besuch der Forellenzuchtstation mit dem kleinen Botanischen Garten (Parque Florestal). Die Anlagen lassen sich in gut einer halben Stunde besichtigen und liegen zu beiden Seiten der Straße oberhalb des Gebäudes der Forstverwaltung. Die Forellen schwimmen im glasklaren Gebirgswasser in runden und eckigen Steinbecken, die sie nach Altersklassen und Größen trennen. Gegenüber der Forellenzucht befindet sich der kleine Botanische Garten mit zahlreichen endemischen Pflanzen des Lorbeerwaldes. Vor allem die Baumfarne sind reizvoll, aber auch die Blüten des

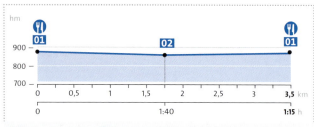

01 Ribeiro Frio, 875 m; 02 Aussichtsplattform Balcões, 860 m

Der Ausblick vom „Balkon" auf die Nordseite von Madeira

Die Aussichtsplattform Balcões ist leicht zu erreichen und daher viel besucht

Madeira-Storchschnabels oder der Honig-Wolfsmilch.

Der Einstieg zum Wanderweg liegt etwa 150 m unterhalb des Restaurants von **Ribeiro Frio** 01 auf der linken Straßenseite und ist durch einen Wegweiser und eine Informationstafel gekennzeichnet. Zunächst führt der breite Weg eben von der Straße weg in den Hang hinein und folgt einer Levada. Danach läuft die Route am Waldrand entlang oberhalb von Kulturterrassen und steuert auf die erste Bar „Flor da Selva" zu, die am rechten Wegrand in einer Kurve zur Rast lädt. Hier fallen bereits die kleinen Wollmützen auf, die als Souvenir verkauft und von alten Frauen gestrickt werden, die am Wegrand sitzen. Nach der zweiten Bar wechselt der Weg in einem engen Durchstich auf die Nordseite eines Hangrückens. Wir befinden uns nun wieder im Lorbeerwald und können Kettenfarne, Venusnabel und Kanarischen Lorbeer beobachten. Knapp vor dem Aussichtspunkt biegt die Levada nach links ab in den Hang hinein und folgt noch ein wenig dem breiten Weg, der jedoch für die Wanderer gesperrt ist. Zur **Aussichtsplattform Balcões** 02 sind es von hier nach rechts noch etwa 150 m, ehe man unvermittelt mit freiem Blick hoch über dem Tal des Ribeira da Merade steht. Oftmals kann Nebel den Blick trüben, denn dieser ist dafür verantwortlich, dass hier der herrliche, mystisch anmutende Lorbeerwald wächst. Auf jeden Fall begrüßen uns die Madeira-Buchfinken, die auf „Mitbringsel" der zahlreichen Tagesbesucher warten.

Retour geht es auf derselben Route unmittelbar zum Ausgangspunkt in **Ribeiro Frio** 01 zurück.

RUND UM RIBEIRO FRIO

Durch Lorbeerwald zur Forellenzucht

 7,5 km 2:30 h 300 hm 300 hm 234

START | Ribeiro Frio (860 m); Buslinie 56 und 103 von und nach Funchal; Anfahrt auf der ER 103 vom Paso de Poiso in Richtung Faial [GPS: UTM Zone 28 x: 323.231 m y: 3.623.510 m]
CHARAKTER | Mittelschwere Tour mit einem steilen, teils unangenehmen Anstieg im mittleren Teil über teils Grobblock und inmitten von dichter Vegetation; daher lange Hosen und festes Schuhwerk wählen.

Neben der bekannten Wanderung entlang der Levada do Furado nach Portela lässt sich in Ribeiro Frio noch ein Rundweg absolvieren, der eine spätere Einkehr in einem der Fisch-Lokale an diesem romantischen Ort ermöglicht. Diese nicht allzu lange Tour enthält aber ihre Tücken, denn das feuchte Lokalklima bewirkt, dass Teile der erdigen Wege stets rutschig und das Unterholz mit Tau erfüllt ist. Man sollte sich daher intensiver ausrüsten, als es die Länge der Tour normalerweise erfordern würde. Bei Nebel entscheiden Sie sich für eine andere Tour, da die Orientierung im dichten Lorbeerwald am Kamm schwierig wird.

▶ Wie die Levada-Wanderung beginnt auch diese Tour beim **Restaurante Ribeiro Frio 01**, denn sie folgt im ersten Drittel ebenfalls dem Wasserkanal. Der Wegweiser PR10 – Portela gilt daher für uns nicht. Der herrliche Weg folgt dem schnell fließenden Wasser und

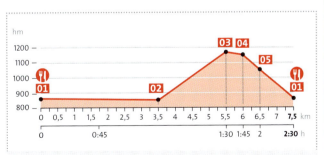

01 Restaurante Ribeiro Frio, 860 m; **02** Abzweig von Levada, 855 m;
03 Chão das Feiteiras, 1170 m; **04** Ende Hochebene, 1150 m;
05 Abzweig Forstweg, 1050 m

16

Die Rundwanderung beginnt an der Forellenzucht Ribeiro Frio mit den türkisgrünen Teichen

wird vom Wechselspiel aus Licht, Schatten und Nebel zur kurzweiligen Attraktion. Nach 20 Minuten passieren wir einen kurzen Tunnel und nach weiteren 40 Minuten den Taleinschnitt der Ribeiro do Poço de Bezerro, aus dem zwei Kanäle in die Haupt-Levada münden. Dieser markante Punkt bedeutet für uns, vom Weg entlang der **Levada abzuzweigen** 02 und den Pfadspuren in den Bachgraben der Ribeira do Poço de Bezerro zu folgen. Steigen Sie dazu über die Geländekante hinter dem linken Kanal 2 m in den Wald hinein und Sie erkennen den ausgetretenen Pfad.

Entlang der kleinen Levada do Bezerro beginnen wir nun mit dem 300 Höhenmeter umfassenden Anstieg, der durch dichtes Unterholz und hohe Farnstauden erfolgt. Immer wieder bildet der Bachlauf kleine Gumpen aus, die mit dem kristallklaren Wasser gefüllt sind. Der mühsame, über Grobblock und rutschiges Terrain führende Anstieg erreicht nach etwa 1 Stunde ab der Levada do Furado die Quelle der Ribeira do Poço do Bezerra, die sich als herrlicher kleiner Felspool präsentiert. Etwa 30 m zuvor setzt sich nach links ein schmaler Pfad fort, die Abzweigung wird durch einen Stein markiert. Die Wegroute verlässt kurz den dichten Wald und überquert die Kuppe des **Chão das Feiteiras** 03. Ein eigenartiger, ziemlich großer Felsen kennzeichnet den folgenden Wegabschnitt, der wiederum durch mannshohe Farnstauden führt. Wir treffen m **Ende der Hochebene** 04 gegenüber drei Bauernhäusern auf einen **Forstweg** 05, der wir nach rechts folgen, um 200 m später nach links wieder auf einen mit Gras bewachsenen Pfad zu wechseln. Nach einem Gatter wandern wir auf schottrigem Boden der ER 103 entgegen, die wir nach etwas mehr als 2 ½ Stunden erreichen.

Wir schwenken nach rechts auf diese ein und benützen sie gut 150 m, um nach links auf einen eine Haarnadelkurve abkürzenden Pfad einzubiegen. Es handelt

Der Rundweg zweigt von der Levada do Furado ab und führt durch ein Seitental aufwärts

sich um die Fortsetzung des alten Weges nach Ribeiro Frio, der zuletzt über eine lange mit Moosen bewachsene Steintreppe den Becken der Forellenzucht entgegenstrebt. Im Gehtempo können Sie die Zuchtanlage mit dem kleinen Botanischen Garten am besten erkunden und am Ende der Tour ein frisches Forellengericht zur Stärkung im Restaurante **Ribeiro Frio** 01 oder einem anderen Lokal genießen.

Das Restaurante serviert seit mehr als 30 Jahren Forellen in allen Variationen, daneben aber auch Suppen, Omeletts, Salate und Pastas. Meiden Sie das Lokal zwischen 10 und 12 Uhr, wenn die Busse der Inselrundfahrten hier Station machen und lange Wartezeiten hervorrufen. Am Nachmittag wird es bedeutend ruhiger. Noch ein Tipp neben den Forellen: Probieren Sie den Schwertfisch mit Banane oder ein Thunfischsteak.

AUF DEN ADLERFELSEN

Markante Felsformation an der Nordküste

  3 km 2:15 h 440 hm  440 hm 234

START | Penha de Águia (150 m); von Funchal auf der ER 101 über Machico nach Porto da Cruz und weiter in Richtung Faial, die Nebenstraße zweigt in einer markanten Rechtskurve ab
[GPS: UTM Zone 28   x: 327.003 m   y: 3.629.337 m]
CHARAKTER | Kurze, aber gehtechnisch anspruchsvolle Wanderung durch dicht verwachsenes Terrain, zum Teil sind die Steigspuren daher etwas schwer auszumachen; Trittsicherheit ist erforderlich, jedoch keine ausgesetzten Wegabschnitte.

An der Nordwestküste von Madeira erhebt sich zwischen den Ortschaften Faial und Porto da Cruz der markante Adlerfelsen knapp 600 m über dem Meeresspiegel und wirkt aus der Ferne wie ein Tafelberg, zum Beispiel vom Miradouro de Portela aus gesehen, klares Wetter vorausgesetzt. Diese markante Gesteinsformation scheint mit den nach allen Seiten steil abbrechenden Felswänden wie eine uneinnehmbare Bastion, die jedoch über die Nordwestflanke bezwungen werden kann. Der relativ kurze, aber sehr anstrengende Weg bietet viel und teils unangenehm dichte Flora sowie einen traumhaften Ausblick.

▶ Vom kleinen, gleichnamigen Ort **Penha de Águia** 01, das auf 150 m Seehöhe am Westfuß des Felsens liegt, können wir zum höchsten Punkt aufsteigen, von dem das Gelände nach Osten senkrecht ins Tal abbricht. Feuchtigkeit erschwert die Gehbedin-

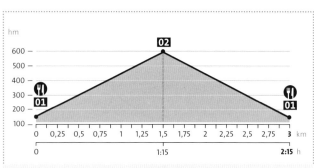

01 Penha de Águia de Baixo, 150 m; 02 Gipfel des Adlerfelsens, 590 m

gungen oftmals, da der steile Pfad dann rutschig wird. Der Startpunkt befindet sich bei der Bar Galé in Penha de Águia, die über eine Nebenstraße von der ER 101 zu erreichen ist. Hier treffen wir auf den Wegweiser „Vereda da Penha de Águia" und folgen dem Betonweg gleich rechts neben der Bar in östlicher Richtung. Dieser durchquert von Weinreben bewachsene Hänge und beginnt anzusteigen.

Nach einer Hütte mit rotem Wellblechdach biegen wir nach links ab und folgen dem Pfad durch Kulturterrassen, bis das letzte Haus von Penha de Águia erreicht ist. Der Weg wird nun steiler und beschwerlicher zu begehen und läuft in nordöstlicher Richtung auf den felsigen Hang oberhalb der Küste hinaus. Hier erreichen wir eine Felsrampe, später aufgelassene Weinterrassen, ehe der nun steile Pfad im Zickzack auf-

Der Adlerfelsen dominiert als markantes landschaftliches Element die Nordostküste

wärts strebt. Der üppige Bewuchs aus Brombeergebüsch, Strandkiefern, Eukalyptus und Akazien erschwert das Weiterkommen. Ab und zu helfen mit Rundhölzern abgestützte Erdstufen. Wir gewinnen rasch an Höhe und der Wald lichtet sich ein wenig, wobei das Gebüsch durch hohen Adlerfarn ersetzt wird. Nach insgesamt 30 Minuten halten wir uns bei einer Abzweigung rechts und gelangen nach weiteren 5 Minuten auf den Nordgrat des Felsens. Vorbei am kaum merklichen Westgipfel (436 m) durchdringen wir weiterhin dichten Farnunterwuchs, wobei sich ab und zu Tiefblicke auf die Ortschaft Faial öffnen. Dennoch bleibt das Fortkommen mühsam, auch aufgrund umgefallener Bäume, deren Stämme wir mit Klettern überwinden müssen. Umso unvermuteter erreichen wir nach etwa 75 Minuten den **Gipfel des Adlerfelsens** 02, auf dem eine kleine Lichtung erst im letzten Moment den Blick auf die Bergrücken und Dörfer der Nordostküste frei gibt. Bei guter Sicht sehen wir zum Sattel von Portela hinüber, der sich jedoch oft im Passatnebel versteckt. Tief unten schiebt sich ein halbkreisförmiger Schuttkegel ins Meer hinaus, der durch Erosion nach starken Unwettern 1992 entstanden ist. Dieses für Madeira typische Phänomen wird Fajã genannt und ist häufig auf der Insel zu finden. Als ebene Fläche wird diese vor allem zum Ackerbau verwendet. Wer eine unverstellte Rundsicht genießen will, muss vom Vermessungszeichen aus noch etwa 100 m in südöstlicher Richtung der Abbruchkante folgen, bis auch das Kap von Ponta de São Lourenço sichtbar wird.

Der Rückweg erfolgt auf derselben Route, wofür wir bis zum Ausgangspunkt **Penha de Águia** 01 etwa eine Stunde einplanen müssen.

PICKNICKPLATZ RANCHO MADEIRENSE

Kurztour im Lorbeerwald

 4,5 km 1:15 h 20 hm 20 hm 234

START | Rancho Madeirense (870 m); von Santana auf der ER 218 in Richtung Achada do Teixera, 4,2 km nach dem Ort an der rechten Straßenseite; kein Bus
[GPS: UTM Zone 28 x: 322.327 m y: 3.628.349 m]
CHARAKTER | Einfache Waldwanderung auf breitem, bequemem Waldweg (barrierefrei), der jedoch aufgrund der häufig herrschenden Feuchtigkeit und des Lehmbodens rutschig und tief sein kann.

Auch die Madeirenser wandern gerne bzw. halten sich an herausragenden landschaftlichen Orten ihrer Insel auf. Einer von diesen ist das romantische Queimadas, eine Forststation inmitten des Lorbeerwaldgürtels an der Nordseite der Insel. Zwar hüllen die Passatwolken diese Höhenstufe häufig ein, sie liefern aber die notwendige Feuchtigkeit, die der Lorbeerwald zusammen mit den Azaleen benötigt. Deshalb hat man rund um das Forsthaus einen kleinen Park angelegt. Kleinere Bäche fließen mit schäumenden Kaskaden durch das grüne Dickicht, ferner befindet sich hier auch der Ausgangspunkt zur beliebten gleichnamigen Levada-Wanderung, die tief in den Kessel der Schlucht des Caldreirão Verde führt (siehe Tour 19).

Wir können aber in entgegengesetzter Richtung eine Kurzwanderung unternehmen, die wir an dem auf Madeira beliebten Picknick-Platz Rancho Madeirense beginnen. Mit fast ebenem Verlauf kann der breit angelegte Weg sogar mit Kinderwägen oder Rollstühlen befahren werden, weshalb er als „Caminho para todos – Weg für alle" beworben wird. Die 2 km lange Route durchquert stets schattigen Lorbeerwald und

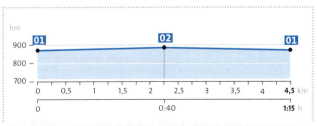

01 Rancho Madeirense, 870 m; 02 Parque das Queimadas, 885 m

Die Forststation Queimadas liegt im Lorbeerwald und erinnert mit ihrem herrlichen Rhododendronpark an einen englischen Landsitz

gibt somit auch einen herrlichen Einblick in diese ursprüngliche Waldformation von Madeira, die heute nur mehr an wenigen Orten der Insel vorhanden ist. Deshalb zählt Queimadas auch zum UNESCO-Weltnaturerbe, wodurch die artenreiche Vegetation aus Eichen, Azaleen, Lorbeerbäumen, Eukalypus und vielen Moosen auch naturschutztechnisch ausreichend gewürdigt wird.

▶ Wir starten am Picknickplatz **Rancho Madeirense** 01, der sich an der ER 218, Santana – Achada do Teixeira, befindet (875 m). Westlich des Parkplatzes, an dem sich auch eine Pferderanch und eine Bar befinden, führt der mit Wegweiser gekennzeichnete Weg samt Holzgeländer in den Lorbeerwald hinein. Über den Verlauf muss eigentlich nichts gesagt werden, denn der stets vom Geländer begleitete breite Waldpfad besitzt keine Abzweigungen und durchquert Höhe haltend und gut befestigt das Waldgelände. Die Trasse durchläuft die Einschnitte der Bäche wie des Ribeira do Sexal oder des Ribeira da Silveira, die auf Holzbrücken gequert werden. Danach mündet der Weg in eine Waldstraße, die uns zum Gelände des **Parque das Queimadas** 02 bringt (885 m). Dieser romantische Ort mit den blühenden Rhododendren bietet neben den mit Stroh gedeckten Casa do Abrigo der Forststation auch Picknickplätze und Grillstellen, die in der Anlage verstreut den Wanderern zur Verfügung stehen. Dazwischen tummeln sich Pfaue und Enten kommen vom nahen Teich heran.

Wir kehren auf demselben Weg zum **Rancho Madeirense** 01 zurück.

Der „Wanderweg für alle" quert ursprüngliche Lorbeerhaine

QUEIMADAS

Rhododendronhaine und Wasserfälle

 14 km 4:30 h 90 hm 90 hm 234

START | Forststation Queimadas (840 m); kein Bus, Taxis ab Santana [GPS: UTM Zone 28 x: 321.472 m y: 3.628.902 m]
CHARAKTER | Landschaftlich äußerst reizvolle Wanderung, jedoch auf großteils schmalem und rutschigem Weg, der durch steile Hänge verläuft und einige ausgesetzte Passagen aufweist, die mit Geländern gesichert sind; Trittsicherheit und Schwindelfreiheit sind erforderlich, für die Tunnelstrecken benötigt man eine Lampe. Der Weg ist mittlerweile saniert und mit Geländern gesichert. Gute Wanderausrüstung mit Regenschutz und Schuhe mit rutschfester Sohle sind notwendig. Markierung mit PR 9 samt Wegweisern.

Der Besuch von Queimadas präsentiert sich uns zwiespältig. Denn angesichts der herrlichen Gartenanlage mit den Rhododendronbäumen, den Stroh gedeckten Forsthäusern, dem Ententeich und dem märchenhaften Lorbeerurwald, der diesen Lieblingsort umgibt, kommt man nicht leicht auf die Idee, dass sich nur wenige km entfernt eine abenteuerliche, ja teils infernalische Schluchtenlandschaft entwickelt hat. Denn der Felskessel von Caldeirão Verde gehört zu den wildreichsten Formationen, die das Wasser auf Madeira geschaffen hat. Diese Tour zählt auch zu den Paradewanderungen auf Madeira, denn der ursprüngliche Charakter der Landschaft und die Urwüchsigkeit des Waldes versprechen ein reiches Naturerlebnis. Der Eindruck verstärkt sich am Ziel, denn der paradiesische Platz des „Grünen Kessels" mit den Wasserfällen entschädigt für

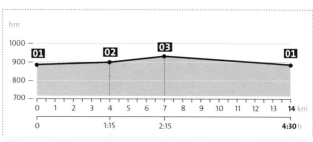

01 Queimadas, 885 m; **02** Erster Tunnel, 900 m; **03** Caldeirão Verde, 930 m

Nicht nur häufiger Regen, sondern auch Bäche, die in die Levada herabstürzen, lassen diese Tour zur feucht-fröhlichen Unterhaltung werden

eventuell während des Anmarschs entstandene Angstzustände.

Queimadas liegt auf 885 m Seehöhe an der Nordseite Madeiras oberhalb von Santana inmitten des Lorbeergürtels und ist daher häufig nebelverhangen, feucht und regnerisch. Die Forststation ist in den dichten Lorbeerurwald eingebettet, der die Hänge des Pico Ruivo überzieht und besticht bereits durch die romantische Gartenanlage. Neben der klassischen Route zum Caldeirão Verde, dem „Grünen Kessel", kann man als Einstieg auch eine leichte Kurzwanderung unternehmen, die auf einem behindertengerechten Weg über 2 km in östlicher Richtung nach Pico das Pedras mit der Hotelanlage Rancho Madeirense führt. Der ebene und breite Weg durchquert das mit Lorbeerwald bewachsene Tal des Ribeira da Silveira und folgt weiter den bewaldeten Hängen bis zur Hotelanlage. Der Weg endet am Parkplatz und man kehrt auf selber Strecke nach Queimadas zurück. Diese Route lässt sich auch mit Kinderwägen gut absolvieren, insgesamt ist eine Stunde Gehzeit einzuplanen.

▶ Zunächst lohnt es sich, die Gartenanlage von **Queimadas** 01 mit den beiden Forsthäusern, zwei typischen Pousadas, zu erkunden. Dazu stehen Holztreppen und kleine Wege zur Verfügung, die unter den Rhododendronhainen und Azaleensträuchern hindurchführen. Unterhalb der Forsthäuser wird eine Apfelplantage betrieben. Die Rhododendren blühen im April, später kommen Hortensien, Agapanthus und eine Natternkopf-Art hinzu. Der Ententeich liegt im westlichen Teil der Gartenanlage und bildet die Ouvertüre zur Wanderung entlang der Levada do Caldeirão Verde in Richtung des „Grünen Kessels". Die

Üppiger Bewuchs begleitet diese Levadawanderung bis hinein in den „grünen Kessel"

Strecke ist knapp 7 km lang und weitgehend eben. Ausgesetzte Passagen und dunkle Tunnels, die die Mitnahme einer Lampe erfordern, verschärfen aber die an sich einfache Wegstrecke und veranlassen nicht Schwindelfreie zur frühzeitigen Umkehr.

Auf dem ersten Kilometer deutet noch nichts auf die steile und später felsige Szenerie hin. Ein breiter Waldweg folgt durch Baumriesen hindurch dem Wasserkanal und den sanften Hangschwingungen. Ein Seitenweg zweigt nach links ab, bleibt aber unberücksichtigt. Nach dem Umrunden eines Hangrückens tritt der Weg in den steilen Hang des Santana-Tales ein und wird bald zum schmalen Steig, der sich an den betonierten Kanal klammert. Nach Regenfällen kann hier bereits aus den steilen Hängen oberhalb der Trasse von allen Seiten Wasser herabstürzen. Dies erreicht uns spätestens am Gorrego Queimadas, dem ersten Wasserfall der Tour. Diese Kaskade stürzt im Talschluss des Santana-Tales herab, wobei der Weg eine kurze Engstelle aufweist. Am gegenüberliegenden Hang geht es aus dem Tal heraus, es sind die ersten richtig luftigen Passagen zu absolvieren, die jedoch mit Geländern gut gesichert sind. Eine Seitenschlucht wird auf einer Steinbrücke überquert, später müssen wir sogar ein Felsentor durchschreiten, eine besonders spektakuläre Wegpassage.

Wir wandern ins nächste Seitental hinein und wieder empfängt uns im engen Talschluss ein Wasserschleier mit seinem Sprühnebel, der in ein Betonbecken fällt. Entlang der steilen Hangflanken wandern wir wieder aus dem Tal heraus und umrunden die nächste Hangnase. Dies wiederholt sich mehrmals, bis wir den engen, niedrigen, 15 m langen und gekrümmten **ersten Tunnel** 02 erreichen. Zum sicheren Durchgehen benötigen wir eine Lampe. Darüber verläuft die vom Pico Ruivo herabziehende Wanderroute PR 1.1, die abwärts in Richtung Ilha und Santana hinab zieht und eine Auf- oder Abstiegsvariante auf den höchsten Berg Madeiras darstellt (siehe Tour 35). Wir sind nun 4,5 km von Queimadas entfernt und gelangen bald zum zweiten, nun 150 m langen, aber geradlinig angelegten Tunnel. Der Ausgang ist als heller Punkt am Tunnelende auszumachen.

Nur wenig später stehen wir im dritten Tunnel, der etwa 100 m lang ist und auf halber Wegstrecke ein Felsloch aufweist. Die Landschaft wird anschließend immer wildromantischer und der Verlauf der Wanderroute immer ausgesetzter, denn sie verläuft hoch über dem Tal des Ribeiro Grande de São Jorge. Sie ist aber stets mit Drahtseilen gesichert.

Bis zum sogenannten „**Grünen Kessel" (Caldeirão Verde)** 03 muss noch ein vierter Tunnel absolviert werden, ehe wir in ein Seitental biegen und an der betonierten Wasserfassung vor dem Felskessel ankommen. Dieser befindet sich etwas oberhalb und ist über einen schmalen Pfad zu erreichen. Silberne Wasserschleier stürzen in den Grünen Kessel, die etwa 100 m steil aufragenden Felswände ringsum sind mit Moosen und Farnen dicht bewachsen, sodass der Name zu Recht besteht. Die senkrechten Flanken geben vielleicht 60 bis 70 m des Himmels frei und lassen den Ort düster und mystisch wirken. Wir kehren auf derselben Route nach **Queimadas** 01 zurück.

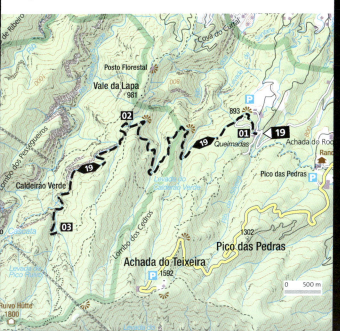

20 DER KÜSTENWEG NACH SÃO JORGE

Die stille Nordseite der Insel

  7 km 2:30 h  320 hm 320 hm 234

START | Hotelanlage Quinta do Furão (300 m); Buslinie 103 bis zur Haltestelle 400 m südlich der Hotelanlage, retour ebenfalls mit Bus 103 [GPS: UTM Zone 28   x: 323.577 m   y: 3.633.298 m]
CHARAKTER | Teilweise alter gepflasterter Verbindungsweg zwischen den Dörfern mit steilem Abstieg ins Tal der Ribeira de São Jorge, Küstenwanderung unterhalb von São Jorge.

Dieser Rest eines alten, traditionellen Küstenpfads verband früher Santana mit São Jorge und bringt uns direkt an die Atlantikküste zur Landzunge Ponta de São Jorge. Da wir ein Stück unmittelbar der Küste entlang wandern, bietet diese Tour auch die Möglichkeit zu Badestopps. Das Meer wurde 1997 von der Landzunge Ponta de S. Jorge bis zur Ponta do Clérigo auf einer Fläche von mehr als 1700 ha als Schutzgebiet „Reserva Natural da Rocha do Navio" ausgewiesen. Dabei handelt es sich um ein ausschließlich marines Reservat, um den Lebensraum der Mittelmeer-Mönchsrobbe zu bewahren. Der insgesamt 6259 m lange Küstenabschnitt entlang des Schutzgebietes ist mit Ausnahme bei São Jorge und der Seilbahn Téleferico da Rochs do Navio bei Santana vom Land aus unzugänglich.

▶ Der beste Ausgangspunkt ist die Hotelanlage **Quinta do Furão** 01 nordwestlich von Santana. Über die Zufahrtsstraße, auf der wir einige Meter zurückgehen, gelangen wir zur schmalen Fahrstraße, die entlang der Steilküste oberhalb **Achada**

01 Quinta do Furão, 300 m; 02 Achada do Gramacho, 320 m;
03 Calhau, 0 m; 04 Ponta de São Jorge, 0 m; 05 São Jorge, 300 m

Der steile Abstieg hinab zum Strand von Calhau

do **Gramacho** 02 verläuft und beim Aussichtspunkt Cabeço da Vigia endet. Dieser erlaubt einen Blick über die kleine Ebene, die mit Weinreben bewachsen ist.

Knapp davor wechseln wir nach links auf den alten Saumpfad, der mit dem Wegweiser „São Jorge, Calhau" gekennzeichnet ist. Vor uns hat sich der Ribeira Grande de S. Jorge tief in die steile Küstenlandschaft eingegraben und erfordert nun, dass wir über zahlreiche Spitzkehren zum Bachbett hinabsteigen müssen. Dabei genießen wir den herrlichen Blick, der über die schroffe Landschaft bis zu den Häusern von São Jorge mit Kirchturm und Leuchtturm reicht.

Der alte Verbindungsweg ist relativ gut zu begehen, sodass sich die Höhe einigermaßen angenehm überwinden lässt. Knapp vor der alten Steinbrücke passieren wir eine moderne Badeanlage samt Bar, die rechts des Weges errichtet wurde. Danach quert die Route das Bachbett der Ribeira de São Jorge und läuft weiter in Richtung Küste. Wir treffen auf die Ruinen des ehemaligen Hafens **Calhau** 03, der bis zum Zweiten Weltkrieg zu den bedeutendsten an der Nordküste Madeiras zählte. Ein Stichweg führt nach rechts durch Mauern hindurch zu einem Tor oberhalb des Meeres.

Bei der Weggabelung gleich danach entscheiden wir uns vorerst für den Küstenweg, um zur Landspitze **Ponta de São Jorge** 04 mit dem alten Bootsanleger vorzudringen. Hier werden wir häufig auf einheimische Angler treffen, die in der Brandung ihr Glück versuchen. Entlang des breiten Weges können wir die raue Nordküste von Madeira erholsam erleben. Ab und zu haben ihn die rauen Wellen etwas abgetragen, sodass er nur mehr eine Meter breit ist. Riesige Aeonien trotzen der salzigen Luft und klammern sich an den Felsen fest.

Der waghalsige Fischersteg an der Landzunge von Ponta São Jorge

Je näher wir der aus Basalt bestehenden Landzunge kommen, umso deutlicher erkennen wir den Leuchtturm, der etwas im Landesinneren steht. Nach knapp 1½ Stunden ist der kühne Bootsanleger erreicht, der als Beton- und Holzsteg an der Ostseite der felsigen Landspitze angebracht ist. Wegen Steinschlag- und Rutschgefahr sollte man das Begehen unterlassen, obgleich die äußerste Spitze einen herrlichen Blick auf die Nordküste von Madeira erlaubt.

Wir gehen bis zur Weggabelung bei **Calhau** 03 zurück. Nun gilt es, einen Teil der Höhe zurückzugewinnen, die wir beim Abstieg von Santana verloren haben, um nach São Jorge zu gelangen. Mit gepflasterten Serpentinen, die in die Klippen geschlagen wurden, wandern wir der Kirche entgegen und erreichen über Stufen neben dem Friedhof die Dorfstraße von **São Jorge** 05. Dieser Abschnitt stellte einst die „Hauptstraße" dar, denn es mussten alle Waren vom Hafen über die Saumpfade in die Orte getragen werden.

Wer die Tour noch verlängern möchte, kann über die Dorfstraße in westlicher Richtung zum Ortsteil Farrobo und weiter zum Leuchtturm oder zum Aussichtspunkt „Vigia" gelangen. Von diesem reicht der Blick vor allem auf Ponta Delgada, bei klarem Wetter sogar bis Ribeira da Janela. Es lohnt sich aber auch, der Pfarrkirche einen Besuch abzustatten, die als schönstes Bauwerk im Barockstil an der Nordküste Madeiras gilt. Im Inneren verbergen sich sehenswerte Schnitzereien am Hochaltar. Zuletzt kehren wir mit dem Bus zum Ausgangspunkt zurück, die Bushaltestelle befindet sich ganz in der Nähe der Kirche.

Der Leuchtturm Farol de São Jorge

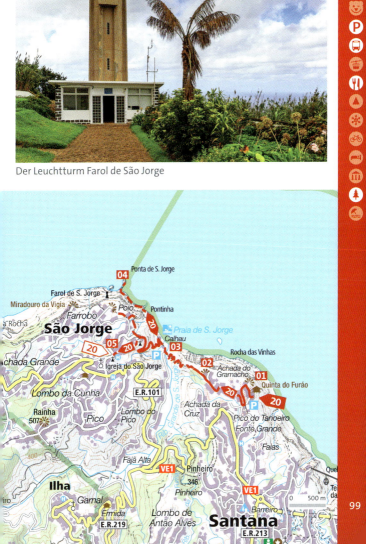

LEVADA DO REI

Zu einer paradiesischen Schlucht

START | Quebradas (535 m); keine Busse
[GPS: UTM Zone 28 x: 319.824 m y: 3.632.644 m]
CHARAKTER | Eindrucksvolle kurze Levadawanderung in ein einsames Flusstal mit herrlicher Vegetation und Bademöglichkeit im Sommer; einige Stellen sind leicht ausgesetzt, mittlere Schwindelgefahr; der kurze Tunnel ist ohne Taschenlampe passierbar.

Die Levadas der Nordseite verlaufen im Unterschied zu denen an der Südseite meist noch durch ursprünglichen Waldbewuchs. Die Hänge sind noch steiler und eigneten sich wahrscheinlich schlechter, um darin Feldterrassen anzulegen. Außerdem herrscht hier mehr Feuchtigkeit, sodass sich die Vegetation üppiger entwickeln kann.

Auch die Levada do Rei, die „Königs-Levada", verläuft weitgehend durch intensiv bewaldetes Gelände und führt das Wasser des Ribeiro Bonito aus dem wildreichen Tal an die Küste. Der Fluss wirkt wie eine Märchenlandschaft und ist in moosbewachsene, grüne Felswände, Farnschluchten und Lorbeerurwald eingebettet. Nicht umsonst trägt er den Namen, der soviel wie „Schöner Fluss" bedeutet. Der an sich einfach zu begehende Weg weist aber abschüssige Passagen auf, die zwar teilweise mit Geländern gesichert sind, aber dennoch ein wenig Schwindelfreiheit verlangen. Auch Rinnsale können als Wasserschleier über die Steilwände auf die Levada fallen und für rutschige und durchnässende Wandersituationen sorgen. Dafür bestehen keinerlei Orientierungsprobleme, denn der einsame Verlauf des Wasserkanals führt an keinen Verzweigungen oder anderen Wanderwegen vorbei.

01 Quebradas, 535 m; 02 Ribeiro Bonito, 575 m

Die Levada do Rei führt mit einem romantischen Verlauf in eine üppig bewachsene Schlucht

▶ Die spannende als PR 18 gekennzeichnete Levada-Tour beginnt in **Quebradas** 01 an der Achada do Milheiro oberhalb von São Jorge. Hier befindet sich die Wasseraufbereitungsanlage, die über eine schmale Schotterstraße mit der Ortschaft verbunden ist. Knapp nach dem Parkplatz treffen wir auf ein Wasserreservoir, an dem ein Pfad und eine Steintreppe nach links zur Levada hinabführen. Wir folgen dem Kanal taleinwärts gegen die Fließrichtung.

Aus Taleinschnitten münden immer wieder Seitenbäche in den Wasserkanal

Der erste Abschnitt des Weges verläuft durch einen aufgeforsteten subtropischen Wald aus Eukalyptusbäumen und dichtem Unterwuchs. Durch Lücken hindurch genießen wir herrliche Aussichten auf das schroffe Tal von São Jorge und die gestufte Landschaft rund um Santana. Bald gilt es, einen ca. 5 m langen Tunnel zu durchqueren. Etwa ab der Mitte der Kanalstrecke wird der Bewuchs immer ursprünglicher, Lorbeerwald löst die bisherige durch den Menschen beeinflusste Vegetation ab. War es zuvor ein Tunnel im Felsen, wirken jetzt die Bäume wie ein grüner Tunnel, der Kanal und Weg einhüllt. Schon weit ins Tal vorgedrungen und einige luftige Wegstellen überwunden, fällt ein Wasserschleier in einem Hangeinschnitt auf die Levada herab. Der Weg wurde hangseitig in die Felsen eingeschnitten und mit Betonplatten abgedeckt, durch die das Wasser aber in den Kanal abfließen kann.

Die Levada endet schließlich im Tal des **Ribeiro Bonito** 02 auf 575 m, der sich hier klammartig ins Vulkangestein eingeschnitten hat. Das glasklare Wasser hat steile Felswände geschaffen, die heute mit allerlei Moos und Farnen bewachsen sind. Zusammen mit dem üppigen Lorbeerwald stellt sich regelrechtes paradiesisches Urwaldgefühl ein. Nicht umsonst gehört der Lorbeerwald Madeiras seit 1999 zum Weltkulturerbe der UNESCO und vermittelt einem das Gefühl, wie die Insel zur Zeit ihrer Entdeckung ausgesehen haben könnte. Von hier aus wird das Wasser, das hier ganz besonders zur vielfältigen Tier- und Pflanzenwelt dieses Tales beiträgt, in die Levada eingeleitet. Wir kehren am selben Weg zum Ausgangspunkt **Quebradas** 01 zurück. In São Jorge lohnt es sich, die 300 Jahre alte Wassermühle (moínho) zu besichtigen. Sie wurde mit dem Wasser aus der Levada do Rei gespeist und gilt heute als sehr gut erhaltenes Beispiel solcher Anlagen auf Madeira. Man brachte Weizen, Mais, Roggen und Hafer zum Mahlen, das auf den Feldterrassen rund um São Jorge geerntet wurde.

CAMINHO DA ENTROSA

Unterwegs auf einem historischen Pflasterweg

  3,5 km 1:30 h 170 hm  270 hm 234

START | Boaventura (180 m); Buslinien 103 und 1032 von Hórarios und Linie 6 von Rodeoste nach Arco de São Jorge, jedoch ungünstige Fahrpläne [GPS: UTM Zone 28 x: 315.276 m y: 3.633.106 m]
CHARAKTER | Gut ausgebauter historischer Saumpfad mit teils schottrigem Untergrund; Wanderschuhe sind von Vorteil, keine ausgesetzten Wegstellen.

Alte Küstenwege, die vor dem Bau der Straßen die Ortschaften miteinander verbanden, sind auf Madeira heute selten zu finden. Ein reizvoller Abschnitt eines solchen Saumpfades blieb an der Nordküste zwischen den Ortschaften Arco de San Jorge und Boaventura erhalten, der zwar nur 2 km lang ist, aber durch Steilküste zwischen den Orten verläuft. Der gepflasterte und breite Weg ist mit alten Steinmauern oder Eisengeländern gesichert und weist somit keinerlei ausgesetzte Stellen auf, obwohl wir teilweise 200 m oberhalb des tosenden Meeres unterwegs sind. Vor dem Bau der Schutzmaßnahmen stellte der Abschnitt für manche eine unüberwindbare Barriere dar. Ab und zu hat Bewuchs die Trasse in Beschlag genommen, jedoch bleibt stets genug Platz, um ein sorgloses Gehen zu ermöglichen.

▶ Wir starten bei der Kirche von **Boaventura** 01 und wandern zunächst in südöstlicher Richtung der ER 101 in Richtung Santana entlang. Nach 300 m biegen wir bei einer Trafo-Station nach links in eine nach Norden abgehende Seitenstraße ein. Wir kommen am

01 Boaventura, 180 m; 02 Restaurante São Cristovão, 70 m; 03 Steinbrücke, 10 m; 04 Felsnase São Cristovão, 210 m; 05 Arco de São Jorge, 270 m

Die bizarre Nordküste bildet die Kulisse zu dieser Wanderung

Herrenhaus „Solar de Boaventura" vorbei, das heute als Hotel betrieben wird. Wir bleiben 1,2 km auf dieser Straße, ehe wir beim **Restaurante São Cristovão** 02 nach rechts auf den „Camino de Calhau" einbiegen. Dieser gehört bereits zum „caminho da entrosa", der uns mit einer alten **Steinbrücke** 03 über das Bachbett der Ribeiro do Porco führt.

Sehenswert sind hier auch die alten Ruinen links des Weges, die von einer alten Textilfabrik stammen dürften. Diese verarbeiteten den roten Lehm, der in der Bachschlucht vorkommt. Da sich die Geschichtsbücher nicht sicher sind, könnte es aber auch nach Ansicht mancher Einheimischer eine Zuckermühle gewesen sein.

Wie auch immer, für uns beginnt nun der Anstieg aus dem Bachgraben hinauf in Richtung Arco de San Jorge. Der herrliche, teils in den roten Sandstein gehauene Pfad wird nun als Caminho da Entrosa bezeichnet und leitet mit etlichen kleinen Serpentinen und steilen Anstiegen den Küstenhang hinauf. Atemberaubende Tiefblicke zum Meer lenken von den Strapazen ab, die meist schattenlos zu bewältigen sind. Eisengeländer schützen vor dem Abgrund und lassen keine Schwindelgefühle aufkommen. Nachdem wir bei

Tipp: Entrada Solar

Im Solar de Boaventura kann man auch hervorragend speisen. Empfehlenswert ist die „Entrada Solar", eine Vorspeise aus Schwertfisch, Lachs, geräuchertem Schinken, Muscheln, Eiern und Salaten. Am Nachmittag werden verschiedene Kuchen und hausgemachtes Eis angeboten. Das ehemalige Herrenhaus verfügt über ein kleines Museum mit alten Schaustücken aus früheren Zeiten.

Der wundervolle Ausblick zur Felsnase von São Cristovão

der **Felsnase São Cristovão** `04` die Höhe von etwa 200 Höhenmetern erreicht haben, läuft der nun breite und gepflasterte Weg fast eben der ER 101 am Westrand von **Arco de São Jorge** `05` entgegen und endet bei einer Bushaltestelle der Linien 6, 103 und 132. Aufgrund der Kürze des Weges können wir auf derselben Route nach Boaventura zurückkehren oder einen der Busse nehmen.

105

DIE HÖHLEN VON SAO VICENTE

Eine Tour zur Erdgeschichte der Insel

  2 km 0:50 h 70 hm 70 hm 234

START | São Vicente (50 m); am linken Flussufer bei „Pé de Passo" große Parkplätze für Busse und Privatautos
[GPS: UTM Zone 28 x: 308.878 m y: 3.630.776 m]
CHARAKTER | Die Höhlen können nur im Rahmen von Führungen besichtigt werden, festes Schuhwerk und warme Kleidung sind notwendig, teilweise sind enge Vulkangänge zu durchqueren, unter Platzangst sollte man nicht leiden. Wer mit sauberer Kleidung hereingeht, wird auch mit sauberer Kleidung wieder herauskommen. Besondere Kleidung ist nicht nötig.

Im kleinen Ort São Vicente an der Nordseite der Insel befindet sich das sehenswerte Vulkanologie-Zentrum, das von den Wissenschaftlern als weltweit einzigartiges Phänomen bezeichnet wird. Die Höhlen wurden 1855 entdeckt und bereist 1885 vom Briten James Johnson erforscht. Seit 1996 sind die Grotten für die Öffentlichkeit zugänglich. Rund um die Höhlen wurde ein Park samt modernem Besucherzentrum errichtet, eine Folge des heute starken Zustroms. Wegen des hohen wissenschaftlichen Wertes hat man die Höhlen um ein Vulkanologie-Zentrum erweitert, um eine tiefgreifende Forschung zu ermöglichen. Die Zufahrt zum Zentrum verläuft unmittelbar von der die Insel durchquerenden Hauptstraße aus, unterhalb der Anlage befinden sich am linken Flussufer bei „Pé de Passo" große Parkplätze für Rundfahrt-Busse und Privatautos.

São Vicente lockt viele Touristen wegen der beeindruckenden Höhlen an. Bei einer Führung durch das etwa 700 m lange Höhlensystem gewinnt man unvergessliche Eindrücke über die Launen von Mutter Natur. Madeira ist eine Insel vulkanischen Ursprungs im Atlantik, deren Entstehung vor mehr als 24 Mio. Jahren begann

Ein großer See bildet das Zentrum der Höhle von São Vicente

und erst vor etwa 90.000 Jahren endete. Das Besondere dieses geologischen Phänomens ist eine Serie aus Lavatunneln, die mit mehr oder weniger breiten Querschnitten wie eine Perlenkette aneinander gereiht sind. Die bei den Einheimischen „grutas" genannten Kavernen stammen aus einer Eruption vor mehr 890.000 Jahren und weisen eine Gesamtlänge von mehr als 1000 m auf. Im Rahmen der Führungen können wir davon etwa 700 m besichtigen, die mit befestigten und natürlich beleuchteten Wegen erschlossen wurden.

Wir gehen vom großen **Parkplatz** zum **Besucherzentrum** hinauf. Die anfänglich aufwärts führende Besichtigungstour schlängelt sich durch Stalaktiten aus Vulkanstein, Lavaanhäufungen, die man „Lavakuchen" nennt, und eigenartigen „Wanderfelsen". Darunter verstehen die Geologen Steine, die vom Lavastrom so lang mitgerissen worden sind, bis sie wegen ihrer Umfänge in einem der Lavatunnel steckengeblieben sind. Die kunstvoll beleuchteten, bizarr wirkenden Formationen lassen regelrecht den Eindruck von einer Wanderung im Erdinneren aufkommen.

Die etwa halbstündige Wanderung steigt bis zur **höchsten Kaverne** etwa 50 m an und wird zur Zeitreise in die Vergangenheit unserer Erde, die Millionen von Jahren zurückliegt. Die Gänge, in denen die Wege angelegt wurden, stellen ehemalige Rinnen dar, in denen die Lava von der Hochebene Paúl da Serra in Richtung Küste abgeflossen ist. Das Terrain im absoluten Dunkel scheint aber nur oberflächlich lebensfeindlich, denn in tausenden von Jahren haben sich nicht nur Tiere angesiedelt, sondern auch neue Arten entwickelt, die für das vollständige Verständnis der menschlichen Evolution von fundamentaler Bedeutung sind. Nach der Tour

bietet das Zentrum eine Multivisionsschau an, in der in einem modernen Kinosaal ein Vulkanausbruch simuliert und die Geburt der Insel Madeira eindrucksvoll vorgestellt wird.

Der unterirdische Spaziergang endet im **Centro do Vulcanismo**. Das Vulkanologie-Zentrum ergänzt den Besuch der Grotten mittlerweile mit thematisch passenden Attraktionen und einer gut gestalteten Naturschau. Ferner überrascht das Zentrum mit einer Multimediaschau. Ausgehend vom elementaren Vulkanausbruch, der als „Urknall Madeiras" bezeichnet wird, simuliert diese visuelle Animation die Entstehung und Entwicklung Madeiras bis heute. Nach der Besichtigung kehren wir zum Parkplatz zurück.

São Vicente hat aber noch mehr zu bieten und lohnt sich für einen Abstecher. Die Kirche verfügt über ein Deckengemälde, das den heiligen Vinzenz darstellt. Er ist sowohl Schutzpatron der Portugiesen als auch der Winzer. Rund um die Kirche laden Geschäfte und Cafés zum Bummeln und Verweilen ein. Dabei sollte man unbedingt den in São Vicente hergestellten Wein probieren. An der Küste lässt sich ein eindrucksvoller Spaziergang am schwarzen Vulkanstrand unternehmen, zum Baden eignet sich dieser felsige und raue Küstenabschnitt jedoch nicht.

Am Eingang zu den Höhlen hat man einen kleinen Park angelegt.

DIE LEVADA DA SERRA

Von Camacha zum Botanischen Garten

  11 km 3:30 h 100 hm  500 hm 234

START | Hauptplatz von Camacha, Largo da Achada (700 m); Buslinie 29 von Funchal nach Camacha. Die Bushaltestelle beim Botanischen Garten liegt am unteren Ende des Caminho da Meio [GPS: UTM Zone 28   x: 327.010 m   y: 3.617.220 m]

CHARAKTER | Gemütliche und leichte Wanderung auf einem schattigen Levadaweg ohne nennenswerte Steigungen; der Zubringerweg und der Abstieg zum Botanischen Garten auf Nebenstraßen weisen jedoch stärkere Höhenunterschiede auf.

Diese einfache Wanderung führt vom Korbflechterdorf Camacha durch die ländlichen Berghänge oberhalb der Hauptstadt Funchal bis zum Botanischen Garten. Die Route verläuft als bequemer Weg durch die für Madeira so typischen Terrassenlandschaften, wobei wir stets auf 800 m Seehöhe wandern. Zuletzt folgen schattige Kiefernwälder, die ab und zu durch frühere Waldbrände beeinträchtigt sind. Den Abschluss bildet der Besuch des Botanischen Gartens hoch über Funchal.

▶ Die Wanderung startet in **Camacha** 01 unmittelbar an der Bushaltestelle am Hauptplatz und wir müssen zunächst den steilen Anmarsch zum Ausgangspunkt bewältigen. Zuvor sehen wir uns in dem sehr ursprünglich wirkenden Dorf, das durch das Handwerk der Korbflechterei bekannt ist, ein wenig um. Schon der reichlich

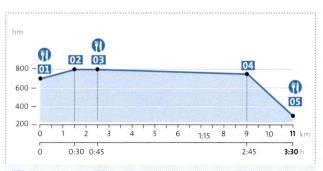

01 Camacha, 700 m; 02 Levada da Serra do Fajal, 800 m; 03 Achadinha, 800 m; 04 Endpunkt Levada, 750 m; 05 Botanischer Garten, 300 m

Gegen Ende wird der Weg entlang der Levada da Serra zu einem gemütlichen Waldpfad

mit Blumen geschmückte Hauptplatz, Largo da Achada, mit den gemütlichen Cafés lädt zum Verweilen. Das bekannteste ist das Café Relógio, in dem die größte Korbflechter-Manufaktur der Insel untergebracht ist.

Um den Aufstieg zum eigentlichen Ausgangspunkt zu erreichen, folgen wir der Fahrstraße nach Santo da Serra aufwärts durch den Ort und kommen bald an der Pfarrkirche Igreja de Madrid vorbei. Später halten wir uns bei einer

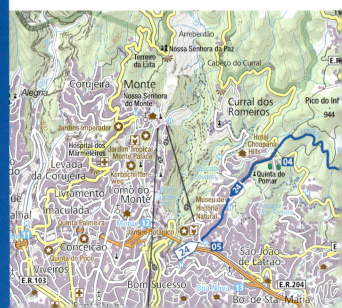

Kreuzung samt Supermarkt links und gehen den Hinweisschildern folgend auf der teils steilen Straße Caminho Municipal de Portela aus dem Ort hinaus. Wir durchlaufen eine Senke, um zu einem weiteren steilen Straßenstück zu gelangen. Auf halber Höhe quert die **Levada da Serra do Fajal 02** bei einigen Häusern die Fahrstraße und wird uns durch einen Wegweiser sichtbar gemacht. Wir biegen nach links in eine Art Hauseinfahrt ein und folgen diesem Weg, der sich gleich anschließend zum Levadaweg entwickelt. Wir haben nun 800 m Seehöhe erreicht und wandern in westlicher Richtung am Wasserkanal entlang.

Nun geht es gemächlich durch Terrassenfelder und Waldhaine dahin und es bleibt ausreichend Gelegenheit, die Kulturlandschaft Madeiras ausgiebig zu genießen. Die Eukalyptusbäume, die am Wegesrand gedeihen, haben eine historische Bedeutung und sind schon mehr als 150 Jahre alt. Die ätherischen Öle, die in den Blättern enthalten sind, hüllen den Weg in einen würzigen Duft. Daneben begegnen wir der Afrikanischen Liebesblume mit ihren violett-blauen Blütenständen oder Strandkiefern und Baumfarnen. Auch Kopfweiden stehen entlang der Wanderroute, während die Feldterrassen mit Gemüsebeeten kultiviert sind. Nach einem Taleinschnitt folgt eine Waldpassage, wenig später sind wir in der kleinen Siedlung **Achadinha 03** angelangt.

Hier lädt die urige Bar Moisés zur Rast. Wir wandern ein Stück auf der Asphaltstraße aus dem Dorf, die sich bald abwärts zu senken beginnt. Hier biegt die Route nach rechts ab und führt über eine Treppe zur Levada hinauf. Weiterhin bietet sich uns ein abwechslungsreicher Szenenwech-

Handwerk des Korbflechtens in Camacha

Dafür gibt es in Madeira vor allem eine Adresse, die Manufaktur Café Relógio in Camacha. Dort erhält man alles, was aus Weidenruten hergestellt werden kann: Papierkörbe, Brotkörbchen, Einkaufskörbe. Die Weiden gedeihen rund um Camacha in einer Höhenlage von 700 m aufgrund der herrschenden Feuchtigkeit besonders gut. Der Handel mit diesen Waren zählt neben Wein, Bananen und Stickereien zu den wichtigsten Exportgütern Madeiras. Die Fertigungsmethoden sind mehr als hundert Jahre alt und werden noch heute nach alter Tradition ausgeübt. Vor dem Flechten müssen die Weidenruten in Wasser eingeweicht werden. Zum Flechten werden dann verschiedene Schablonen verwendet, um die unterschiedlichen Körbe herzustellen. Insgesamt gibt es in Madeira noch 450 Betriebe, die dieses Handwerk ausüben.

Das Café Relógio liegt direkt am Hauptplatz und betreibt auch ein Restaurant und einen Hotelbetrieb. Die Korbflechter befinden sich im Untergeschoss und können bei der Arbeit beobachtet werden. Im Obergeschoss gibt es die Erzeugnisse dann zum Kaufen.

sel aus Obstgärten, Waldhainen, Landhäusern und Taleinschnitten. Dann folgt nach der Umrundung einer Kuppe das Vale Paraiso. Der nächste markante Orientierungspunkt ist die Überquerung der ER 203, danach durchqueren wir eine Waldpassage aus Eukalyptus- und Lorbeerbäumen. Nach etwa zweieinhalb Stunden Gehzeit schafft ein kleiner Wasserfall Abwechslung, der über eine betonierte Rinne abfließt. Wir überqueren diese und erreichen bald einen kurzen Levadatunnel, der links umgangen wird. Sogleich begleitet uns der Kanal wieder und führt in einen Strandkiefernwald hinein, der durch einen Waldbrand beeinträchtigt ist. Wir steuern auf den **Endpunkt 04** der nun schon teilweise verwachsenen Levada zu, das bei einer gepflasterten Waldstraße sehr unvermittelt erreicht ist. Zuvor zweigen Stichwege nach oben und unten ab. Auf der Waldstraße

wandern wir abwärts in Richtung des Fußballstadions und kommen oberhalb der monumental wirkenden Sportanlage zu einer Gabelung, bei der wir die schmale abwärtsführende Straße wählen. Stets abwärts, kreuzen wir neben der Kapelle Quinta do Pomar den Verlauf der Levada dos Tornos (siehe Touren 11 und 25). Wir wechseln auf einen Pflasterweg, der weiterhin teils steil abwärts führt und oberhalb des **Botanischen Gartens 05** bei einer Bar in die Fahrstraße nach Romeiros einmündet. Durch die Waldbrände im August 2016 gibt es leichte Schäden im Botanischen Garten. Diese dürften aber bald wieder behoben sein.

Um zur Bushaltestelle in Richtung Funchal zu gelangen, müssen wir den Caminho de Meio bis zur nächsten breiten Querstraße abwärts folgen und mit dem Stadtbus ins Zentrum zurückkehren.

VON CAMACHA NACH MONTE
Entlang der Levada dos Tornos

  14 km 4:30 h 170 hm 270 hm 234

START | Ortszentrum von Camacha an der Largo da Achada (700 m); Bus 77 von Funchal nach Camacha, Stadtbus 20 und 21 von Monte nach Funchal oder Gondelbahn in die Avenida do Mar [GPS: UTM Zone 28 x: 326.920 m   y: 3.617.500 m]
CHARAKTER | Einfache und klassische Levada-Wanderung auf gut ausgebautem Levadaweg ohne nennenswerte Schwierigkeiten; die Orientierung ist aufgrund mehrerer Seitenwege etwas schwierig; zwischen Curral dos Romeiros und Monte benützen wir den alten Verbindungsweg, da die Levadastrecke ausgesetzt ist.

Durch die Waldbrände im August 2016 sind große Teile von **Curral dos Romeiros** zerstört. Auch die Schlucht vor **Monte** dürfte unpassierbar sein, die Rekultivierungen werden wohl mindestens ein Jahr dauern. Die Wanderung entlang der Levada dos Tornos zählt zu den klassischen Routen auf Madeira, die viel begangen wird. Zum einen ist der Weg gut gewartet und einfach, zum anderen sehr abwechslungsreich. Darüber hinaus sind bereits der Ausgangspunkt wie auch der Zielort schon eine Reise wert. Zuletzt können wir mit der

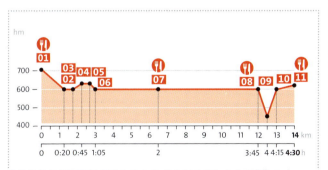

01 Camacha, 700 m; **02** Levadaeinstieg, 600 m; **03** Ribeirinha, 600 m; **04** Nogueira (Siedlung), 630 m; **05** Ende von Nogueira, 630 m; **06** Levadaeinstieg, 600 m; **07** Blandy's Garten, 600 m; **08** Curral dos Romeiros, 600 m; **09** Ribeira João Gomes, 450 m; **10** Largo das Barbosas, 600 m; **11** Monte, 620 m

25

Bauernhäuser und kleine Felder umrahmen immer wieder die Levada dos Tornos

Gondelbahn nach Funchal zurückkehren.

▶ Wir starten in **Camacha** 01, dem Korbflechterdorf, unmittelbar am Largo da Achada und müssen zunächst den Levadaeinstieg finden. Dazu folgen wir der Dorfstraße in südlicher Richtung und treffen bald auf die ER 102 in Richtung Funchal. Gegenüber zeigt uns ein hölzener Wegweiser an, dass uns die abwärts führende Waldstraße zur Levada dos Tornos bringt. Wir durchlaufen eine S-Kurve, beachten die nach rechts und links abgehenden Fahrwege nicht und steigen noch etwa 200 m abwärts, um nach einem Wohnhaus den **Levadaeinstieg** 02 zu

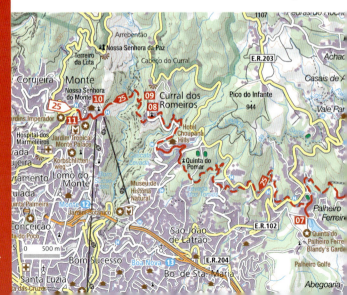

Blandy's Garten in Palheiro Ferreiro

In dieser prachtvollen, 200.000 m² große Anlage, die als schönster Privatgarten Madeiras gilt, kommt jeder Blumenfreund auf seine Rechnung. Der Park stellt eine Mischung aus englischer und französischer Gartenkunst dar, der zum Lustwandeln dient, aber auch einen botanischen Garten darstellt. Man benötigt mehrere Stunden, um die gesamte Blütenpracht entdecken zu können.

erreichen. Der Kanal ist hier neu gebaut und beginnt mit einem Rechen. Wir biegen nach rechts auf den Begleitweg ein, gelangen bald zu einer Hausruine und später in dichten Wald hinein. Nahe dem Weiler **Ribeirinha** 03 müssen wir für eine Weile die Levada verlassen, um eine Tunnelpassage zu umgehen. Der Weg führt steil aufwärts über Feldterrassen zu einem Fahrweg, auf den wir nach links einschwenken, um die Senke mit der kleinen Ortschaft zu durchwandern. Wir folgen dem Verlauf der Straße nach rechts und kommen in den Ort

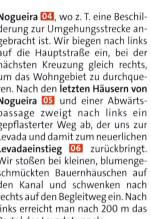

Nogueira 04, wo z. T. eine Beschilderung zur Umgehungsstrecke angebracht ist. Wir biegen nach links auf die Hauptstraße ein, bei der nächsten Kreuzung gleich rechts, um das Wohngebiet zu durchqueren. Nach den **letzten Häusern von Nogueira** 05 und einer Abwärtspassage zweigt nach links ein gepflasterter Weg ab, der uns zur Levada und damit zum neuerlichen **Levadaeinstieg** 06 zurückbringt. Wir stoßen bei kleinen, blumengeschmückten Bauernhäuschen auf den Kanal und schwenken nach rechts auf den Begleitweg ein. Nach links erreicht man nach 200 m das Portal des Levadatunnels.

Wir queren an der Stirnseite eines Hangrückens im schattigen Gelände eine Asphaltstraße und wandern weiter in Richtung Palheiro Ferreiro. Dort erwartet uns ein weiterer Levadatunnel, der das Wasser unter dem auf einer Hangterrasse liegenden Ort hindurchleitet. Auch dieser kann nicht durchschritten werden, also müssen wir ein weiteres Mal der Umgehungsstrecke folgen. Der Steig führt vom Portal weg durch Gärten, um bei einem Steinhaus in Richtung Dorfmitte anzusteigen. Bald nachdem der Weg abflacht, ist die Dorfstraße erreicht, der wir nach rechts zu einer Kreuzung folgen. An dieser verbirgt sich hinter normalen Haustüren und Fenster-

läden eine kleine Krämerei, die für Unkundige von außen nur dann zu erkennen ist, wenn sie geöffnet hat. Auch ein Einkehrlokal bietet sich hier an. Wir biegen nach links ab, wenig später bei einer Bar nach rechts auf einen gepflasterten Weg, der uns zur Levadastrecke zurückbringt. Zuvor kommen wir noch an einer Werkstätte vorbei und durchqueren Feldterrassen, bevor uns der Pfad zum Wasserkanal zurückleitet.

Die nächste Unterbrechung bildet die Querung einer Nebenstraße, die zu **Blandy's Garten** 07 und zur Golfanlage von Palheiro führt. Danach mündet die Route in eine Asphaltstraße, die uns zur ER 205 bringt. Am Holzmast an der Straßenkreuzung erkennen wir einen roten Farbpunkt, gegenüber setzt sich die Wanderroute als Erdrampe in dem nun wieder bewaldeten Gelände fort. Nach einer halben Stunde müssen wir wiederum die ER 205 queren, dazwischen zeigt uns die Wanderroute die ganze Schönheit der Landschaft aus herrlichen Akazien-, Kiefern- und Eukalyptuswäldern sowie aus vielfältigen Kulturterrassen.

Nach 20 Minuten ab der Straßenquerung weist ein Schild nach unten auf das „Jasmine Tea House", das etwa 100 m unterhalb der Levada liegt. Es ist für köstlichen englischen Tee und Kuchen bekannt.

Nach Querung einer Asphaltstraße haben wir nach knapp 15 Minuten das nächste Teehaus, das Hortensia Gardens Tea House, erreicht. Es befindet sich diesmal oberhalb der Levada und liegt, seinem Namen alle Ehre machend, inmitten eines mit Hortensien bewachsenen Gartens. Hier müssen wir wiederum eine Asphaltstraße queren und kommen an einem Wasserbecken vorbei. Nur wenig später führt die Route oberhalb eines Privatgrundstückes an einem Zaun entlang.

Die Kapelle Quinta do Pomar ist erreicht und damit die steil abwärtsführende Straße in Richtung Botanischen Garten. Wir setzen aber die Wanderung entlang des Wasserkanals fort, der gleich gegenüber der Kapelle aus einer Verrohrung wieder in das offene Gerinne übergeht. Wir durchqueren Hausanlagen, um später in das Gelände des Hotels Choupana

Die Wanderung führt am Ende am tropischen Garten von Monte vorbei

Fast das gesamte Jahr werden die Levadas von herrlichem Blumenschmuck begleitet

Hills zu gelangen. Die Wanderroute wird mit Markierungen durch das Areal geleitet, wobei man als Wanderer am Weg zu bleiben hat. Danach zieht die Levada in das tief eingeschnittene Bachtal des Ribeiro de João Gomez in Richtung der Ortschaft Curral dos Romeiros. Der Wegverlauf wird nun etwas wildreicher, bis tief im Taleinschnitt der Bachlauf auf einem betonierten Wehr zu überqueren ist. Ausgesetzte Stellen sind jedoch nicht vorhanden. In dieser Art geht es bis **Curral dos Romeiros** `08`, das sich hoch über Funchal an die steilen Hänge des Ribeiro de João Gomes schmiegt. Um nach Monte zu gelangen, müssen wir dieses tief eingeschnittene Tal durchqueren, doch die Levadastrecke ist schwierig und mit luftigen Passagen durchsetzt, weshalb wir den alten gepflasterten Verbindungsweg durch die Schlucht wählen. Dazu verlassen wir in Romeiros den nun mit Betonplatten verdeckten Kanal und steigen über Steintreppen zur Dorfstraße hinab. Mit etlichen steilen Serpentinen entlang des gepflasterten Saumpfades nähern wir uns rasch dem Talgrund des **Ribeiro de João Gomes** `09` und überqueren den Wildbach auf einer Steinbrücke.

Auf einem ebenfalls gepflasterten Weg geht es aus der Schlucht hinauf zum Aussichtspunkt am **Largo das Barbosas** `10`, wobei wir die Gondelbahn in Richtung Botanischen Garten unterqueren. Vom breiten Platz mit der Kirche Nossa Senhora de Conceiçao folgen wir der ebenen Straße, kommen an der Bergstation der Gondelbahn nach Funchal und wenig später am Eingang zum Jardim Tropical Monte Palace vorbei, um nach 5 Minuten den Ort **Monte** `11` zu erreichen.

Dort warten schon die Schlittenfahrer mit ihren Korbschlitten, um die 2,5 km lange Strecke ins Tal zu brausen. Durch die herrliche Gartenanlage des Stadtparks unterhalb der Wallfahrtskirche Nossa Senhora do Monte gelangen wir zum platanenbestandenen Platz Largo da Fonte und wenig später zur Haltestelle der Busse in Richtung Funchal.

26 DIE LEVADA DO BOM SUCESSO

Abstieg von Monte zum Botanischen Garten

 8,25 km 3:15 h 200 hm 470 hm 234

START | Monte, Largo da Fonte (620 m); Seilbahn von Funchal oder vom Botanischen Garten nach Monte/Barbosas; Mit Linien 30 und 31 direkt ins Zentrum von Funchal
[GPS: UTM Zone 28   x: 321.550 m   y: 3.616.860 m]
CHARAKTER | Mittelschwere, sehr abwechslungsreiche Wanderung auf meist gut trassierten, aber teils sehr steilen Wegen und Pfaden; entlang der Levadastrecke sind leicht ausgesetzte Passagen zu absolvieren, Trittsicherheit ist notwendig, Schwindelfreiheit von Vorteil; der Gegenanstieg zum Botanischen Garten und zur Gondelbahn ist unangenehm steil.

Diese früher als mittelschwer einzustufende Streckenwanderung muss seit den Waldbränden vom August 2016 als schwer klassifiziert werden. Das Feuer hat die dschungelartige Vegetation arg in Mitleidenschaft gezogen, sodass der Weg stellenweise neu angelegt werden musste. Dem steil abwärts führenden Erdpfad fehlt sozusagen einerseits der Sichtschutz gegenüber den Schwindel erregenden Tiefblicken, andererseits der Halt, den der Bewuchs dem Boden gegeben hat. Die Folge sind abrutschende Wegpassagen, weshalb immer wieder Sperren verhängt werden. Die subtropische Vegetation erholt sich zwar schnell, aber bis zur Regeneration

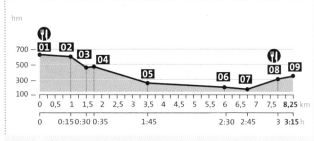

01 Monte, Largo da Fonte, 620 m; **02** Largo das Barbosas, 600 m;
03 Ribeira de João Gomes, 450 m; **04** Abzweigung Pfad, 475 m;
05 Levadabeginn, 250 m; **06** Levadaende, 200 m; **07** Bushaltestelle, 175 m;
08 Botanischer Garten, 300 m; **09** Talstation der Gondelbahn, 350 m

Die Korbschlitten in Monte

des ursprünglichen Urwaldes dauert es auch hier einige Zeit. Erkundigen Sie sich daher vor der Tour im Touristenbüro über den aktuellen Zustand des Weges.

Die an sich kurzweilige Tour beginnt in Monte, dem Wallfahrtsort hoch über Funchal, und führt durch das enge Schluchttal des Ribeiro de Joao Gomes abwärts bis in die Nähe des Botanischen Gartens. Historische Sehenswürdigkeiten, exotische Gartenanlagen, subtropische Vegetation, eine Schlucht samt Wasserfällen und zuletzt eine klassische, gar nicht so leichte Levada machen diese Tour zu einem kurzweiligen Erlebnis. Darüber hinaus wandern wir nur abwärts. Dennoch weist der Weg einige Anforderungen auf, denn er ist stellenweise steil und entlang der Levada schmal und etwas luftig. Zuletzt lässt sich die Wanderung mit dem Besuch des Botanischen Gartens kombinieren, oder man kehrt mit der Gondelbahn nach Monte zurück.

▶ Monte liegt etwa 8 km oberhalb des Zentrums von Funchal auf 550 m Seehöhe und gilt als mondäner Ferienort samt Wallfahrtskirche. Für Mietwagenbesitzer steht ein großzügiger Parkplatz etwa 500 m oberhalb des „Brunnenplatzes" zur Verfügung. **Monte 01** lässt sich aber auch mit der Gondelbahn von Funchal oder vom Botanischen Garten aus erreichen. Ferner gibt es eine Stadtbusverbindung sowohl zum Ausgangspunkt als auch zum Zielpunkt. Die Tour beginnt am schattigen Brunnenplatz „Largo do Fonte" unterhalb der Wallfahrtskirche, auf dem einige Stände Souvenirs und Erfrischungen anbieten. Gepflasterte Wege führen durch die herrliche Gartenanlage des Stadtparks, vorbei an subtropischen Pflanzen und Teichen, zur Kirche Nossa Senhora do Monte hinauf, in der der letzte Erzherzog von Österreich, Karl I., begraben liegt. Vom Vorplatz genießt man eine herrliche Aussicht auf Funchal. Die breite Treppe führt in den Ort hinab und erreicht sofort die Straße mit den „carreiros", den Korbschlittenfahrern. Sie halten die Tradition eines früheren Verkehrsmittels aufrecht, allerdings heute zu stolzen Preisen. Die Fahrt mit den abenteuerlichen Korbschlitten geht über 2,5 km bis in den Ortsteil Livramente hinab, ein lustiges Schauspiel und mit Sicherheit das witzigste Verkehrsmittel der Insel.

Wir folgen der Dorfstraße nach links, bis wir entlang von schmiedeeisernen Gittern den Eingang zur Gartenanlage Monte Palace Tropical Gardens erreichen. In der 70.000 m² großen Parkanlage treffen wir auf einen vielfältigen Garten mit altem Baumbestand, japanischem Garten, großer Teichanlage mit Schwänen,

Der Weg entlang der Levada ist gut ausgebaut und familientauglich

Koi-Becken, tausenden Pflanzen, Kunstobjekten und vielem mehr. Im Zentrum steht die Quinta, ein großes Landhaus, in dem 1904 ein Hotel eröffnet wurde. Der Garten ist heute gegen Gebühr der Öffentlichkeit zugänglich. Nur 100 m weiter befindet sich die Bergstation der Gondelbahn, die von Funchal aus der Avenida do Mar heraufkommt. Daran schließt der Aussichtsplatz Largo das Babosas an, von dem wir einen ersten Blick auf die Schlucht der Ribeira de João Gomes erhaschen.

Unsere Wanderung setzt sich an der Nordseite des Platzes fort, wo beim Aussichtspunkt **Largo das Barbosas 02** der alte, gepflasterte Saumpfad Caminho Padre Eugénio Borgonovo in Richtung Curral dos Romeiros ausgeht. Zunächst kommen wir zur Bergstation der Gondelbahn zum Botanischen Garten, die waghalsig die Schlucht überquert und in den Fels hineingebaut ist. Dann begleitet uns bald die herrliche Vegetation dieses vielfältigen Lebensraumes, die sich aus einem dichten Baumbewuchs und zahllosen Sträuchern und Stauden zusammensetzt. Im Frühjahr umfängt uns der Duft der Mimosenblättrigen Akazien und der Eukalyptus- oder Blaugummibäume. Der Pflasterweg zieht in Serpentinen in den Talschluss der Schlucht hinab, kommt am Abzweig des Weges entlang der Levada dos Tornos nach Romeiros vorbei und erreicht bald die Steinbrücke, die über den **Ribeira de João Gomes 03** führt. Ein kurzer Gegenanstieg auf dem breiten Erdweg bringt uns zum **Abzweig des Pfades 04** durch die Schlucht, der in einer Spitzkehre geradeaus in den bewaldeten Hang zieht.

Dieser Steig leitet uns nun mit kurzweiligem Verlauf durch den subtropisch anmutenden Wald.

26

Eine Bogenbrücke überspannt das Tal der Ribeira de João Gomes

Schwierige Wegpassagen sind gut gesichert worden

Zahlreiche kleine Serpentinen und ins Erdreich gehauene Stufen bringen uns rasch abwärts, manche Steilstellen können feucht und rutschig sein. Wir kommen an einer Höhle vorbei, die früher von den Hirten als Unterstand verwendet wurde. Nach gut einer Stunde zweigt nach rechts ein etwa 200 m langer Stichweg ab, der zu einem rauschenden Wasserfall im Flusstal des João Gomes führt. Dieser Stichweg folgt einer alten verfallenen Levada und es müssen verwachsene Stellen und herabgestürzte Felsblöcke umgangen werden.

Zurück zum Hauptweg folgen wir diesem weiter abwärts durch das sattgrüne Dickicht. Sobald der Bewuchs Blicke auf das Tal ermöglicht, erkennt man, wie tief sich der Bach bereits in die Hänge eingeschnitten hat. Nach einer Querpassage, wo wir wieder an einer Höhle vorbeikommen, steigt der Weg wieder über Erdtreppen in ein Seitental hinab und trifft bei einer schmalen Brücke auf die Levada do Bom Sucesso. Früher war der Übergang über den Wildbach nicht mit Geländern gesichert und stellte ein echtes Kriterium dieser Wanderung dar, heute leiten uns Drahtseile zu beiden Seiten ohne Probleme über den Bachgraben hinweg.

Nun begleitet uns die **Levada do Bom Sucesso** 05, die heute nicht mehr in Verwendung ist. Der Weg wird bald schmal und das Gelände immer steiler. Die Trasse läuft etwas luftig durch eine Felswand, wobei die ausgesetzten Stellen mit Drahtseilen gesichert sind. Kinder könnten aber spielend darunter in die Tiefe rutschen, für Erwachsene bieten sie einigermaßen Schutz vor dem Abgrund, zumindest einen optischen. Diese Passagen sind bald überwunden und der Weg führt wieder durch sanfteres, mit Ackerflächen terrassiertes Gelände hinein. Wir durchwandern ein Seitental, queren den Bach auf einer Betonbrücke und gehen bald unter der Autobahnbrücke hindurch, die sich schon länger mit Verkehrslärm bemerkbar macht. Nun sehen wir unter uns auf die ersten Häuser von Funchal hinab, die den Talausgang des Ribeiro de João Gomes einnehmen. Zuletzt

Botanischer Garten von Funchal

Diese Tour, aber auch die Wanderung von Camacha entlang der Levada Serra do Fajal lassen sich ideal mit dem Besuch des Botanischen Gartens kombinieren. Auf über 35.000 m² werden 2000 exotische Pflanzen und Bäume gezeigt, die aus der gesamten Welt stammen. Vom Hauptgebäude im Stil einer vornehmen Quinta, in der das Naturgeschichtliche Museum und das Herbar untergebracht sind, wandert man entweder hinauf ins Arboretum oder hinunter auf die prachtvolle Terrasse mit den Blumenteppichen und dem Laubengang mit Farnen und Brunnen. Darunter befinden sich der Palmengarten, das Orchideenhaus, die Abteilung mit den auf Madeira heimischen Pflanzen sowie die Volieren der Papageien und exotischen Vögel. Der Garten erfüllt eine bedeutende Rolle für die Wissenschaft und den Erhalt seltener, vom Aussterben bedrohter Arten. Öffnungszeiten Winter: Montag - Sonntag: 09:00 – 18:00 Uhr. Sommer: Montag - Sonntag: 09:00 – 19:00 Uhr außer 25.12.

sind Weg und Levada von einem dichten Flor aus Kulturpflanzen gesäumt, ehe der Kanal unvermittelt bei einer weißen Mauer auf die Rua Dr. Antonino Costa Medico im Ortsteil Bom Sucesso trifft und damit das **Levadaende 06** erreicht ist. Wir folgen dieser etwa 500 m in Richtung Hauptstraße hinab, an der sich auch gleich die **Haltestelle 07** mehrerer Buslinien befindet.

Wer zum Botanischen Garten aufsteigen möchte, nimmt nach der Bushaltestelle die nach links aufwärtsführenden Treppe, die in den Caminho do Meio mündet. Dieser führt zum Teil sehr steil etwa 15 Minuten lang an die Südseite des **Botanischen Gartens 08** und kommt 100 m davor an einem Zugang zum Orchideengarten Jardim Orquidea vorbei. Zum Haupteingang müssen wir bis zum kleinen Parkplatz samt Haltestelle der Buslinie 31a noch der breiten Fahrstraße aufwärts folgen.

Um zur **Talstation der Gondelbahn 09** retour nach Monte/ Barbosas zu gelangen, müssen wir entweder entlang des Gartens in einer nach links abgehenden Seitenstraße noch einige Höhenmeter aufwärts steigen oder durch das Areal des Botanischen Gartens wandern. Dieser bietet Kombi-Tickets für Besuch und Bahnfahrt an.

Die Wallfahrtskirche Nossa Senhora do Monte

BOTANISCHER GARTEN – JARDIM BOTÂNICO

Farben, Düfte und Exotik

 1,25 km 2:00 h 60 hm 80 hm 234

START | Botanischer Garten Funchal (330 m); Seilbahn vom östlichen Rand der Altstadt zum Jardim Botanico
[GPS: UTM Zone 28 x: 322.204 m y: 3.615.519 m]
CHARAKTER | Leichte spaziergangähnliche Wanderung auf Parkwegen und Treppen, die jedoch etwa 150 Höhenmeter Niveauunterschied aufweisen und teilweise steile Abschnitte enthalten.

Durch die Waldbrände im August 2016 sind Teile abgebrannt, der zentrale Teil blieb aber unbeschädigt.

Madeira wird oft auch als „Blumeninsel" bezeichnet, bedeutet aber eigentlich soviel wie „Holz". Die Insel erhielt diesen Namen zur Zeit ihrer Entdeckung, weil sie damals fast zur Gänze mit Lorbeerwald bedeckt war. Im Zuge der menschlichen Besiedelung kamen viele exotische Pflanzen nach Madeira und wurden zum Teil heimisch. Vornehmlich Kaufleute brachten im 18. Jh. attraktive tropische und subtropische Pflanzen nach Madeira und gestalteten damit ihre eigenen Parkanlagen.

Deshalb präsentiert sich Madeira heute als „Schwimmender Garten" und bietet zu jeder Jahreszeit eine überaus reiche Blütenfülle. Im Frühjahr entfalten Azaleen, Rhododendren, Aloe, Kamelien, Trompeten- und Passionsblumen ihre Pracht, im Mai kommen die zart-lila farbenen Blüten der Jacaranda-Bäume dazu. Orchideen blühen ebenso wie Bougainvillea, Hibiskus, Glockenmalve, Flamingoblume, Ballonrebe und Strelitzie das ganze Jahr über.

Der Sommer gehört den Hortensien, Chrysanthemen, Magnolien, der Afrikanischen Liebesblume

Die Palmenanlage im unteren Teil des Botanischen Gartens

und dem Oleander, aber auch vielen aus Mitteleuropa stammenden Pflanzen, wie Amaryllis, Begonie, Dotterblume und Geranie.

Einer der bekanntesten Parks ist der „Jardim Botánico", der 1960 etwa 3 km oberhalb des Stadtzentrums von Funchal auf dem Gelände der Quinta do Bom Sucesso errichtet wurde. Die „Quinta", eine Prachtvilla, war früher im Besitz der Hoteliersfamilie Reid. Wir können bequem mit dem Linienbus oder der Gondelbahn aus Funchal zum Garten gelangen, der mit zahlreichen Wegen durchzogen ist und ausgiebige Spaziergänge ermöglicht. Da der Garten an einem Hang in Höhen zwischen 200 und 350 m Seehöhe angelegt wurde, sind bei der Besichtigung einige Höhenmeter zu überwinden.

Die botanischen Schätze der Insel sind in der 35.000 m² großen Anlage in fünf Hauptbereichen angeordnet.

Der erste Abschnitt gleich nach dem **Haupteingang** mit den riesigen Blumenbildern zeigt die auf Madeira einheimischen Pflanzen inklusive den Arten der höheren Bergregionen. Dabei dürfen Madeira-Blume und Papageienblume nicht fehlen. Der Rundweg führt weiter durch den Baumgarten, der sich mit den Laub- und Nadelbäumen der Welt befasst und zahlreiche Holzgewächse aus dem Himalaya enthält.

Wir erreichen die **obere Terrasse**, die von gestalteten Gärten, Sukkulentenbeeten und landwirtschaftlichen Pflanzen umgeben ist. Die stachelige Welt der Kakteen stammt eigentlich aus Südamerika. Der breite Weg führt weiter abwärts zum großen Platz mit dem Palmfarnen, an dem sich auch der **untere Eingang** befindet. Nach rechts wird es tierisch, denn hier wurde ein „Loiro Parque", ein Vogelpark mit Papageien und anderen seltenen exotischen Vögeln eingerichtet.

Der Rückweg bringt uns zuerst durch den Palmgarten und danach durch den Abschnitt mit den ein-

Ein Übersichtsplan hilft bei der Orientierung im Botanischen Garten

heimischen Pflanzen Madeiras. Entlang des Aufstieges zur Talstation der Seilbahn nach Monte folgen noch das Café, die medizinischen Pflanzen, die Blumenwiese, die Klippe mit den einheimischen Pflanzen und Nutzpflanzen, deren Herkunft meist in den **Tropen** liegt. Hier sehen wir zahlreiche tropische Früchte wie Mango, Papaya, Kaffee, Zuckerrohr, aber auch wichtige Arzneipflanzen. Insgesamt beherbergt der Garten mehr als zweitausend exotische Pflanzen aus allen Erdteilen zusammen mit der ursprünglichen Vegetation der Insel. Durch die Pflanzenfelder kommen wir zur Liebesgrotte und den Aussichtspunkt auf die Bucht von Funchal, bis der Rundweg an der **Talstation der Seilbahn** in Richtung Monte endet. Der „Jardim Botânico" wird heute als staatliche Einrichtung betrieben und steht der Forschung zur Verfügung. 1997 hat man das Gelände erweitert und damit die Einführung von botanisch bedeutsamen Pflanzen wie der Cycas-Palmfarne ermöglicht. Hier befindet sich außerdem auch noch ein kleines Naturhistorisches Museum, das vorwiegend Tierpräparate zeigt. Entlang der teils schattigen Wege finden wir auch etliche Rastbänke, ein Amphitheater und ein Terrassencafé vor. Darüber hinaus genießt man von einigen Aussichtspunkten einen der besten Blicke auf Funchal.

Den Rückweg kann man entweder wieder genauso antreten oder man verlässt den Botanischen Garten am unteren Ende und fährt mit dem Taxi zurück in die Altstadt.

Der Botanische Garten von Funchal

NDGANG DURCH FUNCHAL

äne Hauptstadt der Insel

 6 km 2:30 h 120 hm 120 hm 234

START | Funchal, Avenida do Mar, Palácio São Lourenço (10 m); Busbahnhof in Funchal mit Linien aus allen Teilen der Insel [GPS: UTM Zone 28 x: 320.788 m y: 3.613.723 m]
CHARAKTER | Einfache Stadtwanderung auf asphaltierten und gepflasterten Straßen und Gassen; dennoch sind gute Sport- oder Wanderschuhe mit weichen Sohlen empfehlenswert.

Die Hauptstadt von Madeira überrascht uns mit einem mondänen Stadtzentrum, einer herrschaftlichen Promenade entlang des Hafens und einem sehr quirligen Markt, der in einem Viertel im Osten angesiedelt ist. Zahlreiche Sehenswürdigkeiten reihen sich aneinander und erlauben einen spannenden, abwechslungsreichen Stadtrundgang. Im Großraum von Funchal lebt fast die halbe Inselbevölkerung, nämlich knapp 130.000 Menschen, die das weitläufige Stadtgebiet an den Hängen der zentralen Gebirgskette besiedeln. Die meisten Touristen statten dem Stadtteil Monte einen Besuch ab, das 500 Höhenmeter oberhalb des Hafens tropische Gärten, eine sehenswerte Kirche und herrliche Aussichten auf die Westküste bietet. Man sollte sich aber den Besuch eines Straßencafés oder einer Weinstube in der pittoresken Altstadt nicht entgehen lassen oder einen Vormittag in den Parks oder den

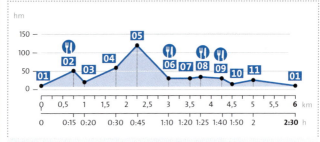

01 Funchal, Avenida do Mar, 10 m; **02** Park Santa Catarina, 50 m;
03 Kreisverkehr, 20 m; **04** Rua das Cruzes, 60 m; **05** Kloster Santa Clara, 120 m;
06 Stadtgarten, 30 m; **07** Kathedrale, 30 m; **08** Rathaus, 30 m;
09 Markthalle, 30 m; **10** Seilbahn Monte, 15 m; **11** Fortaleza São Tiago, 10 m

Der Blick auf das Zentrum von Funchal

großzügigen Promenaden zwischen Palacios, Museen und Kirchen verbringen. Daneben können kuriose Museen wie das Zuckermuseum oder das Museum der Erinnerungen besichtigt werden.

▶ An vielen Orten wird die Geschichte der Insel als Anlaufstelle der Seefahrer und Entdecker früherer Zeiten spürbar. So widmet sich ein Museum dem Wirken von Christoph Kolumbus. Die Stadt entstand an dieser Stelle, weil es sich bei der Bucht um den größten Naturhafen Madeiras handelte. Weil in der Umgebung so viel Fenchel wuchs, gaben ihr die ersten Siedler im 15. Jh. den Namen *funcho*, portugiesisch für „Wilder Fenchel".

Bei einem ersten Besuch von Funchal wird man sich auf die Avenida Arriaga mit den Geschäften und die **Avenida do Mar** 01 konzentrieren, die mit schattigen Bäumen und Gartenanlagen die Marina umgibt. Hier befindet sich auch der Palácio São Lourenço, das für unsere Rundwanderung den Ausgangspunkt bildet. Der stattliche Bau hat im 16. Jh. seinen Anfang genommen und dient heute dem Gouverneur sowie dem Militärkommandanten der Insel als Wohnsitz. Wir folgen der breiten Prachtstraße in westlicher Richtung und kommen sogleich an der Marina mit den großen Jachtbooten vorbei. Über die nach rechts vor einem Kreisverkehr abgehende Rua Fontes gelangen wir zum **Park Santa Catarina** 02, der sich über ein nach Westen ansteigendes Küstenareal erstreckt. Die ruhige und schattige Anlage bietet die Kulisse für die schlichte Kapelle Santa Catarina, die zu den ältesten Kirchen der Insel gehört. Zahlreiche Mitbringel aus aller Welt wie Kampferbaum, Korallenbaum, Peruanischer Pfefferbaum

In der Fußgängerzone nahe dem Stadtgarten

oder Kauritannen zieren den Garten. Im oberen Gartenteil empfängt uns neben Araukarien das Café Esplanada do Lago sowie das Kolumbus-Denkmal.

Am **Kreisverkehr 03** an der nordöstlichen Ecke der Parkanlage, der Rotunda do Infante, wenden wir uns der nach links oben abgehenden Rua Dr. Brito Câmaro zu, um in Richtung Convento de Santa Clara aufzusteigen. Wir biegen bei der nächsten Straße rechts ab, überqueren die Rua Major Reis Gomes und später die Rua da Carreira und gelangen über diese in die **Rua das Cruzes 04**. Vor uns ragt die mächtige Festungsanlage Forte do Pico oder Castelo de São João de Pico auf. Das imposante Bauwerk steht heute in militärischer Verwendung und verfügt aus vergangener Zeit über eine tiefe Zisterne. Wir gehen durch die Rua das Cruzes dem Eingang des **Klosters Santa Clara 05** entgegen, das sich in der Oberstadt von Funchal befindet. Das Erdbeben von 1748 hat dem Gebäude arg zugesetzt, doch es wurde weitgehend restauriert und beherbergt heute das Kulturmuseum Madeiras. Neben dem Kreuzgang des Konvents blieb die gotische Nordfassade erhalten. Im Archäologischen Park können Steinskulpturen besichtigt werden.

Wir haben den höchsten Punkt unseres Rundgangs erreicht und beginnen mit dem Rückweg in Richtung Zentrum. Durch die Calcada de Santa Clara geht es vorbei am Stadtmuseum direkt hinab zum **Stadtgarten 06**, dem Jardim Municipal, der an der mondänen Avenida Arriaga liegt. Die schattige Grünanlage bietet lauschige Sitzgelegenheiten, das nostalgische Café O Concerto, ansehnliche Blumenbeete, die saisonal gestaltet werden, sowie den tropischen

Im Mercado dos Lavradores

Baumbestand aus aller Welt wie Palmfarne, Kapokbaum, Leberwurstbaum und Araukarien.

Wenn wir nach links in die als Fußgängerzone gestaltete Avenida Arriaga einbiegen und unter den violett-blauen Jacarandabäumen flanieren, das Denkmal vom Stadtgründer João Gonzales bewundern oder der Old Blandy Wine Lodge einen Besuch abstatten, gelangen wir zur großen **Kathedrale** 07, die im Zentrum an der Praça do Municipio aufragt. Mit dem Bau des stattlichen Gotteshauses, das bei Einheimischen in Anlehnung auf den Bischofssitz einfach mit Sé (sedes = Bischofssitz) bezeichnet wird, wurde bereits 1485 begonnen, sie ist damit die erste portugiesische Kathedrale außerhalb des Festlandes. Die äußere, streng wirkende Fassade blieb seither fast unverändert, während wir im Inneren zwei Stilrichtungen bewundern können. Der vordere Altarraum besitzt gotische Netzgewölbe, während die Kirchenschiffe nur mit Holzdecken ausgestattet sind.

Auch der Platz vor der Kirche verdient es, sich ihm ein paar Augenblicke zu widmen. Denn das Ensemble von großem Brunnen, der Kirche Igreja do Colégio, dem **Rathaus** 08 und der kunstvollen schwarz-weißen Pflasterung machen ihn zu einen der bemerkenswertesten urbanen Plätzen der Insel. Das Rathaus beherbergt auch das Stadtmuseum, das während der Amtsstunden besichtigt werden kann. Durch die Altstadtgassen mit zahlreichen Läden und kleinen Restaurants schlendern wir in Richtung Markthallen. Nach dem Überqueren der beschaulichen Praça de Colombo mit den Cafés und den umgebenden Palästen und quadratischen Türmen

Kaffee- und Teetrinken in Funchal

Das **Jugendstillokal Golden Gate** befindet sich in der Avenida Arriaga und lädt zu Kaffee, Kuchen und Zeitunglesen ein. Ebenfalls an der Fußgängerzone empfängt Sie das **Café do Teatro** tagsüber mit Café, Poncho, kühlen Getränken und kleinen Snacks, während abends Disko- oder Lifemusik geboten wird.

Ganz anders das **Café do Museu**, das in den Arkaden des alten Bischofspalastes und am Hauptplatz seine Tische zum Café oder Lunch aufstellt. Versuchen Sie die Spezialität des Hauses, den Kuchen *dentada de chocolate*.

Eines der besten Teelokale ist das **Loja do Chá** an der Praça Colombo, in dem man die Vielfalt aus über 100 Teesorten unter Orangenbäumen genießt und das muntere Treiben am Platz beobachten kann.

Wer lieber ruhiger und abgeschirmter vom Stadtleben einen Café genießt, wird das **Café Patio** im ganz im Jugendstil gehaltenen Innenhof des Fotomuseums Vicente in der Rua da Careira 43 bevorzugen. Von Gästen wie von Einheimischen gut besucht sind das **Café Funchal** und das **Café Apolo** in der Fußgängerzone der Rua João Tavira ganz in der Nähe der Kathedrale.

In der Oberstadt lädt nahe dem Museum der Erinnerungen das **Casa de Chá-Teehau**s. In Korbsesseln können Sie in aller Ruhe die Köstlichkeiten und schönen Blicke über Funchal genießen.

Wer einmal das noble und teure Ambiente eines Luxushotels schnuppern möchte, kann dies für knapp 30 € pro Person in der Nobelherberge von Funchal, dem **Hotel Reid**, mit einem traditionellen Five o'Clock-Tea tun. Für den stolzen Preis gibt es neben Kuchen und Sandwiches typische englische Noblesse und möglicherweise prominente Gäste.

Five o'Clock-Tea auf der Terrasse bei Reid's

nimmt uns die Rua do Esmeraldo auf und bringt uns zum Graben der Ribeira de Santa Luzia, den wir überqueren. Der **Mercado dos Lavradores 09** befindet sich östlich der Ribeira de João Gomes an der Rua Proteta. Im Bauernmarkt preisen die Händler exotische Früchte, Fleisch, Wurst, Geflügel, Korb- und Lederwaren an. Der hintere Gebäudeteil, die Praça de Peixe, beherbergt den Fischmarkt, in dem es vormittags besonders laut zugeht. Die zweite Straße südlich des Marktes, die Rua de D. Carlos I., bringt uns zur **Talstation der Seilbahn nach Monte 10**, die sich im Jardim do Almirante Reis befindet. Die Gondelbahn verbindet das Zentrum mit dem bereits erwähnten Ortsteil Monte. Der Park war früher ein Exerzierplatz

und erhielt sein futuristisches Gepräge durch den geschätzten portugiesischen Architekten João Ferreira Nunes. Die Strandpromenade führt noch 300 m weiter nach Osten zum **Fortaleza São Tiago** 11, die das Ende der Stadtmauer von 1620 sicherte. Hier ist das Museum für zeitgenössische Kunst untergebracht. Manche werden sich für die Felsbadeanlage Barreirinha interessieren, die vom Largo do Socorro aus zugänglich ist und neben den Pools auch aus Liegeflächen und einer Bar besteht.

Der Rückweg zum Ausgangspunkt beim Palacio São Lourenço an der **Avenida do Mar** 01 verläuft in westlicher Richtung stets dem Ufer entlang und ist nach gut 1 km erreicht.

ATLANTISCHER OZEAN

OCEANO ATLÂNTICO

Porto Santo 1:30 h

Funchal

Scala 1 : 10.000

0   100   200   300 m

DIE LEVADA DO NORTE WEST

Aussichtslevada zum Cabo Girão

 13 km 3:45 h 0 hm 75 hm 234

START | Cabo Girão (580 m); Großer Parkplatz am Cabo Girão [GPS: UTM Zone 28 x: 314.460 m y: 3.617.280 m]
CHARAKTER | Weitgehend einfache Levada-Wanderung auf breiten, teils betonierten Wegen, nur im Tal der Ribeira de Caixa. Die meisten Stellen sind mit Geländern gesichert; einfache Orientierung, ab und zu Metallschilder.

Die Levada do Norte unterquert den Aussichtspunkt Cruz de Caldeira, der als Landsporn fast senkrecht ins Meer abfällt, mit einer Tunnelstrecke. Dieser teilt die Wanderung entlang dieser Levada in zwei Hälften. Während die Tour 30 den östlichen Abschnitt beschreibt, wenden wir uns nun dem westlichen Teil zu, der bis nach Boa Morte reicht. Die einfache Wanderung kann noch bis Ribeira Brava fortgesetzt werden.

▶ Als Startpunkt wählen wir den kühnen Aussichtspunkt am **Cabo Girão 01**, von dem der Blick fast senkrecht ins Meer hinab fällt. Am Parkplatz geht an der Nordseite eine breite Steintreppe ab, die in die Zufahrtsstraße zum Aussichtspunkt einmündet. Diese bringt uns bergab zur Kreuzung mit der ER 229 nach **Cruz de Caldeira 02**. Wir gehen nach links um die Bar herum, um in die weiterhin abwärts führende Betonpiste einzubiegen. Diese wird nach einer Spitzkehre zum Erdweg Vereda da Furnas, der fast eben zum westlichen Portal des Levadatunnels führt (**Levadaeinstieg 03**).

01 Cabo Girão, 580 m; 02 Cruz de Caldeira, 550 m; 03 Levadaeinstieg, 510 m; 04 Levadahaus, 505 m; 05 Bar o Pinheiro, 505 m; 06 Barreiras, 250 m

Der Levadaweg knapp vor dem Tunnel unter dem Cabo Girão

Der Wasserkanal biegt im rechten Winkel in den mit Feldterrassen reich gegliederten Hang ein und wird von einem Pfad begleitet, dem wir nun gegen die Fließrichtung folgen. Zunächst verläuft die Levada parallel zur ER 229 und führt immer wieder an kleinen Bauernhäusern und Äckern vorbei. Im Taleinschnitt folgt sie der Linkskurve der Straße, hier müssen wir zu dieser hinaufsteigen, da im steilen Gelände kein Platz für einen Weg wäre. Bald nach der Kurve taucht die Levada aus der Tiefe, ist jedoch eine Weile von Betonplatten abgedeckt. Unser Weg lässt sich aber deutlich erkennen und folgt wieder dem Gerinne, das in einer Rechtskurve wieder ohne Abdeckung offen durch die Landschaft zieht. Wir gehen gemütlich durch die Kulturlandschaft und sehen ständig zur ER 229 hinab, während sich am Horizont der mächtige Sporn des Cruz da Caldeira zum Meer hinaus schiebt. Später werfen kleinere Waldabschnitte Schatten auf die Route, während wir nach Straßenquerungen zu einer Levadaanlage gelangen. Hier werden Äste und Blätter aus dem Wasser gefischt.

Nach gut einer Stunde Gehzeit fällt das Gelände in einem Taleinschnitt etwas steiler ab, weshalb der Levadaweg mit Geländern gesichert ist. Wir befinden uns nun oberhalb der Ortschaft Campanário und durchlaufen im nächsten Abschnitt den Hangeinschnitt. Der Kanal schlängelt sich kunstvoll durch das gestufte Gelände aus Ackerterrassen und Obstbaumhainen, durchquert einen Eukalyptuswald und zieht immer tiefer in den Hangeinschnitt hinein. An der Basis überqueren wir den Bachlauf der Ribeira do Campanário und wandern neuerlich durch Eukalyptuswald talauswärts. Die eindeutige und leicht zu begehende Route führt in die weitläufigeren Hänge oberhalb von Campanário hinein. Ein Hangrücken muss mit einem weiten Bogen umlaufen

29

Die Levada verläuft durch den Taleinschnitt bei Quinta Grande

138

werden, am Schnittpunkt führt eine Straße über den Kanal. Nach einer 180°-Biegung und einem weiteren Levadahaus leitet uns die Route in einen weiteren Taleinschnitt hinein, in dem sich ein Fußballplatz und Feldterrassen befinden. Es dauert nicht lange, dann haben wir auch schon wieder den gegenüberliegenden Hang erreicht und kehren wieder in die mit Feldterrassen reich gestuften Hänge zurück. Wir queren abermals eine schmale Straße, danach folgt ein Wechsel aus offenen und leicht bewaldeten Abschnitten. Schließlich erreichen wir nach etwas 2½ Stunden Gehzeit kurz nach einem dritten **Levadahaus Boa Morte** 04, wo die Wanderung entlang der Levada do Norte West endet. Ein Weg bringt uns zur **Bar o Pinheiro** 05 und damit zur Asphaltstraße hinab. Wir folgen ihr durch eine Spitzkehre hindurch, bis wir an der Straßenkreuzung von Boa Morte die Bushaltestelle erreichen. Wer noch Lust auf einen längeren Abstieg hat, kann die Tour gegenüber der querenden Straße fortsetzen und im Verlauf der weiterführenden bis nach Ribeira Brava bzw. in den Ortsteil **Barreiras** 06 wandern.

Hier gelangt man nach 45 Minuten zur Hauptstraße ER 229 in Richtung Campanário. Die Haltestelle der nach Osten fahrenden Busse befindet sich beim Kilometerstein 172.

DIE LEVADA DO NORTE OST

Durch uralte Kulturterrassen und Weinberge

 11,5 km 4:15 h 50 hm 30 hm 234

START | Bushaltestelle in Estreito de Camara de Lobos, direkt am Kreisverkehr in Richtung Jardin da Serra und Fajã das Galinhas/Castelejo (545 m)
[GPS: UTM Zone 28   x: 314.460 m   y: 3.617.280 m]
CHARAKTER | Weitgehend einfache Levada-Wanderung auf breiten, teils betonierten Wegen, nur im Tal des Ribeira de Caixa befinden sich einige schmale und etwas abschüssige Passagen, deretwegen die Tour als rot/mittelschwer eingestuft wird. Die meisten Stellen sind mit Geländern gesichert; einfache Orientierung, ab und zu Metallschilder.

Das Cabo Girão gilt als eines der meistbesuchten Ausflugsziele auf Madeira. Das 580 m hohe, frei ins Meer abfallende Kap gehört zu den höchsten Klippen Europas und gewährt von der überstehenden Plattform einen im wahrsten Sinne des Wortes atemberaubenden Tiefblick, der nicht jedem möglich ist. An den Hängen links und rechts des Kaps siedeln seit Jahrhunderten Menschen und haben die Steilhänge zu kühnen Terrassenlandschaften verwandelt. Diese werden von der Levada do Norte durchquert, die eine gute Gelegenheit gibt, diese uralten Kulturlandschaften zu erkunden und zu Fuß zum Kap zu gelangen.

Die Levada do Norte transportiert das Wasser vom Encumeada-Pass herab an die dicht be-

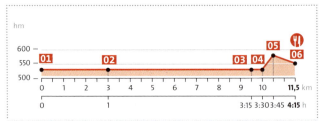

01 Levadabeginn in Câmara de Lobos, 530 m;
02 Estreito de Câmara de Lobos, 530 m; 03 Levadatunnel, 530 m;
04 Anfang Treppenweg, 530 m; 05 Cabo Girão, 580 m; 06 Cruz de Caldeira, 550 m

Die Levada führt aussichtsreich durch die Hänge oberhalb von Camara de Lobos

siedelten Hänge zwischen den Ortschaften Boa Morte Câmara de Lobos etwa 10 km westlich von Funchal. An diesen Hängen befinden sich die ältesten Kulturterrassen Madeiras, aber auch stattliche Weinberge, sodass wir entlang der Wanderung einen bunten Wechsel aus verschiedenen, vom Menschen geschaffenen Landschaftstypen erleben. Dazwischen dürfen die bunten Bauernhäuschen nicht fehlen, die sich wie Bausteine in die mosaikartig gestuften Terrassen einbetten. Immer wieder liegen diese Häuser auch direkt an der Levadastrecke, die sogar einige Male die Rolle der „Dorfstraße" übernimmt und in diesen Abschnitten mit Betonplatten verdeckt ist. Ein Großteil der Strecke wird von Holzmasten mit Straßenbeleuchtung begleitet, ein eindeutiges Indiz dafür, dass der Levadaweg nicht nur der Erhaltung des Kanals dient, sondern eine uralte Verbindung zwischen den Feldterrassen und den zerstreuten Weilern herstellt. Nur im Flusstal des Reibeira de Caixa wird die Szenerie wilder und ursprünglicher, aber auch hier sind immer wieder Kulturterrassen in die steilen Hänge eingearbeitet.

Angebaut werden vor allem Kartoffeln, aber auch Kohl, Tomaten, Avocado, Kürbis, Zuckerrohr und vieles mehr. Daneben begeistert uns der herrliche Blütenflor aus Japanischer Liebesblume, Hortensien, Trichterwinden, Kap-Amaryllis und Nachtschattengewächsen, die links und rechts des Kanals ein regelrechtes Spalier bilden. Im Frühjahr blühen immer wieder die Kirschbäume, während der Herbst die Weinreben in ein flammendes Gelb und Rot taucht. Zuletzt verspricht diese Tour reiche Aussichten, die von der Bucht von Funchal über die Südküste bis zum Cabo Girão reichen.

Eine kritische Felspassage kann unterhalb des Kanals umgangen werden

▶ Die Levada beginnt eigentlich oberhalb des Ortsteils Vargem **von Câmara de Lobos** 01 direkt am Westrand des tief eingeschnittenen Tals des Ribeira de Curral. Dort befindet sich etwas oberhalb der neu gebauten Straße Estrada Municipial do Covão eine Levadaanlage samt Rechen, wo mittels Rohrleitung Wasser zugeführt wird. Der Zugang zum Verlauf der Levada erfolgt von der Estrada José Angelo Pestana de Barros aus und kommt an einem violettroten Haus vorbei. Zudem zeigt ein rotes Metallschild die Richtung an. Dieser Einstieg kann jedoch nur mit dem Taxi oder dem Mietwagen erreicht werden.

Über 3 km verläuft der selten begangene Weg kunstvoll durch die Kulturlandschaft immer wieder an Häusern und Weilern vorbei und erreicht die Ortschaft **Estreito de Câmara de Lobos** 02 oberhalb des markanten Kreisverkehrs. Hier befindet sich die Bushaltestelle und deshalb starten hier die meisten Wanderer. Ein großer brauner Wegweiser deutet links oberhalb der Straßenkreuzung in der Rua Dr. Alberto Araújo auf die Levada hin, die mit einem Artesischen Brunnen unter der Straße durchgeleitet wird. Der erste Abschnitt bis zur nächsten Querung einer Straße lässt Assoziationen mit einem Südtiroler Waalweg im Vinschgau aufkommen, denn immer wieder durchwandern wir Weinberge und Spaliere von Weinreben, die wie ein Dach über die Levada gezogen sind. Sie gehören zum wichtigsten Anbaugebiet für den Madeirawein.

Die Strecke ist nicht zum Verfehlen und darüber hinaus immer wieder, wenn auch nicht lückenlos,

![Moderne Levadabrücken überqueren die tief eingeschnittenen Seitenbäche]

Moderne Levadabrücken überqueren die tief eingeschnittenen Seitenbäche

mit Metallschildern gekennzeichnet. Wir treffen nach 10 Minuten auf eine Straße, der wir etwa 150 m folgen, um wieder nach rechts auf die Kanalstrecke einzubiegen. Die Szenerie bleibt beschaulich, immer wieder kommen wir an Häusern und Gärten vorbei, bis wir eine weitere Straßenquerung erreichen. Gleich danach zieht der Kanal ins Tal des Ribeira da Caixa und nimmt schlagartig einen anderen Verlauf an. Die steilen Talflanken ermöglichen einen nur schmalen Begleitweg, der ab und zu ein wenig knapp am Abgrund kratzt. Eine Stelle, an der die Levada im Fels verläuft, wird etwas unterhalb umgangen. Bald folgt eine weitere Passage, bei der die Felsen bauchig überstehen und wir etwas geduckt auf der Levadamauer balancieren. Der Kanal durchläuft die Hänge und überquert ein Seitental auf einer mit Geländer versehenen Betonbrücke. An der Ostseite befindet sich ein Einlaufbauwerk, das Wasser aus dem Tal in die Levada einspeist. Nach einem Hangrücken folgt der Talschluss, der auf einer Metallbrücke samt Geländer gequert wird. Auch hier fallen zu beiden Seiten die Vorrichtungen auf, die Wasser in die Levada einleiten.

Nun geht es durch Kirschbaum- und Kastanienhaine und wiederum Feldterrassen an der anderen Talseite hinaus in Richtung des Weilers Garachico. Der Weg ist ab und zu schmal, aber nie ausgesetzt und an abschüssigen Stellen mit Geländern gesichert. In Garachico erwartet uns eine Bar, die etwas oberhalb an der Dorfstraße liegt und mit großem Farbpfeil an der Levadamauer auf sich aufmerksam macht. Etwas später queren wir die Dorfstraße, die Route setzt sich gegenüber auf einer Betonrampe bei einem gelben Haus fort. Wir sind nun etwa eine Stunde unterwegs und durchlaufen weiterhin einige Hangeinschnitte. Später führt die Levada zwischen Häusern hindurch, bis nach Überqueren eines kleinen Seitenbaches ein Stollen von rechts reichlich Wasser in den Kanal einspeist. Ab hier ändert sich die Fließrichtung, der wir nun folgen. Bald ist im Ortsteil Nogueira ein großes Sammelbecken erreicht, das das Wasser der Levada aufnimmt. Wir umgehen dieses nach unten auf einer Treppe, um danach über eine steile Straße etwa 15 m aufwärts zur Route zurückzukommen (blaues Metallschild). Bald danach ist die Stelle erreicht, wo die Levada durch einen Erdrutsch verlegt wurde. Der Erdpfad führt uns aber sicher darüber hinweg und wenig später an die Querung der ER 229 heran, die das letzte Stück des östlichen Abschnitts der Levada do Norte abteilt.

Eine Treppe führt von der Straße zum Kanal hinab, der zunächst noch mit Betonplatten verdeckt, bald aber wieder offen dahinläuft. Wir haben nun die Hänge des Cabo Girão unmittelbar im Blickfeld und wandern nun auf der knapp 2 km langen Levadastrecke zu diesem markanten Aussichtspunkt. Wir durchlaufen noch ein Seitental samt Einlaufanlage und schwenken in die ostexponierten Hänge ein. Die etwas steilen, entlang von Felsen verlaufenden Abschnitte sind gut mit Geländern gesichert.

Dann biegt die breite Levada in einen **Tunnel 03** ein, der unter dem Hangrücken des Cabo Girão hindurch auf die Westseite führt.

Hier entscheiden wir uns, noch einen Abstecher zum famosen Aussichtspunkt am Cabo Girão zu unternehmen. Dazu folgen wir dem schmalen Kanal, der vor dem Tunnelportal als Levada do Facha abzweigt und geradeaus in den gleichnamigen Weiler führt. Dort treffen wir nach 15 m nach der Traversa do Facha auf eine **Treppe 04**, der wir nach rechts hinauf bis zur Straße Richtung dem „Kap der Umkehr" folgen.

Wir erreichen diese Klippe, die eine der steilsten und höchsten Europas ist, bei einem kleinen Parkplatz, biegen sofort wieder nach rechts von ihr ab, um nach wenigen Metern eine weitere lange und steile Treppe zu nützen,

die durch Eukalyptuswald zu einer Sackgasse hinaufführt. Wenn wir diese erreicht haben, folgen wir ihr noch etwas aufwärts, um bei der nächsten Kreuzung nach links einzuschwenken und nach wenigen hundert Metern beim Parkplatz am **Cabo Girão** 05 anzukommen. Nach dem atemberaubenden Tiefblick müssen wir noch bis zur Bushaltestelle beim Cruz de Caldeira an der ER 229 wandern. Dazu benützen wir die an der Westseite des Parkplatzes abgehende Zufahrt zur Kirche am Cabo Girão und wechseln in der ersten Serpentine nach links auf einen anfänglich im Wiesengelände undeutlichen, aber gleich danach gut ersichtlichen Pfad. Dieser umrundet die Kuppe des Kaps, wird bald zum betonierten Dorfweg und erreicht durch Häuser hindurch bei einer Trafostation die Bar Cabo Girão, die unmittelbar am **Cruz de Caldeira** 06 an der ER 229 liegt und auch über einen kleinen „Supermercado" verfügt.

Die Bushaltestelle befindet sich etwa 200 m weiter nach rechts oder 100 m nach links jeweils an der Hauptstraße. Wer die Tour an der Westseite in Richtung Quinta Grande und Boa Morte fortsetzen möchte, folgt der Betonstraße unmittelbar an der Westseite der Bar abwärts, die nach einer Serpentine zu einem Erdpfad führt, der direkt beim westlichen Tunnelportal auf den Levada-Begleitweg trifft.

Câmara de Lobos

31 CHÃO DOS TERREIROS

Leichte Höhenwanderung an der Westküste

 10,5 km 3:00 h 500 hm 500 hm 234

START | Fontes (930 m); nach Fontes gelangt man nur mit dem Mietauto [GPS: UTM Zone 28 x: 310.591 y: 3.620.068 m]
CHARAKTER | Einfache Wanderung auf breiten, teilweise steinigen Wirtschaftswegen, nur der Anstieg zum Vermessungspunkt verläuft auf einem Pfad; keine ausgesetzten Wegstellen.

Als Chão dos Terreiros wird ein Vermessungspunkt auf einem Vorgipfel des zentralen Höhenrückens zwischen Encumeada und dem Tal von Curral das Freiras bezeichnet, der auf 1425 m Höhe liegt und bei klarem Wetter einen herrlichen Blick auf die Berge Madeiras ermöglicht. Das Panorama reicht vom Pico Grande bis zur Serra de Agua und Paul da Serra und sogar bis zum Meer hinab nach Camara de Lobos und Ribeira Brava. Dieser Aussichtspunkt wird weniger besucht, als der nahe Pico Grande, ist aber wesentlich leichter zu erwandern. Zudem ermöglicht der Höhenweg rund um Fontes eine der wenigen Rundtouren auf Madeira. Leider war das Gelände 2010 vom großen Feuer betroffen, die Wege sind aber wieder in Stand gesetzt worden und die Natur regeneriert sich zusehends.

▶ Die Wanderrunde beginnt im kleinen Bergdorf **Fontes 01** auf knapp 1000 m Seehöhe, von wo ein Wirtschaftsweg zunächst zum Forsthaus von Trompica – Posto florestal de Trompica – verläuft. Vom Dorfplatz führt eine zunächst geteerte Straße an verfallenen Häusern vorbei aufwärts und geht bald in einen geschotterten **Forstweg 02** über. Noch gestalten alte Kulturterrassen mit Eukalyptus- und Kastanienbäumen die Kulisse, bald wird diese durch Grasweiden abgelöst, die häufig mit Ginster verbuscht sind. Nach 30 Minuten erreichen wir das knapp 2 km entfernte **Forsthaus 03** und haben bereits mehr als 200 Höhenmeter gewonnen.

Hier beginnt die eigentliche Wanderrunde, die eigentlich zum Pico da Cruz führt, aber mit einem Abstecher zum Chão dos Terreiros gekrönt werden kann. Die Route schwenkt nach dem Forsthaus scharf nach links, wenig später folgt die Weggabelung, bei der nach rechts ein Pfad zur Boca da Corrida abgeht. Wir bleiben am Hauptweg, der nach links weiter führt und gelangen nach weiteren 40 bis 45 Minuten an die **Abzweigung 04** des Stichweges zur Chão dos Terreiros.

Wir biegen nach links auf diesen Pfad ein, der nach 100 m durch ein Gatter eines Viehzaunes führt. Bald folgt eine zweite

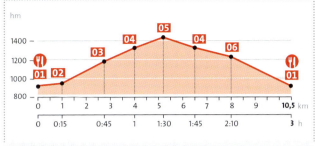

01 Fontes, 930 m; **02** Beginn Forstweg, 950 m; **03** Forsthaus, 1170 m;
04 Abzweigung, 1330 m; **05** Chão dos Terreiros, 1436 m;
06 Aussichtspunkt, 1220 m

Diese Betonsäule markiert den Gipfel des Chão dos Terreiros

Einzäunung, die mittels Holzstufen zu bewältigen ist. Der Weg durchquert grasige Weiden und Ginstergelände und wird an einigen Stellen undeutlicher. Steinmännchen leiten uns durch das etwas unübersichtliche Gelände, zuletzt folgen wir einem Zaun, der in westlicher Richtung einem Gratrücken folgt und uns zur Betonsäule bringt. Diese steht auf einer strauchfreien Kuppe und kennzeichnet zugleich den Gipfel des Panoramaberges **Chão dos Terreiros** 05.

Wir gehen auf demselben Weg zur **Abzweigung** 04 zurück und biegen nun nach rechts auf den Karrenweg ein, um die Wanderrunde fortzusetzen. Wir wandern leicht abwärts durch eine Wiesensenke und kommen nach 30 Minuten am oberen Ende des Tales Crista do Espigão zum unscheinbaren „Gipfel" Pico da Cruz (1305 m) mit einem **Aussichtspunkt** 06. Hier beginnt der Abstieg zurück nach Fontes, der über den zuerst geschotterten und später asphaltierten Wirtschaftsweg verläuft. Oberhalb des kleinen Bergdorfes führt die Route an verfallenen Häusern vorbei und erreicht den Dorfplatz von **Fontes** 01, an dem wir vor etwa drei Stunden die Tour begonnen hatten.

Der Madeira-Storchschnabel

ENTLANG DER LEVADA NOVA

Von Ponta do Sol nach Ribeira Brava

15,5 km 4:45 h 450 hm 450 hm 234

START | Ponta do Sol (0 m), Bushaltestelle in Ponta do Sol oberhalb des zentralen Kreisverkehrs etwa 500 m landeinwärts
[GPS: UTM Zone 28 x: 302.707 m y: 3.617.683 m]
CHARAKTER | Der Auf- und Abstieg verläuft auf teils sehr steilen, betonierten Dorfstraßen, hier ist gutes Orientierungsvermögen nötig; entlang der Levada meist 40 bis 50 cm breiter Weg.

Die Levada Nova leitet das Wasser aus dem tief in die Südküste eingeschnittenen Tal des Ribeira da Ponte do Sol auf einer Höhe von ca. 400 m durch die Hänge oberhalb der Küstenorte Ponta do Sol und Ribeira Brava. Die angenehm zu begehende Levadastrecke kann über alte Saumpfade und Dorfstraßen von den beiden Orten aus erreicht werden. Wir wandern von Küste zu Küste, um dazwischen alte Kulturterrassen, wildreiche Täler und die einsame Ortschaft Ribeiro da Tabua kennen zu lernen. Der bunte Wechsel aus verschiedenen Landschaftstypen charakterisiert auch diese klassische Levada-Wanderung, die im Tabua-Tal einige luftige Stellen und einen Tunnel aufweist. Sie kann aber auch von weniger trittsicheren Wanderern absolviert werden, allerdings können der teils steile Auf- und Abstieg sowie die nicht leicht im Straßengewirr der Dörfer zu findende Route Probleme bereiten.

▶ Die Bushaltestelle in **Ponta do Sol** 01, dem stattlichen Ferienort, liegt etwas oberhalb des zentralen

01 Ponta do Sol, 0 m; 02 Lombada, 200 m; 03 Levadaeinstieg, 400 m; 04 Metallbrücke, 410 m; 05 Ribeira da Tabua, 450 m; 06 Brücke, 410 m; 07 Levadaausstieg, 415 m; 08 Ribeira Brava, 0 m

Die bunte Häuserfront in Ponta do Sol ist in Wirklichkeit ein Hotel

Kreisverkehrs ca. 500 m landeinwärts. Wir müssen an der Ostseite des Tales entlang der Straße bis zum Eingang des Hotels Estalagem da Ponta do Sol hinabgehen, um den Einstieg in die Route zu erreichen. Natürlich lohnt sich zuvor eine Besichtigung des Ortes mit der mondänen Strandpromenade, die zur Gänze von der bunten Fassade des Enotel Baia eingenommen wird. Links der Mole geht es zum Restaurant Ponta do Sol, dessen Terrasse hoch über dem tosenden Meer schwebt. Dahinter ragt der Brückenbogen weit auf einen Lavastrom ins Meer hinaus und bildet hervorragende Plätze zum Fischen.

Beim Parkplatz zum Hotel Estalagem, das hoch auf den Klippen über dem Ort steht und deshalb über einen Lift mit dem Straßenniveau verbunden ist, schwenken wir nach links, folgen ein wenig der Straße, um bei der Auffahrtsrampe zum Hotel nach rechts auf den gepflasterten Weg Caminho de Santo Amaro einzubiegen. Er führt teils steil durch den Talhang aufwärts und trifft bei einem gelben Häuschen auf die Regionalstraße ER 222. Gegenüber setzt er sich etwas unterhalb als Treppenweg fort und steigt in den Ortsteil **Lombada** 02 hinauf. Dort kreuzt er die Dorfstraße Caminho do Pico do Melro (an der Straßenecke befindet sich ein Brunnen), in die wir nach links einbiegen. Wieder steil aufwärts mündet diese Gasse bei einer Bar in eine breitere Straße, der wir ein kurzes Stück folgen. Wenig später zweigt nach links der Caminho da Calçada ab, eine betonierte Dorfgasse. Sie führt wieder zur breiten Fahrstraße, die bei einer Bar erreicht ist. Wir biegen nach links, um etwas oberhalb bei einer weiteren Bar auf den betonierten Dorfweg Caminho da Volta do Engenho einzubiegen. Dieser führt teils sehr

Das einsame und romantische Tabua-Tal mit der Levada Nova

steil durch Gärten hindurch hinauf bis zur Pfarrkirche Capela do Esmeraldo. Daneben befindet sich die rosafarbene Quinta do Esmeraldo, ein altes madeirensisches Landhaus. Hier geht der Weg zur Levada Moinho ab, der mit einem Wegweiser angekündigt wird. Wir bleiben auf der geradeaus verlaufenden Straße, kommen an einer Bar vorbei und treffen wenig später auf eine T-Kreuzung, bei der ein Wegweiser nach links auf die Levada Nova deutet. Wir folgen dem steil aufwärts führenden Caminho das Pedras/Pereirinha und kommen bald unmittelbar an den Rand des Tales des Ribeiro da Ponta do Sol heran und genießen die herrliche Aussicht. Deutlich ist der Verlauf der Levadas Moinho und Nova zu sehen, die sich kühn durch die Steilwände winden. Weiter auf dieser Straße aufwärts, zweigt in einer markanten Rechtskurve eine Treppe ab, die nach 50 m auf die Levada Nova trifft (= **Levadaeinstieg 03**). Die kommt aus den steilen Talflanken, die nach links sofort einsehbar sind und biegt hier in östlicher Richtung in die Küstenhänge ein.

Durch Häuser hindurch erreichen wir bald die breite Fahrstraße und setzen die Tour nun auf den kommenden 8 km entlang dem 2007 sanierten Verlauf der Levada Nova fort. Zuckerrohr begleitet den Weg, der bald bei einer Straßenquerung unterbrochen wird. Wir müssen einige Meter nach links auf dieser zurücklegen, die Levada fließt inzwischen durch ein gelbes Haus hindurch, um wenig später nach diesem über Treppen zum Kanal zurückzukehren. Es geht um Hangrücken herum und bald zieht die Levada ins Tal Ribeira da Caixo. Hier passieren wir nur Feldterrassen ohne Häuschen. Ein kurzes Tunnelstück muss geduckt bewältigt werden, danach streben wir dem Talschluss zu, der häufig

An der Levada hoch über Ponta do Sol

von einem rauschenden Wasserfall beherrscht wird. Da zur Zeit der Recherche im Herbst 2011 die früher hier angebrachte Metallbrücke nicht mehr vorhanden war und das Durchqueren des Wasserschleiers zur völligen Durchnässung führen würde, müssen wir etwa 150 m davor bei einem grünen Pfeil auf der Levadamauer nach rechts auf einen schmalen, teils rutschigen Wiesenpfad wechseln, der ins Tal hinabführt, den Bach überquert und wieder zur Levada hinaufsteigt. Nach rechts geht es weiter und bald wieder aus dem Tal heraus, während wir gegenüber im Hang gut die Strecke einsehen können, auf der wir hergekommen sind.

Die nächste Unterbrechung wird durch eine Asphaltstraße gebildet, die von Tabua und Candelária heraufkommt und einen häufig genutzten Einstieg in diese Tour darstellt. Ein brauner Wegweiser deutet auf die Levada, die 100 m später nach oben umgangen werden muss und nach Querung einer weiteren Straße in den Westhang des Tabua-Tales eintritt. Ein kurzweiliger Wechsel aus Feldterrassen, Kiefernhainen, schattigen Taleinschnitten mit Kastanien und Nussbäumen, kleinen sprudelnden Seitenbächen, aber auch kurzen Waldbrandabschnitten leitet uns ohne nennenswerte Probleme dem versteckt im Talschluss liegenden Ribeiro da Tabua entgegen.

Zuvor wird ein Seitenbach auf einer hohen **Metallbrücke** `04` gequert, wenig später steigen wir entlang der massiven Bachverbauung über Betontreppen zur Straßenbrücke in die aus wenigen Häusern bestehende Ortschaft **Ribeiro da Tabua** `05` hinauf. Wir überqueren den Bachgraben, folgen der Fahrstraße nach unten, die wenig später den Verlauf der Levada quert. Wir biegen nach links auf den Begleitweg ein, der zunächst durch einen schattigen Hain aus Kastanien führt und in den nun etwas abschüssigeren Osthang zieht. Nach einer weiteren **Brücke** `06` über einen Seitengraben sind einige luftige, jedoch nicht ausgesetzte Passagen vorhanden, ab und zu schützt ein grünes Eisengeländer. Sollte der Abgrund sich doch als schwindelerregend herausstellen, kann man auf die hangseitige Levadamauer wechseln und diese kurzen Abschnitte so bewältigen. Wir durchwandern einen 10 m langen Felskorridor, der von der Levada durchschnitten wird und mit Aeonium und Opuntien bewachsen ist. Später leitet ein weiteres Geländer nach einem ungesicherten Wegstück entlang einer Felswand auf den Tunnel zu, der aus dem Tabua-Tal hinausführt. Er ist etwa 70 m lang, völlig gerade und kann auch ohne Lampe aufrecht durchquert werden. Die Felsröhre endet mit einem betonierten Portal, knapp danach ist eine Straße zu queren. Der letzte Abschnitt der Levada Nova steht an, der wiederum leicht luftige, mit Geländern gesicherte Passagen aufweist. Eine markante Linkskurve umrundet einen Hangrücken, auf dem oberhalb ein sehr auffälliges schwarzes Ferienhaus steht. Bald gehen wir auf einem Betonweg,

Die Levada Nova knapp vor dem Tunnel im Tabua-Tal

der entlang einer Steinmauer verläuft und sich bis zu 1 m unter die Levadarinne absenkt. Ein kleines, weißes Haus ist erreicht, bei dem die Hauptstrecke der Levada Nova unvermittelt zu Ende ist (= **Levadaausstieg** 07). Der Begleitweg trifft auf eine betonierte Dorfgasse, die nach links aufwärts nach wenigen Metern eine Bushaltestelle erreicht und nach rechts den Abstieg nach Ribeira Brava einleitet. Es handelt sich um den Caminho da Apresentação, der teils sehr steil abwärts zieht. Wir queren dreimal die breite Fahrstraße, um bei der vierten Einmündung dieser nach links wenige m zu folgen. Geradeaus läuft eine Sackgasse zwischen Bungalows hindurch. Ein Treppenweg steigt nach rechts zur Kirche von Apresentação hinab, dahinter geht der Fußweg wiederum Richtung Fahrstraße, die ein fünftes Mal gekreuzt wird. Eine Treppe leitet uns zum Caminho do Manuel Germano, der nach wenigen hundert Metern wieder die Fahrstraße erreicht. Nun biegen wir nach links auf diese ein, gehen ein paar hundert m abwärts, um 150 m nach der Snack-Bar Rio nach links in den Poco Caminho einzubiegen. Diesen benützen wir nur kurz, um etwas aufwärts gleich auf den Caminho da Cruz zu treffen, der kurz eine Fahrstraße ist und wenig später in einen sehr steilen Betonweg übergeht. Dieser windet sich mit rasantem Gefälle durch die Hänge, um nach einer S-Kurve als Treppenweg auf die ER 222 zu treffen. Wir gehen nach links durch eine 180°-Kurve hindurch, stets abwärts, um nach wenigen hundert Metern in einer Ausweiche nach links auf den als Pflasterweg ausgebauten Saumpfad zu wechseln. Dieser leitet uns das letzte Stück abwärts in den Küstenort **Ribeira Brava** 08, den wir unmittelbar oberhalb des mit Lavagestein verkleideten Parkhauses erreichen. Um zum Ortszentrum zu gelangen, überqueren wir nach links das Bachbett des Ribeira Brava und finden uns auf der schattigen Uferpromenade mit den Bars und Cafés ein.

DIE LEVADA DA NEGRA

Alte Hirtentraditionen hoch über Funchal

  5,5 km 2:45 h 250 hm 250 hm 234

START | ER 202 oberhalb der Poço da Neve (1650 m)
[GPS: UTM Zone 28   x: 319.696 m   y: 3.622.543 m]
CHARAKTER | Eine kurze Bergtour auf guten Steigen und Wegen inmitten herrlicher Landschaft und mit schönem Tiefblick auf Funchal.

Obwohl diese kurze Tour durch eine fast alpin anmutende Bergszenerie verläuft, befinden wir uns inmitten einer uralten Kulturlandschaft, die durch die Beweidung mit den Schafherden im Laufe der Jahrhunderte entstanden ist. Noch heute sind hier die Reste der archaischen Schafgatter erhalten, die auf der einzigen ebenen Hochfläche der Insel als tief schwarze Steinringe das leuchtende Gelb-Grün durchsetzen. Ferner treffen wir mit dem Poço da Neve das letzte auf Madeira erhaltene Eishaus an. Diese Voraussetzungen machen diese relativ kurze und einfache Tour zu einem spannenden kulturhistorischen Erlebnis, das unmittelbar an der ER 202 Paso de Poiso – Pico do Arieiro beginnt.

▶ Gleich links sehen wir unterhalb der Straße auf 1600 m Seehöhe den dunklen, kuppelartigen Bau des alten Schneehauses Poço da Neve, das wie ein Iglu über eine tief in den Felsen geschlagene Grube errichtet wurde. Hier hat man früher den im Winter gefallenen Schnee gesammelt und einge-

01 Poço da Neve, 1650 m; 02 Bachtal, 1600 m;
03 Bachquerung auf Betonbauwerk, 1520 m; 04 Levadaeinstieg, 1530 m;
05 Hangeneinschnitt, 1460 m; 06 Bachgraben, 1420 m; 07 Hochfläche, 1400 m

Das Schneehaus Poço da Neve

lagert. Im Sommer trugen dann starke Männer das inzwischen entstandene Eis im Laufschritt nach Funchal hinunter, um es in den mittlerweile entstandenen Hotels als Kühlmittel für Getränke zu verwenden.

Wir starten an der kleinen Parkbucht oberhalb der **Poço da Neve** 01 und gehen zunächst zum Schneehaus hinab. Hier beginnt ein markierter Pfad, der abwärts auf eine Schotterpiste zuläuft und diese sogleich erreicht. Wir biegen nach rechts auf diese ein und folgen ihr in das **Bachtal** 02 des Ribeira de Santa Luzia hinein. Die Piste wendet im Hangeinschnitt mit einer Spitzkehre die Richtung und folgt dem Bachlauf, bis wir zu einer breiteren Fahrstraße gelangen. Nach rechts führt diese wieder zum meist trockenen Bachlauf hinab, überquert diesen auf einem **Betonbauwerk** 03 und setzt sich am gegenüberliegenden Hang fort, bis wir auf die Querung mit der Levada da Negra treffen (**Levadaeinstieg** 04). Wir folgen nun dem Wasserkanal in Fließrichtung, bis wir zu einem abwärts ziehenden, schluchtartigen **Hangeinschnitt** 05 gelangen. Dieser wird von teils undeutlichen Pfadspuren durchquert, die uns im **Bachgraben** 06 durch ein schmales Bachbett hindurch zur einsamen, fast schon gespenstisch wirkenden **Hochfläche** 07 mit den steinernen Schafgattern geleiten (1402 m). Wenn wir diese Wanderung nicht gerade im Juni unternehmen, ist man hier mit dieser eigentümlichen Szenerie allein und kann Talblicke in Richtung Funchal genießen.

Wir kehren am selben Weg zur Levada und entlang dieser dann gegen die Fließrichtung auf dem bekannten Hinweg zur **Poço da Neve** 01 zurück, wobei wir wegen des zu absolvierenden Anstieges von 250 Höhenmetern etwa 15 Minuten mehr einplanen sollten.

Der Aussichtspunkt an der Straße zum Pico do Areiro

AUF DEN PICO RUIVO • 1862 m

Der höchste Berg Madeiras

  5,5 km 2:00 h 270 hm  270 hm 234

START | Achada do Teixeira (1592 m) am Ende der ER 218, die in Santana beginnt; mit Bus 103 bis Santana, Taxiverbindungen von Santana bis zur Achada
[GPS: UTM Zone 28   x: 320.050 m   y: 3.626.860 m]
CHARAKTER | Einfache Wanderung auf durchwegs gepflasterten und mit Steintreppen ausgebauten Bergwegen, die ohne ausgesetzte Stellen und mit mäßigen Steigungen bis zum Gipfel verlaufen; zwei Rastplätze entlang des Weges.

Angesichts der schroffen Gebirgskette im Zentrum Madeiras könnte man eine schwierige Gipfeltour erwarten, um den höchsten Gipfel der Insel zu besteigen. Dieser ist immerhin 1862 m hoch und oft in Wolken verhangen. Doch schon am Ausgangspunkt wird klar, dass diese Besteigung einfach zu absolvieren ist, denn die gesamte Wegstrecke bis zum Gipfel präsentiert sich als breiter, gepflasterter Weg. Selbst die Steilanstiege wurden mit Treppen entschärft, die nur im unmittelbaren Gipfelbereich etwas erodiert sind. Allerdings haben die Waldbrände von 2010 die alpine Szenerie teilweise in eine gespenstische Landschaft verwandelt, die allmählich von der Vegetation zurückgeholt wird. Vom Gipfel genießt man bei klarem Wetter einen herrlichen Rundblick fast über die gesamte Insel.
▶ Die Auffahrt zum Startpunkt, der **Achada do Teixeira** 01, erfolgt

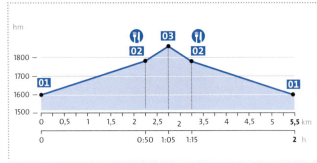

01 Achada do Teixeira, 1592 m; 02 Ruivo-Hütte, 1780 m; 03 Pico Ruivo, 1862 m

von Santana aus und windet sich über etliche Serpentinen zum Sattel auf 1592 m Seehöhe. Der größte Teil des Anstieges ist also bereits absolviert. Es steht ein relativ großer Parkplatz zur Verfügung, der sich jedoch gegen Mittag hin gut füllt. Der einzige Weg, der hier beginnt, verläuft in Richtung Pico Ruivo und teilt sich erst unterwegs in Nebenrouten auf. Ein gelber Wegweiser samt Angabe der Weglänge zeigt uns die Gehrichtung an. Der gepflasterte Weg führt vom Sattel in westlicher Richtung auf einen Wiesenrücken leicht aufwärts, danach folgt eine Serpentine. Die Trasse verläuft mäßig ansteigend durch die Nordhänge der Zentralkette und erreicht nach 15 Minuten eine steinerne Unterstellhütte samt Rastbank (1692 m). Etwas später wechseln wir auf die Südseite des Grates und haben das tief zerklüftete Zentrum Madeiras im Blick.

Nach einer zweiten Schutzhütte und einigen Anstiegspassagen, die wir mit Steintreppen überwinden, arbeiten wir uns durch das alpine Gelände zur 1939 erbauten **Ruivo-Hütte** 02 unterhalb des Gipfels vor.

Das stattliche Forsthaus der Inselverwaltung thront auf einem aussichtsreichen Felsabsatz auf 1775 m und besitzt eine große Terrasse mit Bänken und einem Brunnen. Zeitweise werden hier Getränke verkauft, WC und Brunnen sind jedoch öffentlich und stets zugänglich. Knapp vor dem Forsthaus zweigt der ebenfalls gepflasterte Weg, der zum Pico do Arieiro verläuft, nach links ab. Wir halten uns rechts und folgen der Steintreppe, die auf Höhe des gepflasterten Vorplatzes der Berghütte weiter in Richtung Gipfel führt. Wir erreichen einen flachen Sattel, auf dem der

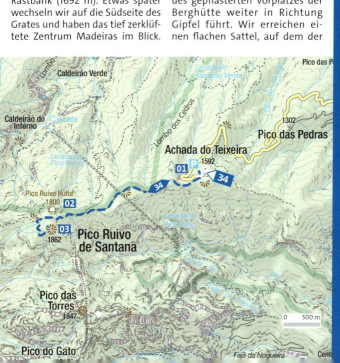

Der Weg ist bis zum Gipfel gut ausgebaut

Pfad zum Encumeada-Pass nach rechts abzweigt. Wir halten uns links und beginnen den etwas steileren Schlussanstieg durch Geröllhänge bis zum Gipfel des **Pico Ruivo** 03 . Der höchste Punkt, den wir nach knapp einer Stunde Gehzeit ab dem Ausgangspunkt erreichen, ist mit einer Steinsäule markiert, etwas südlich davon steht eine hölzerne Aussichtsplattform zur Verfügung. Der Rückweg entweder zur **Ruivo-Hütte** 02 oder zum Ausgangspunkt an der **Achada do Teixeira** 01 erfolgt auf derselben Route und nimmt etwa 45 Minuten reine Gehzeit in Anspruch.

Die Wanderung bietet herrliche Ausblicke auf die zentrale Bergkette

VEREDA DA ILHA

Der lange Abstieg vom höchsten Gipfel

 10,25 km 4:00 h 30 hm 1280 hm 234

START | Pico-Ruivo-Hütte (1780 m)
[GPS: UTM Zone 28 x: 318.028 m y: 3.626.377 m]
CHARAKTER | Teils klassischer Bergpfad, längere Passagen sind mit hölzernen Trittstufen ausgebaut. Im oberen Abschnitt, aber vor allem im Bereich des Lorbeerwaldes rund um die Levada do Caldeirão Verde müssen luftige bis ausgesetzte Passagen bewältigt werden, die mehr oder weniger mit Drahtseilen gesichert sind. Schwindelfreiheit und Trittsicherheit sind von Vorteil; festes Schuhwerk und Wind- bzw. Regenschutz sind unerlässlich.

Die Besteigung des Pico Ruivo erfordert nicht unbedingt, mit dem Auto bis zur Achada de Teixera zu fahren. Denn die Inselregierung hat mit PR 1.1 einen Wanderpfad ausgewiesen, der knapp vor der Pico-Ruivo-Hütte abzweigt und über die Nordhänge weit ins Tal hinab bis ins Dorf von Ilha verläuft. Dabei gilt es nicht weniger als 1279 Höhenmeter entweder zu gewinnen oder zu verlieren,

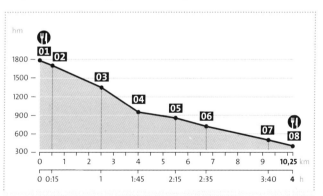

01 Pico-Ruivo-Hütte, 1780 m; **02** Abzweigung Ilha, 1700 m; **03** Abzweig Pfad, 1350 m; **04** Gabelung Vale da Lapa, 940 m; **05** Gabelung 2 Vale da Lapa, 860 m; **06** Fahrweg, 720 m; **07** Wanderwegende, 500 m; **08** Pfarrkirche von Ilha, 392 m

je nach Gehrichtung. Doch gibt es keine bessere Möglichkeit, die Landschaftsformen und die Höhenstufen kennen zu lernen. Wir beginnen im alpinen, baumfreien Gelände, wandern bald durch Baumerikafluren, ehe die Route auf halber Strecke die Levada do Caldeirão Verde inmitten von ursprünglichem Lorbeerwald quert. Dies kann auch mit dem Eintritt in den Passatnebel gleichbedeutend sein, der sich dann zur Küste hin wieder lichtet. Beide Ökosysteme gehören zum zentralen Schutzgebiet von Madeira und sind auch als Natura-2000-Gebiet der UNESCO ausgewiesen. Die Tour eignet sich natürlich hervorragend in Kombination mit einer auf dem zentralen Höhenrücken, vor allem mit der Besteigung des Pico Ruivo selbst. Deshalb beginnt die Beschreibung des Weges bei der Pico-Ruivo-Hütte.

Für diese Tour muss man sich mit dem Taxi zur Achada do Teixera bringen lassen oder je nach Möglichkeit mit einem zweiten Auto zum Ausgangspunkt fahren. Von Ilha gelangt man mit dem Taxi nach Santana, von dort mit dem Bus retour nach Funchal.

▶ Vom befestigten Platz vor der **Pico Ruivo-Hütte 01**, in der es ab und zu einige Getränke zu kaufen gibt, gehen wir am gut ausgebauten Weg zurück in Richtung Achada do Teixera. Vorbei an der kleinen Schutzhütte samt Picknickbank folgen wir dem Rückweg bis zur **Abzweigung Ilha 02**, die mit dem Wegweiser PR 1.1 gekennzeichnet ist und den Abstieg nach Ilha mit 7,7 km einleitet. Der anfangs sehr schmale Pfad windet sich durch die schütter bewachsenen Hänge zum Teil steil abwärts den Nordhang hinab. Noch im freien Gelände folgt nach einem Felsen eine leicht ausgesetzte Passage, die mit einem Drahtseil gesichert ist. Später werden wir von Buschvegetation begleitet, die vor allem aus Baumerika besteht. Diese zeigt eine hohe Anpassung an das raue Klima, das vor allem durch hohe Strahlung

Der Wegweiser am Abzweig des Steiges nach Ilha

35

E.R.101

Ribeira Funda

Jorge

Lombo da Cunha

E.R

Rainha
507

Pico

Lombo
Pico

Faja Al

Achada do Milheiro

Ilha

35

Garnal

08

Ermida

E.R.219

07

Miradouro do
Cabeço do Resto

Lombo do Meio

Achada do
Marques

06

Cova do Curral

Lombo de Ribeiro Lourenço

Posto Florestal

05

Vale da Lapa
981

35

04

893

Queimadas

douros
4

Lombo dos Pessegueiros

Caldeirão Verde

Levada do
Calderão Verde

Pico das Pe

03

Lombo dos Cedros

1302

Pico das Pedras

Caldeirão do
Inferno

Cascata

Achada do Teixeira
1592

Achada

Levada de
Pico Ruivo

35

Pico Ruivo Hütte
1800

01

02

Levada do
Pico Ruivo

35

1862

Pico Ruivo
de Santana

0   500 m

Pico das
Torres
1847

163

Der Weg beginnt hoch oben an der Pico-Ruivo-Hütte

und intensive Temperaturwechsel gekennzeichnet ist. Die Sträucher können hunderte von Jahren alt sein. Wir steigen weiter auf dem teilweise mit einfachen Stufen ausgebauten Weg abwärts. Bei knapp 1400 m Seehöhe geht nach links ein mit „Semagral" gekennzeichneter **Pfad 03** ab, den wir genauso nicht beachten wie den Pfad wenige Minuten später. Zwischen 1200 und 1100 m Seehöhe vollzieht sich ein „dramatischer" Landschaftswechsel: Wir erreichen den Lorbeerwaldgürtel und werden von der üppigen, ursprünglichen Vegetation begleitet. Die Lorbeerwälder haben nicht nur eine wichtige Funktion als Wasserspeicher, weil sie die Feuchtigkeit aus den Passatnebelwolken ausfiltern und auffangen, sondern auch als Lebensraum seltener Vögel wie Madeira-Blaukehlchen, Madeira-Goldhähnchen, Madeira-Buchfink und Madeira-Taube. Früher bedeckte der Wald fast die gesamte Insel, infolge der Besiedelung der Insel mit Brandrodung und der Anlage von Ackerterrassen blieben nur noch Reste an der Nordseite zurück. Der zuvor erdige Pfad geht nun in einen Pflasterweg über und wird vom Bewuchs regelrecht eingehüllt. Wir passieren die Abzweigung zum Forsthaus **Vale da Lapa 04**, bleiben aber am markierten PR 1.1 und erreichen wenig später eine weitere Weggabelung. Hier schneidet sich unsere Route mit dem Verlauf der Levada do Caldeirão Verde, die aus dem Caldeirão Inferno zum Forstpark von Queimadas fließt und vom PR 9 begleitet wird. Der Kanal selbst unterquert diesen Hangrücken im Lapa-Tunnel.

Ein Wegweiser verrät uns, dass es bis Ilha noch 3,8 km sind. Wir bleiben am nach links verlaufenden Pfad und wandern bald auf einer alten, aufgelassenen Levadastrecke. Diese führt uns in senkrechte Wände mit abschüssigen Passagen hinein, die mit Drahtseilen gesichert sind. Die Feuchtigkeit erfordert zusätzlich Konzentration beim Gehen, hier ist Schwindelfreiheit von Vorteil. Wir halten

Durch diese bizarre Landschaft verläuft der Wanderweg vom höchsten Punkt der Insel bis fast zur Küste

weiterhin die abwärts führende Route bei und stoßen auf die Weggabelung, bei der es erneut zum Forsthaus **Vale da Lapa** 05 geht. Das dichte Grün beginnt sich nun zu lichten, denn wir erreichen die Höhenstufe, in der die Menschen bereits ihre Spuren hinterlassen haben. Die Lorbeerbäume weichen aufgeforsteten Eukalyptushainen, während der Pfad zu einem schmalen **Fahrweg** 06 wird.

Bei einer Gabelung knapp unterhalb von 800 m Seehöhe schwenken wir nach links und umgehen einen Bergrücken, während der Fahrweg nach rechts weiter läuft. Bald haben wir diesen wieder erreicht und folgen ihm durch das nun mäßig steile Gelände in die Feldterrassen des Ortsteils Ermida oberhalb von Ilha. Bei einer Informationstafel erreichen wir das **Wanderwegende** 07.

Um ins Zentrum von Ilha zu gelangen, folgen wir dem Fahrweg, der bald in eine asphaltierte Straße übergeht und uns bis in den Ortskern von Ihla bringt. Die Tour endet bei der **Pfarrkirche von Ilha** 08. Ilha gehört zur Gemeinde Santana und ist seit 1989 ein eigenständiges Dorf. Der Name geht auf Jorge Pinto zurück, der 1556 hier ein Majorat gründete, bekannt als „Morgadio da Ilha". Ganz in der Nähe befindet sich der alte Weiler Achada do Marques, der für die alten Strohhütten und die typischen „poios" (Feldterrassen) bekannt ist.

Der Großblättrige Hahnenfuß

DIE ÜBERQUERUNG ZUM ENCUMEADA-PASS

Die Königstour im zentralen Gebirgsgrat

14 km — 5:15 h — 545 hm — 1145 hm — 234

START | Achada do Teixeira (1592 m) am Ende der ER 218, die in Santana beginnt; keine Busverbindungen zur Achada do Teixeira. [GPS: UTM Zone 28 x: 320.050 m y: 3.626.860 m]

CHARAKTER | Anspruchsvolle Wanderung entlang der Zentralkette, leichte Wanderung auf gepflastertem Weg bis zur Pico-Ruivo-Hütte und zum Pico Ruivo mit knapp 300 m Höhenunterschied, dann steinige Bergpfade und teilweise steile Treppen; steile Abstiege und Gegenanstiege, Trittsicherheit und Schwindelfreiheit sind von Vorteil; es kann untertags rasch Nebel einfallen, daher sollte man früh starten, schlechtes Wetter oder Wind können die Tour verschärfen.

Die Wanderung von der Achada de Teixeira zur Boca de Encumeada verläuft entlang der Wasser- und Wetterscheide der zentralen Gebirgskette und gehört zu den schönsten Touren, die man auf

01 Achada do Teixeira, 1592 m; **02** Pico-Ruivo-Hütte, 1780 m; **03** Pico Ruivo, 1862 m; **04** Abzweigung, 1800 m; **05** Höhe, 1600 m; **06** Höhe, 1675 m; **07** Boca das Torrinhas, 1440 m; **08** Pico do Jorge, 1650 m; **09** Pico da Cabra, 1580 m; **10** Encumeada-Pass, 1000 m

Der Höhenweg knapp nach der Abzweigung am Pico Ruivo

Madeira unternehmen kann. Wir bewegen uns stets in luftigen Höhen an den Nord- und Südhängen des schroffen Zentralgebirges und kratzen meist unmittelbar an den Wolken, die bald im Tagesverlauf durch die Passatwinde herangetragen werden können. Deshalb ist unbedingt auf eine alpine Ausrüstung zu achten, um nicht von Wind, Kälte oder gar Regen überrascht zu werden. Dazu gehört eine ausreichende Menge an Proviant und Wasser, denn erst am Encumeada-Pass trifft man wieder auf Einkehrmöglichkeiten. Entlang der Tour können wir jene Einsamkeit der Bergwelt Madeiras genießen und zurückgewinnen, die wir am Beginn der Tour vermissen werden. Denn der erste Wegabschnitt ist mit der Besteigung des Pico Ruivo identisch und mit Tagesbesuchern meist überlaufen.

Da der Start- und Zielort weit auseinander liegen und der Aus-gangspunkt nicht mit öffentlichen Verkehrsmitteln erreichbar ist, erfordert die Organisation dieser Wanderung, sofern man sich keiner Gruppe anschließt, etwas Geschick. Am besten nimmt man den Bus bis Santana und absolviert die Auffahrt zur Achada do Teixeira mit dem Taxi. Vom Encumeada-Pass kehrt man mit dem Bus nach Funchal zurück. Ideal ist es natürlich, wenn man sich am Zielort abholen lassen kann. Jedoch dauert die Fahrt von der Achada do Teixeira zum Encumeada-Pass relativ lang. Wenn man zum Beispiel zusammen zum Pico Ruivo geht und der Abholende dann umkehrt, kann es sein, dass der Wanderer schneller am Zielort ist als der Fahrer.

Grundsätzlich handelt es sich aber bei dieser Tour um eine anstrengende Wanderung in Höhen zwischen 1760 und 1000 m Seehöhe, die durch raschen Wetterwech-

Die bizarre Gebirgslandschaft der zentralen Hauptkette wirkt unzugänglich

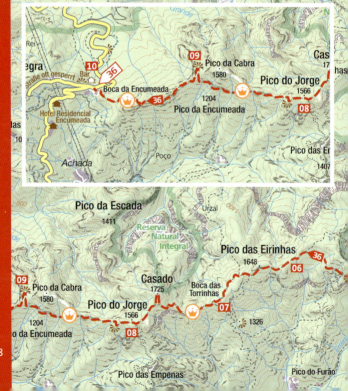

sel und Wind verschärft werden kann. Darüber hinaus sollte man einiges an Bergerfahrung und Trittsicherheit mitbringen. Rutschige Wegverhältnisse, feuchte Stein- und Lavatreppen sowie felsige Passagen bieten weitere wegtechnische Erschwernisse. Dabei wechselt die Route stets zwischen der Nord- und Südseite des Kamms, die steilen Gegenanstiege verlangen es, sich die Kräfte entlang der 14 km langen Route einzuteilen. Grundsätzlich geht es aber mit Ausnahme des Gegenanstiegs nach der Boca das Torrinhas vermehrt abwärts, vor allem im letzten Drittel der Tour.

Ausgesetzte Passagen sind jedoch weitgehend nicht vorhanden, nach den Waldbränden von 2010 hat man den Weg im Frühjahr 2011 saniert und alle luftigen Stellen mit Seilgeländern gesichert. Der teilweise fehlende oder verkohlte ehemalige Bewuchs aus Baumerika gibt nun mehr Tiefblicke frei, weshalb manche Wegpassagen heute etwas luftiger erscheinen.

Immerhin umfassten die Waldbrandgebiete zwei Drittel der Wegstrecke. Ab und zu ist noch die gelb-rote Markierung zu sehen, die Route ist jedoch bis auf eine Abzweigung eindeutig zu erkennen.

▶ Der Weg vom großen Parkplatz an der **Achada do Teixeira** 01 bis zur **Pico-Ruivo-Hütte** 02 ist mit der Wanderung auf den höchsten Berg Madeiras identisch (siehe Tour 34). Oberhalb der Hütte teilen sich die Wege. Während der Aufstieg zum 1862 m hohen **Pico Ruivo** 03 nach links verläuft und in wenigen Minuten absolviert werden kann, folgt unsere Route dem nach **rechts abgehenden Weg PR 1.3**, ein Wegweiser zeigt Encumeada 11,1 km 04.

Der immer noch gut gepflasterte Bergpfad zieht nun mit mehreren Stufen und Serpentinen abwärts in die Nordwesthänge unterhalb des **Pico Ruivo** 05. Später führt ein Quergang mit leichtem Auf und Ab an der Südseite des

Der Weg ist mit Treppen und Geländern gut ausgebaut

Kamms entlang und passiert eine Stelle, in der die Trasse in braunes Lavagestein eingeschlagen wurde. Immer wieder wechseln wir zwischen Süd- und Nordseite hin und her. Während an der Südseite die Baumkrüppel Tiefblicke freigeben, wandern wir an der Nordseite des Pico Coehlo in kühlem **Wald** 06. Nach einigem Hin und Her sowie Auf und Ab kommen wir nach dem Pico das Erinhas an eine Weggabelung heran, bei der nach links ein abwärts führender Pfad in Richtung Curral das Freiras abzweigt. Wir bleiben auf dem Weg geradeaus, der wenig später eine Linkskurve beschreibt – geradeaus geht es zu einem wiesenähnlichen Lagerplatz – und über Steintreppen in die Nordseite hinabsteigt.

Bald folgt eine mit Geländern gesicherte steile und etwas luftige Treppe, nach weiterem Auf und Ab müssen wir nach einigen hundert Metern eine noch steilere Steintreppe wieder aufwärts steigen. Etwa 300 m vor der Boca das Torrinhas kommen wir in einer Aufwärtspassage an einer Quelle vorbei, wo sich das Wasser in einem kleinen Lavabecken sammelt und Erfrischung bietet. Danach wechseln wir auf die Südseite und gelangen durch ein felsiges Wegstück auf den kleinen Sattel **Boca das Torrinhas** 07 mit dem herrlichen Blick auf das Tal von Curral das Freiras und dem monumental wirkenden Pico Grande.

Dieser Einschnitt in der Zentralkette erlaubt den Übergang von der Nord- auf die Südseite, dementsprechend mündet von links der Weg aus Curral das Freiras ein, während nach rechts ein Pfad in Richtung Lombo do Urzal abwärts führt. Ein ausgebleichter Wegweiser zeigt an, dass der Encumeada-Pass noch 5,8 km entfernt ist, also etwa die Hälfte der Wegstrecke hinter uns liegt. Bei einbrechendem Schlechtwetter oder bei Müdigkeit lässt sich die Tour hier abbrechen, man kann in gut 1½ Stunden ins Tal absteigen (etwas mehr als 900 Höhenmeter, Rückfahrt mit dem Taxi oder ab Faja dos Cardos mit dem Bus).

Nun folgt der Gegenanstieg in Richtung **Pico de Jorge** 08, der stets über teils steile Treppen verläuft und von einem längeren Quergang unterbrochen wird. Nach diesem kommen wir zu einem markanten Felsspalt, der von einer senkrechten Lavasteinplatte gebildet wird, und wandern ein Stück durch die mit Felsbrocken übersäte Kluft hindurch. Der zweite Teil des Gegenanstiegs wird über etliche Serpentinen im kühlen Wald absolviert, wir kommen an einem in den Tufffelsen gehauenen Hirtenunterstand vorbei und steigen weiter auf, bis wir den luftigen Kamm erreichen. Unterhalb von markant aufragenden weißlichen Felsbändern endet der Aufstieg auf einer mit braunem Lavagrus bedeckten Kuppe.

„Von nun an geht's bergab", könnte man die letzte Passage der Tour übertiteln, denn wir müssen bis zum Ziel am Encumeada-Pass auf Felspfaden und verschieden hohen Stein- und Lavatreppen etwa 550 Höhenmeter verlieren und dafür knapp 1½ Stunden Gehzeit aufwenden. Bei der letzten Kuppe, dem Pico do Encumeada, wird unser Pfad von dem ursprünglich entlang einem Großteil der Wegstrecke vorhandenen Baumerikawald umrahmt.

Die Abstiegspassagen werden von Quergängen aufgelockert, die zumeist an der Südseite des Kamms verlaufen und infolge des fehlenden Bewuchses etwas luftig sind. Wir passieren ein Holzgatter, ehe wir den Pico do Encumeada an der Südseite umwandern und danach über eine lange Steintreppe zum **Pico da Cabra** 09 absteigen. Noch weiter folgen teils steile, rutschige Lavatreppen an den Nordhängen des Kamms, bis die Passstelle und die Sendeanlage am Encumeada immer näher rücken.

Der letzte Abschnitt ist kurzzeitig gepflastert und kommt bei einem Hinweisschild zu einer Weggabelung, an der wir abwärts über eine hohlwegartige Passage knapp unterhalb des Encumeada-Passes auf die Fahrstraße ER 228 treffen. Die letzten Meter zur **Passstelle** 10 legen wir auf dieser zurück und erreichen nach etwa 4½ Stunden Gehzeit das Ziel dieser landschaftlich äußerst beeindruckenden Wanderung. An der Passhöhe befinden sich eine Aussichtsplattform, ein Kiosk und an der Südseite das Restaurant.

37 PICO DO ARIEIRO – ACHADA DO TEIXEIRA

Durch Madeiras Zentralkette

 12,5 km  5:15 h 780 hm 780 hm 234

START | Pico do Arieiro (1810 m)
[GPS: UTM Zone 28 x: 319.350 m y: 3.623.600 m]
CHARAKTER | Anspruchsvoller alpiner Weg, der zwar gut trassiert und mit Seilgeländern gesichert ist, sich jedoch über weite Passagen in senkrechten Felswänden, steilen Schotterrinnen und auf Graten bewegt; absolute Schwindelfreiheit und Trittsicherheit sind Voraussetzung. Felsstürze beeinträchtigen diese Route hin und wieder, daher sollte man sich vor der Tour vor Ort über den aktuellen Zustand erkundigen.

Die Überquerung vom zweithöchsten zum höchsten Gipfel Madeiras ist die anspruchsvollste Tour dieses Wanderführers und auch der Insel. Wir gehen auf einem fast durchwegs ausgesetzten Bergpfad, der vor mehreren Jahrzehnten von der Inselregierung angelegt wurde und die rauen Berggebiete durchquert, die ansonsten unzugänglich wären. Mittlerweile sind alle ausgesetzten Passagen mit Seilgeländern gesichert. Vor allem am Beginn und am Ende ist der Weg zusätzlich mit Steinpflaster und Treppen ausgebaut. Dennoch müssen die Wanderer über absolute Schwindelfreiheit und Trittsicherheit verfügen. Dazu kommen fünf Tunnel-

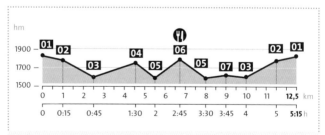

01 Pico do Arieiro, 1820 m; **02** Ninha da Manta, 1775 m; **03** Tunnel Pico do Gato, 1600 m; **04** Pico das Torres, 1750 m; **05** Abzweigung, 1590 m; **06** Pico-Ruivo-Hütte, 1780 m; **07** Höchster Tunnel, 1620 m

Der Beginn des anspruchsvollen Weges am Pico do Arieiro

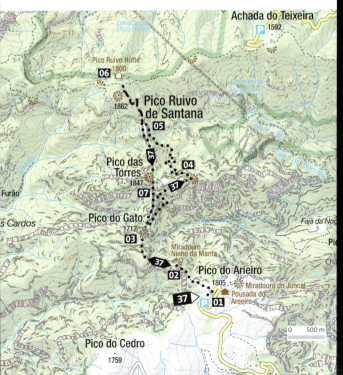

Die Aussichtsplattform Miradouro Ninha da Manta

strecken, die das Mitführen einer Taschenlampe erfordern. Der Lohn für die Anstrengungen ist aber ein unvergleichliches Bergerlebnis mit prächtigen Panoramen, rassigen Tiefblicken und überwältigenden Natureindrücken.

▶ Vom **Pico do Arieiro** **01** mit dem modernen Besucherzentrum und der Antennenkuppel führt ein gepflasterter Weg ins alpine Gelände hinein auf einen Gratrücken hinaus, der bereits den alpinen Charakter der Tour erkennen lässt. Nach 15 Minuten ist die Aussichtsplattform Miradouro **Ninha da Mant**a **02**, das „Bussardnest", erreicht, die 50 m von der Hauptroute entfernt ist und mehrere hundert Meter senkrecht ins Tal abbricht. Danach geht es teils über den ausgesetzten Grat auf den Pico de Cidrão zu, zuvor erreichen wir einen weiteren Aussichtspunkt, ebenfalls hoch über dem Tal des Ribeira da Fajã, bei dem eine Bank in das Vulkangestein eingemeißelt ist. Ein durch die senkrechte Felswand führendes Wegstück leitet abwärts zum Tunnel, der den **Pico do Gato** **03** unterquert. Eine steile Treppe bringt uns zur Weggabelung an der Einsattelung, die gleichzeitig den tiefsten Punkt der Tour darstellt (1600 m). Hier teilt sich der Weg, um als Ost- und Westroute rund um den **Pico das Torres** **04** zu führen. Am Hinweg wählen wir bei der folgenden **Abzweigung** **05** die Ostroute, die kürzer und aussichtsreicher ist, jedoch einen sehr steilen Anstieg durch ausgesetztes Gelände über Steintreppen und Geröll enthält. Dieser endet an einer Scharte, die

Hinweis

Die Route kann wegen Schäden am Weg durch Waldbrand, Steinschlag oder Vermurung gesperrt sein. Sperrhinweise müssen unbedingt beachtet werden. Gute Kombinierbarkeit mit der Wanderung zur Achada do Teixeira oder zum Encumeada-Pass.

die unter senkrechten Lavatürmen hindurchführen und Längen zwischen 20 und 200 m aufweisen.

Nach dem letzten und gleichzeitig **höchsten Tunnel** 07 münden die Ost- und Westroute am Sattel unterhalb des **Pico do Gato** 03 wieder zusammen und kehren auf der bereits bekannten Strecke zum **Pico do Arieiro** 01 zurück.

wir überqueren und danach steil absteigen. Später gelangen wir mit leichtem Auf und Ab an die Einmündung der Westroute heran und folgen dem gut trassierten Weg noch durch einige schroffe Einschnitte hindurch in die Südosthänge des Pico Ruivo hinein. Ein bequemer Pflasterweg bringt uns in wenigen Serpentinen zur **Pico-Ruivo-Hütte** 06 hinauf, knapp davor mündet der Aufstiegsweg von der Achada do Teixeira kommend ein.

Am Retourweg können wir die spektakuläre Westroute benützen, wobei wir bei der **Weggabelung** 05 vor dem Pico das Torres beim Eisentor nach rechts abbiegen und teilweise auf einem direkt in die Felswand gehauenen Steig wandern. Dazwischen sind insgesamt vier Tunnels zu durchqueren,

Der befestigte Weg in den Felswänden

DER PICO GRANDE • 1655 m

Zu einem bizarren Felsgipfel

START | Boca do Corrida (1235 m); mit Taxi oder Mietauto von Jardim da Serra aus auf der steilen und kurvenreichen Estrada da Corrida [GPS: UTM Zone 28   x: 313.728 m   y: 3.620.935 m]
CHARAKTER | Im ersten Abschnitt einfacher und breiter Saumpfad, später klassische Bergroute mit alpinen Elementen und kurzen Kletterstellen; keine Einkehr oder Quelle entlang der Tour, deshalb ausreichend Getränke mitnehmen; Sonnenschutz.

Madeira ist nicht reich an echten Gipfeln, zumal der höchste, der Pico Ruivo, über einen breiten gepflasterten Weg leicht zu besteigen ist. Weitaus anstrengender gestaltet sich der Aufstieg zum markanten 1655 m hohen Pico Grande, der sogar kleinere Kletterstellen aufweist und Schwindelfreiheit verlangt. Der Gipfel, der aus vulkanischem Blockwerk und Tuff besteht, bietet einen herrlichen Blick auf die Südküste, ins Nonnental oder zur Hochebene Paúl da Serra. Bei klarem Wetter kann man mit dem Fernglas den Hafen von Funchal beobachten. Rund um diese Tour wütete 2010 ebenfalls das große Feuer, die Pfade sind jedoch wieder gut hergestellt und teilweise durch Steinmännchen gekennzeichnet.

▶ Die Tour startet auf der **Boca do Corrida** 01 oberhalb des Forsthauses Estreito de Câmara de Lobos. Von hier aus sehen wir bereits unser Ziel, das unnahbar und abenteuerlich wirkt. Doch der erste Abschnitt dieser Tour verläuft

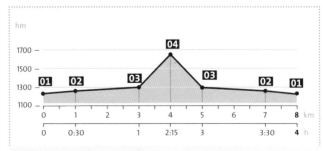

01 Boca da Corrida, 1235 m; 02 Boca dos Corgos, 1260 m;
03 Boca do Cerro, 1297 m; 04 Pico Grande, 1655 m

über einen passablen und relativ leicht zu begehenden Saumpfad, der früher als Verbindungsweg zwischen den Dörfern der Nord- und Südküste diente. Pilger folgten auch dieser Spur, eventuell zur Madonnenstatue an der Boca da Corrida, an der wir gleich ebenso wie am Forsthaus vorbeikommen. Wir gehen ein paar Stufen aufwärts, um den Weg zu erreichen, der leicht abwärts dem Hang entlang läuft. Ein Wegweiser verrät, dass wir von hier aus auch zum Encumeada-Pass (siehe Tour 39) oder ins Nonnental nach Curral de Freiras (siehe Tour 41) wandern könnten. Der breite Weg steuert auf einen Kamm zu, während am gegenüber liegenden Hang das Hotel am Aussichtspunkt Eira do Serrado sichtbar wird.

Sobald wir den Kamm **Boca dos Corgos 02** erreicht haben, wird die Hochebene Paúl da Serra sichtbar, die sich vor uns im Süden ausbreitet. Nach etwas mehr als einer Stunde Gehzeit trennen sich an der **Boca do Cerro 03** die Wege. Während geradeaus die Route zum Encumeada-Pass verläuft, biegen wir auf den rechten Pfad ab und müssen sogleich ein Holzgatter eines Viehzaunes durchschreiten. Bei der nächsten Ga-

Der Prächtige Natternkopf wächst auch an den steilen Gebirgshängen

belung geht nach rechts der Weg in Richtung Curral des Freiras ab, deshalb bleiben wir diesmal am linken Steig, der nun schmal und steinig weiter zum Pico Grande führt. Dazu finden wir auch wenig später ein Hinweisschild vor, das sich innerhalb eines Kastanienhains befindet.

Die Schatten spendenden Bäume leiten den schwierigsten Abschnitt der Tour ein, der aus einer etwa 15 m hohen Felspassage besteht. Mannshohes Gras erschwert den Aufstieg, während ein Stahlseil hilft, die Steilstufe zu überwinden. Anschließend wechseln sich steiniges Gelände und mit Felsen durchsetzte Wiesen ab, die Trittsicherheit und etwas alpine Erfahrung erfordern. Um die richtige Route zu finden, orientieren wir uns an Steinmännchen und den undeutlichen Markierungen, später an dunklen Felsen, die am Grat zwischen Pico Grande und dem Pico do Cerco zu sehen sind.

Sobald wir an der Einsattelung angekommen sind, schwenken wir nach links, um an einer Baumgruppe vorbei zu einem kleinen Plateau zu gelangen. Jetzt gilt es „nur noch" den Gipfelaufbau des ehemaligen Vulkankegels zu erklimmen, wobei dies mit Kletterei zu bewältigen ist. Man sollte sich dabei nicht auf das vorhandene Drahtseil verlassen, das alt und verfallen wirkt. Schließlich ist nach gut 2½ Stunden der Gipfel des **Pico Grande** 04 erreicht, der als Belohnung eine famose Aussicht in alle Himmelsrichtungen bereithält.

Der Rückweg zum Ausgangspunkt auf der **Boca do Corrida** 01 verläuft auf derselben Route, wobei wir bereits bei der Tourenplanung darauf achten sollten, nicht zu spät zu starten. Denn wenn der Passatnebel die Landschaft einhüllt, wird die Orientierung hier im freien Gelände schwierig und unangenehm. Daher früh starten, das ist auch gut für die Aussicht.

VEREDA DA ENCUMEADA

Durchquerung der Gebirge auf einem alten Pilgerweg

  13 km 4:00 h  410 hm 640 hm 234

START | Boca da Corrida (1235 m)
[GPS: UTM Zone 28   x: 313.728 m   y: 3.620.935 m]
CHARAKTER | Großteils gepflasterte und befestigte Saumpfade, die gut zu begehen sind; lediglich in den 2010 zerstörten Abschnitten kommen abgerutschte und schmale Wegpassagen vor; keine ausgesetzten Wegstellen.

Durch die Waldbrände im August 2016 sind große Teile der Tour derzeit gesperrt.

Eine der herausragenden Touren verläuft von der Boca da Corrida quer durch die wildesten Bergpassagen Madeiras zum Encumeada-Sattel. Der kunstvoll angelegte Saumpfad, auch als Caminho real PR 12 ausgewiesen, wurde beim großen Feuer 2010 an einigen Stellen stark beschädigt und musste damals gesperrt werden. Heute sind die meisten Passagen saniert, lediglich in den steilsten Geländestellen im Bereich des Pico Grande müssen in Hangrinnen und an Steilhängen abgerutschte, schmale Passagen überwunden werden. Die Tour verläuft in Höhen zwischen 940 und 1340 m Seehöhe durch die bizarre Gebirgslandschaft und bietet herrliche Ausblicke in die tief eingeschnittenen Täler und zur Hochebene Paúl da Serra.

▶ Wie auch der Aufstieg zum Pico Grande beginnen wir diese Tour am Sattel **Boca da Corrida** 01.

01 Boca da Corrida, 1260 m; 02 Boca dos Corgos, 1260 m;
03 Boca do Cerro, 1297 m; 04 Aussichtspunkt, 1140 m; 05 Trockensteinmauer, 950 m; 06 Brücke, 900 m; 07 ER 105, 970 m; 08 Encumeada-Pass, 1000 m

Eine Weile verlaufen beide Wege auf identischer Trasse, also beinahe Höhe haltend auf einem gut ausgebauten alten Saumpfad, der früher von Wallfahrern, Händlern oder Bauern verwendet wurde, um die Inselseiten zu wechseln. Deshalb hat man den Weg damals gepflastert und teilweise mit Stufen ausgebaut, um die Strapazen der Höhenunterschiede zu mindern. Adelige ließen sich auf den Rücken von Pferden transportieren, Frauen wurden liegend in Tüchern von Männern getragen. Es soll sogar ein Geschäft irgendwo entlang dieser Route gegeben haben, um den „Reisenden" mit Proviant zu versorgen. Unser Weg steuert auf den Sattel **Boca dos Corgos** 02 zu.

Nach einer kurzen Abwärtspassage blicken wir vom Aussichtspunkt Pico do Serrahinho nach Serra de Agua hinunter und erkennen die mächtigen Wasserleitungen, die von Reservoirs zum Wasserkraftwerk verlaufen. Nach einer Stunde haben wir die **Boca do Cerro** 03 erreicht, an der nach rechts der Weg Richtung Pico Grande abzweigt. Wir bleiben auf dem alten Handelsweg und umgehen den markanten und schroffen Gipfel an der Südseite, um die Tour zum Encumeada-Pass fortzusetzen. In dieser abgelegenen Berggegend können uns typische Gebirgsvögel wie Kestrel, Bussard, Madeira-Taube, Fringilla coelebs, Rugulus ignicapillus maderensis begegnen, die Aufwinde nutzen oder über die Hänge sausen.

Durch die Steilheit des Geländes kann dieser Abschnitt durch Steinschlag und Hangrutschungen beeinträchtigt sein. Die Ereignisse von 2010 haben diesem Abschnitt arg zugesetzt, mittlerweile fanden Restaurierungsarbeiten statt, dennoch blieben schwierige, rutschige Schlüsselstellen zurück, die bei Regen innerhalb der Hangrinnen immer wieder in Mitleidenschaft gezogen werden. In der Regenzeit wird immer wieder Material herab-

Die Tour endet am Encumeada-Pass hoch über dem Taleinschnitt von Terra Grande

geschwemmt, die dem Zustand des Weges nicht förderlich sind. Bald folgt aber wieder ein gepflasterter Abschnitt, während mehr Bewuchs aus Brombeersträuchern dem Gelände Stabilität verleiht. Nach etwa 2 Stunden umgehen wir eine deutliche, nach Süden gerichtete Kuppe mit einem **Aussichtspunkt** 04 und sehen zum ersten Mal das Ziel unserer Tour, den Encumeada-Pass, vor uns. Doch vorerst verlieren wir am folgenden Wegstück etwa 200 Höhenmeter, denn der Weg zieht in das Tal Curral Jangão hinein. Eine parallel zum Caminho verlaufende

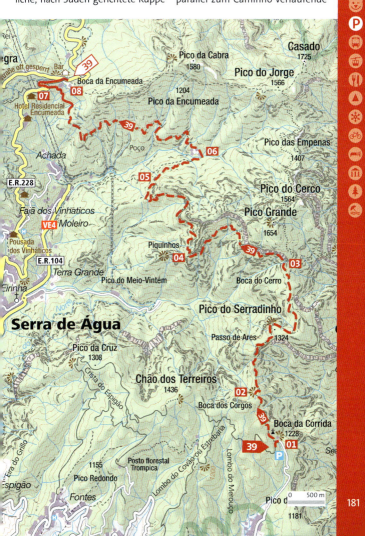

Der Encumeada-Pass ist auch ein Verkehrsknotenpunkt am Übergang von der Süd- zur Nordseite der Insel

Trockensteinmauer 05 stammt aus der Bauzeit des ehemaligen Königsweges, sie sichert die Trasse. Weiter geht es durch das nun dicht bewachsene Gelände, bis wir nach einer Rechtskurve einen kleinen Wald aus Lorbeerbäumen erreichen.

Dieses Gehölz gehört zu den ursprünglichen Baumarten auf Madeira und konnte nur noch an wenigen Orten der Insel erhalten bleiben. Sie wurden vor allem durch Nutzbäume wie Edelkastanien und Kiefern ersetzt, von denen man die Früchte und das Holz als Lebens- und Nahrungsgrundlage verwendete.

Abermals müssen wir rutschige und erdige Abschnitte bewältigen, die teilweise über felsiges Terrain führen. Allmählich erreichen wir den Talboden und überqueren den Ribeira do Poço auf einer alten **Natursteinbrücke** (866 m) 06. Der letzte Abschnitt dieser Tour bringt uns mit einem Gegenanstieg hinauf zum Encumeada-Pass.

Zunächst wandern wir durch dichten Eukalyptuswald und passieren noch zweimal Bachläufe. Später geht bei einem auffälligen Eukalyptusbaum ein Pfad in Richtung Serra de Agua ab. Sobald wir eine Rohrleitung unterqueren, liegt der Anstieg hinter uns und der Sattel zum Greifen nahe vor uns. Der Pfad endet an einem Wendeplatz einer Schotterstraße, der wir bis zur **ER 105** 07 folgen. Wenn wir nun nach rechts auf die Asphaltstraße einbiegen, gelangen wir nach 400 m zum **Encumeada-Pass** 08 mit der Snackbar und der Busstation. Nach links geht es hinab zum Hotel Encumeada, an dem sich ebenfalls eine Bushaltestelle befindet.

CURRAL DAS FREIRAS

Ins Tal der Nonnen

  2,8 km 1:00 h 50 hm  490 hm 234

START | Aussichtspunkt Eira do Serrado (1094 m); Buslinie 81 von Funchal zum Eira do Serrado (Fahrplan beachten)
[GPS: UTM Zone 28   x: 316.100 m   y: 3.620.900 m]
CHARAKTER | Gut trassierter, breiter und durchwegs gepflasterter Saumpfad, der teils steil, aber immer gut begehbar abwärts führt. Zuletzt geht man über Asphaltstraßen, etwas luftig, aber keine ausgesetzten Stellen; bei Nässe rutschig.

Das Tal der Nonnen, oder, wie es richtigerweise übersetzt heißt, der „Stall der Nonnen" ist bzw. war ein einsamer Talkessel im Hinterland von Funchal. Da Vulkanwände und die höchsten Gipfel der Insel das Tal komplett umrahmen, gab es bis in die 1950er-Jahre keine Straßenverbindung. Selbst die damals kühn in den Felswänden angelegte Straße benötigte einen Tunnel unterhalb der Aussichtskanzel von Eira do Serrado, über die bis dahin ein Saumpfad als einziger Zugang zum Tal verlief.

Heute bringt uns ein langer Straßentunnel bequem nach Curral das Freiras, auch wenn von Funchal aus etliche Serpentinen zu absolvieren sind. Die Abgeschiedenheit dieses bizarren und bei klarem Wetter begeisternden Talkessels nutzten früher Nonnen des Klosters Santa Clara in Funchal, um vor Piraten und den Korsaren Zuflucht zu nehmen. Ein Teil dieses „Fluchtsteiges" bildet die Route dieses Wanderweges, der über den Steilhang unterhalb von Eira do Serrado über 450 Höhenmeter ins Tal hinabsteigt.

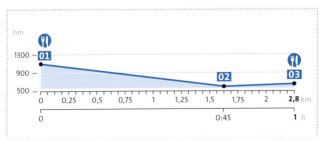

01 Eira do Serrado, 1090 m; **02** Rastplatz/Straße, 600 m;
03 Curral das Freiras, 650 m

Der Blick in den versteckten Talkessel von Curral das Freiras

▶ Rechts vom Parkplatz des Panoramahotels an der **Eira do Serrado** 01 nimmt der Saumpfad bei einem Hinweisschild seinen Ausgang. Zunächst führen Treppen in den Kastanienwald hinab, die ersten Serpentinen sind mit Platten frisch gepflastert. Dann weicht der Wald zurück und gibt das unglaubliche Panorama auf den Talkessel frei, der wie aus der Vogelperspektive vor uns liegt und von der Zentralkette mit dem Pico Grande links und dem Pico Ruivo rechts umrahmt wird. Der Weg zieht kunstvoll in das schroffe Gelände eingearbeitet zügig abwärts und strebt auf einen Hangrücken zu, auf dem ein Strommast steht. Später, wir haben schon ziemlich Höhe verloren, durchlaufen wir eine Bachrunse und kommen in den Kastanienwald hinein, der für den Talkessel charakteristisch ist. Denn die Nonnen pflanzten die Kastanien neben Nussbäumen als Nahrungsreserve an.

Zuletzt führen steile Steinstufen durch kleine Feldterrassen mit einem Wellblechstall, danach leitet ein ebener Pfad bis zu einem wenig ansehnlichen **Rastplatz** 02. Dieser liegt etwas oberhalb einer Straße, zu der Steintreppen hinabführen. Auf dieser durchlaufen wir leicht aufwärts nach rechts ein Bachtal samt Wasserfall und kommen bald zu einer Kreuzung, bei der es geradeaus ins Dorfzentrum von **Curral das Freiras** 03 geht.

Hier befinden sich Restaurants, der Taxistandplatz, die Bushaltestelle und Souvenirläden, die auch die für den Ort typischen Kastanien-, Nuss- und Kirschliköre verkaufen.

40

Der kühn trassierte und gepflasterte Weg führt hinab ins Nonnental

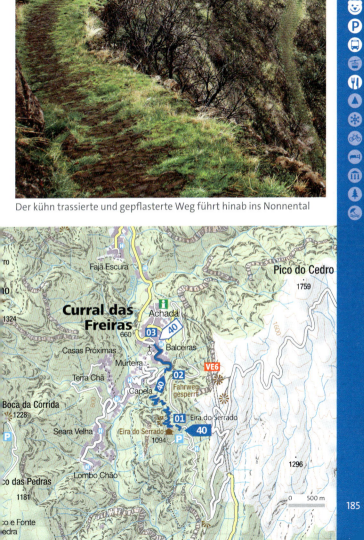

41 VON DER BOCA DA CORRIDA INS NONNENTAL

Der steile Abstieg nach Curral das Freiras

  9 km 3:45 h 170 hm  790 hm 234

START | Boca da Corrida (1235 m)
[GPS: UTM Zone 28   x: 313.728 m   y: 3.620.935 m]
CHARAKTER | Bis zur Boca do Cerro relativ einfach zu begehender alter, teils ausgebauter Saumpfad, der Abstieg ins Nonnental verlangt Trittsicherheit, Schwindelfreiheit und kann bei Nässe nicht unternommen werden.

Mit den Touren 38 und 39 haben wir bereits zwei Wanderungen mit Startpunkt Boca da Corrida kennengelernt. Doch wem die Überschreitung zum Encumeadapass zu weit oder der Aufstieg zum Pico Grande zu schwierig oder zu schroff ist, der kann sich dem Nonnental zuwenden, das sich zur Rechten des Passes tief unter uns befindet. Der Abstieg ist zwar steil und beschwerlich, jedoch gilt es kaum Höhenmeter zu erklimmen, denn der Großteil des Weges führt über die Westhänge des Curral das Freiras abwärts.

▶ Von der **Boca da Corrida** 01 folgen wir über ein paar Stufen dem breiten Pflasterweg, der beinahe Höhe haltend über **Boca dos Corgos** 02 und **Boca do Cerro** 03, dem Eselssattel, dem Grat entlang läuft (1290 m). Der großteils

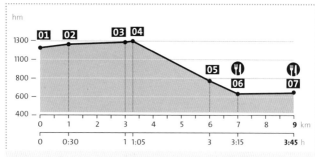

01 Boca da Corrida, 1260 m; 02 Boca dos Corgos, 1260 m; 03 Boca do Cerro, 1290 m; 04 Abzweigung, 1300 m; 05 Fajã Escura, 677 m; 06 Colmeal, 630 m; 07 Curral das Freiras 1260 m

Vom Steig an der Boca da Corrida sieht man tief in den Kessel des Nonnentales hinab

Das an den Berghängen klebende Örtchen Curral das Freiras inmitten der Zentralkette

gepflasterte alte Saum- und Handelspfad erreicht knapp nach dem Sattel in einem Stechginsterfeld eine **Abzweigung** 04, an der wir uns rechts halten und kurz darauf ein Holzgatter passieren. Bei der darauf folgenden Gabelung verlassen wir den Pfad zum Pico Grande und biegen nach rechts auf den ebenfalls früher als alte Handelsroute ausgebauten Weg in Richtung Curral das Freiras ab.

Doch der verfallene und erodierte Pfad benötigt Trittsicherheit, der an etlichen Stellen rutschig und unangenehm zu begehen ist. Ferner kann das Fortkommen durch die üppige oder dornige Vegetation am Wegesrand mühsam sein. Dem noch nicht genug, müssen wir auch ausgesetzte Stellen in dem steilen und felsigen Gelände überwinden. Zahllose Serpentinen schrauben sich fast in der Falllinie dem tief unter uns liegenden Tal entgegen, bis wir nach einer schmalen Felspassage den Kastanienwaldgürtel des unteren Nonnentales erreichen. Nach weiteren Kehren auf dem nun breiten Schotterweg strebt die Route dem Dorf **Fajã Escura** 05 entgegen.

Wir durchqueren den kleinen Weiler und steigen über eine Steintreppe zur Asphaltstraße hinab, die nach Curral das Freiras führt (677 m). Hier befindet sich zwar eine Bushaltestelle, doch lässt sich die Tour noch bis nach Curral fortsetzen.

Dazu folgen wir der Fahrstraße bei der Bar O Lagar nach links, gleich darauf im Weiler **Colmeal** 06 nach rechts, um auf dieser in insgesamt 30 Minuten in **Curral das Freiras** 07, dem Hauptort des Nonnentales, hinab zu wandern.

LEVADAS AM ENCUMEADA-PASS

Levadafreuden für Pflanzenfreunde

  5,5 km 1:30 h 10 hm 10 hm 234

START | Encumeada-Pass (1000 m) an der ER 110
[GPS: UTM Zone 28   x: 310.740 m   y: 3.625.880 m]
CHARAKTER | Einfache Levadatour auf ebener Wanderstrecke, 10-minütige Tunnelquerung, wozu eine Lampe erforderlich ist; im Folhadal sind bis auf eine die meisten abschüssigen Stellen gesichert, dennoch ist eine gewisse Schwindelfreiheit von Vorteil.

Die Boca de Encumeada bildet den wichtigsten Übergang über die zentrale Gebirgskette von der nördlichen zur südlichen Inselseite. Von hier aus geht auch die Straße ER 110 in die Hochebene Paúl da Serra aus. Der gebirgige Eindruck wird durch die eindrucksvollen Panoramen verstärkt, die sämtliche Gipfel des zentralen Gebirges beinhalten. Der wichtige Verkehrsknotenpunkt liegt fast im Mittelpunkt der Insel und verfügt deshalb über Restaurant und Herberge. Wanderer interessieren sich für den Wanderweg, der entlang des Hauptkamms in Richtung Pico Ruivo verläuft und in östlicher Richtung ausgeht. Nach Westen können wir der Levada do Norte ins Tal von Folhadal folgen, das als eines der besten Gebiete der Insel für Pflanzenfreunde gilt. Im Frühjahr blühen die Afrikanischen Liebesblumen und andere botanische Raritäten. Dabei wandern wir stets auf 1000 m Seehöhe und müssen praktisch keine An- oder Abstiege überwinden.

▶ Die Levada do Norte verläuft zuerst durch den Südhang des Zentralgebirges und beginnt unmittelbar unterhalb des Schnitt-

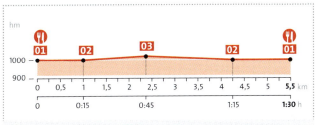

01 Encumeada-Pass, 1000 m; **02** Südportal des Tunnels, Levadazusammenfluss, 1000 m; **03** Tunnel im Folhadal, 1000 m

Bequemes Wandern an der Levada Nova in Richtung Encumeada-Pass

punktes der Straßen. Eine Hinweistafel am **Encumeada-Pass** 01 zeigt die Wandermöglichkeiten an. Entweder folgt man dieser Levada durch einen langen Tunnel ins Folhadal, oder man bleibt in den Südhängen und erkundet die ab dem Tunnel weiterführende Levada das Rabaças in Richtung Lombo de Muro.

Nach einem Wasserhäuschen und einer Rechenanlage erreichen wir bereits nach 15 Minuten das **Südportal des Tunnels** 02, der die Levada do Norte durch den Hauptkamm leitet und hier mit der Levada das Rabaças zusammenmündet. Obwohl der Tunnel gerade und das durch das Nordportal einfallende Licht stets zu sehen ist, müssen wir die Taschen- oder Stirnlampe auspacken, denn wir bewegen uns etwa 10 Minuten in der Dunkelheit. Dabei ist auf Engstellen und feuchte Wegpassagen zu achten.

Durch das Nordportal betreten wir eine neue Welt, ja selbst das Wetter kann gewechselt haben. Während auf der Südseite ein karger Bewuchs aus Baumerikagebüsch vorherrscht, ist das Folhadal mit einem urwüchsigen Lorbeerwald bewachsen.

Zum Aushängeschild gehört vor allem der Maiblumenbaum, ein Lorbeergewächs, das auf Madeira nur hier vorkommt. Von diesem Baum, dessen weiße Blüten den Maiglöckchen tatsächlich ähnlich sind, bezieht das Tal auch seinen Namen.

Daneben wachsen die Afrikanischen Liebesblumen unmittelbar neben der Levada. Der Kanal führt durch den steilen, sattgrünen Hang, ist teils mit Geländern gesichert oder so breit, dass keine Schwindelgefühle aufkommen. Nach insgesamt 45 Minuten Gehzeit überstürzen sich nochmals

Eine typische Informationstafel zu offiziell ausgeschilderten Wanderrouten

die Ereignisse. Wir durchschreiten ein markantes Felstor, gleich danach stürzt ein Wasserfall zur Levada herab, ehe wir bei einem weiteren **Tunneleingang im Folhadal** 03 angekommen sind. Hier beenden wir unsere kurze Wanderung und kehren auf derselben Route zum **Encumeada-Pass** 01 zurück.

43 VEREDA DO CHÃO DOS LOUROS

Gemütlicher Naturpark am Fuß des Encumeada-Passes

  2,25 km 0:50 h 30 hm 30 hm 234

START | Chão dos Louros (835 m)
[GPS: UTM Zone 28 x: 311.085 m y: 3.626.480 m]
CHARAKTER | Leichte Rundwanderung auf schattigen Waldwegen, Kennzeichnung mit Wegweisern und gelb-roten Markierungsplöcken.

Nur etwa 1,5 km unterhalb des Encumeada-Passes hat die Inselregierung an der ER 228 in Richtung Rosário und São Vicente im Bereich der bestehenden Picknick-Anlage Chão dos Louros den knapp 2 km langen Rundweg PR 22 geschaffen, der die vielfältige und seltene Vegetation dieses Bereiches erschließt und eine botanische Genusstour ermöglicht.

Die Gegend rund um den Pass zählt ja ohnedies zu eine der besten auf Madeira, um den ursprünglichen Bewuchs und seltene Pflanzen kennen zu lernen. Hier treffen wir auf einen dichten Lorbeerwald, der sich aufgrund der Feuchtigkeit und Topographie besonders gut entwickelt hat. Hier wächst auch der Prächtige Natternkopf (Echium nervosum), der nur am Madeira-Archipel vorkommt, also endemisch ist, aber auch Wolfsmilcharten, Madeira-Lorbeer, Wachsmyrte und Stechpalme. Die Landschaft wirkt verwunschen und zauberhaft, vor allem wenn der Passatnebel einfällt und seinen weißen Schleier über den Wald legt.

▶ Der Startpunkt dieser Kurzwanderung kündigt sich an der Straße mit einem Parkplatz an, der nach einer Links- und zwei darauf folgenden Rechtskurven am südlichen Straßenrand liegt. Dahinter

01 Parkplatz Chão dos Louros, 825 m; 02 Bachtal, 825 m;
03 Straßenquerung ER 228, 840 m; 04 Straßenquerung ER 228, 820 m

Am Eingang zum Naturreservat

Der Wanderpfad führt durch Lorbeerwälder, hier der Abzweig des Stichweges zum Encumeada-Pass

versteckt sich die Freizeit- und Picknickanlage Chão dos Louros, die von den Einheimischen gerne im Sommer besucht wird. Der Name stammt von der Vielzahl an Lorbeerbäumen, die hier einen subtropischen Bergwald aus immergrünen Bäumen wie dem Kanarischen Lorbeer, dem Stinklorbeer und der von den Azoren stammenden Indischen Persea aufbauen.

Der leicht zu begehende Rundweg trägt die Nummer PR 22 und ist mit Wegweisern ausgeschildert. Wir durchqueren dabei das als Parque Florestal do **Chão dos Louros** 01 ausgewiesene Schutzgebiet, das als Natura-2000-Gebiet ausgezeichnet ist. Damit wird auf die wichtige Funktion dieses Areals für den Artenschutz und auf die Zugehörigkeit zum europäischen Netzwerk gemeinschaftlicher Schutzgebiete hingewiesen. Ferner stehen alle Lorbeerwälder Madeiras seit 1999 als Weltkulturerbe unter der Ägide der UNESCO.

Der Weg führt beinahe kreisrund durch das Gebiet.

Wir gehen im Uhrzeigersinn, also nach rechts, und kommen bald nach dem Picknickplatz in ein kleines **Bachtal** 02 hinein. Wir queren den Bachlauf auf einem Holzsteg und folgen dem Pfad am anderen Ufer in nördliche Richtung. Vorbei an einem Stolleneingang kommen wir bald zur **ersten Querung der ER 228** 03. Nach nur 200 m zweigt der PR 21 nach links ab, der zum Encumeada-Pass hinauf führt und bei Anreise mit dem Bus als alternative Anmarschroute verwendet werden kann. Wir halten uns rechts und durchqueren den üppigen Lorbeerwald.

Nach einer kurzen Aufwärtspassage über ein paar Serpentinen überqueren wir zum zweiten Mal die **ER 228** 04 und erreichen auf der gegenüberliegenden Straßenseite wieder den Picknickplatz **Chão dos Louros** 01.

PICO RUIVO DO PAÚL

Aussichtsgipfel auf der Hochebene Paúl da Serra

  5,5 km 2:00 h  240 hm 240 hm 234

START | Abzweigung der Zufahrt zum Forsthaus Posto Florestal Estanquinhos von der ER 110 (1400 m); keine öffentliche Verkehrsanbindung [GPS: UTM Zone 28 x: 304.970 m y: 3.627.130 m]
CHARAKTER | Einfache Wanderung auf Heide- und Erdpfaden sowie Forststraßen mit geringen Höhenunterschieden; bei gutem Wetter angenehme Picknickplätze; die Orientierung ist bei Nebel schwierig, dann sollte man die Tour nicht unternehmen, da auch am Ziel die Aussicht fehlt.

Der landschaftliche Kontrast der Hochebene Paúl da Serra zum restlichen Madeira ist überwältigend. Sofern es der Passatnebel zulässt und die zwischen 1500 und 1600 m Seehöhe liegende Hochebene freigibt, befinden wir uns in einer eigentümlichen, vorerst schwer zuordenbaren Landschaft. Moorflächen wechseln mit Heidegebüsch, ab und zu ragen Windkrafträder in die Höhe und bilden die Horizontlinie. Früher war diese Hochebene mit Zedern-Wacholderwäldern bewachsen, wie sie noch rund um die Forststation Estanquinhos erhalten geblieben sind bzw. aufgeforstet wurden. Heute herrschen offene Weideflächen, Adlerfarnfluren und Graslandschaften vor, die es bereits im 19. Jh. gegeben haben soll. Darüber hinaus gehören frei laufende Kühe zum charakteristischen Bild von Paúl da Serra.

Diese Kurzwanderung bietet eine gute Möglichkeit, diese Landschaft mit ihren Besonderheiten zu erleben und darüber hinaus noch einen vom Ausgangspunkt aus unscheinbaren Gipfel zu

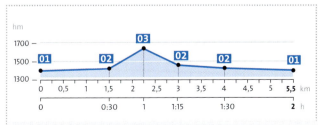

01 Straßenkreuzung, 1430 m; 02 Rastplatz Fontes Ruivas, 1430 m;
03 Pico Ruivo do Paúl, 1640 m; 04 Forsthaus Estanquinhos, 1460 m

Am Gipfelplateau des Pico Ruivo do Pául befindet sich eine kleine Aussichtskanzel

besteigen, der eine unerwartet famose Aussicht auf die Nordwestküste in Richtung São Vicente eröffnet. Der Name der Hochebene bedeutet „Gebirgssumpf", denn im Winter steht nach intensiven Regenfällen oft das Wasser in den Senken und bildet flache Seen. Dieses Wasser speist dann die Wasserfälle zum Beispiel bei Rabaçal, aber auch einige Levadas. Man plante sogar, hier einen neuen Flughafen zu errichten, doch Wind und Nebel haben dieses Vorhaben bald verweht. Heute nutzt man die Hochebene teilweise als Windkraftwerk, aber auch als Kuhweiden.

Wegen des häufig einfallenden Passatnebels sollte diese Wanderung bei schlechter Sicht nicht unternommen werden, da man leicht die Orientierung verlieren kann. Ein scharfer, peitschender Wind verschärft dann noch zusätzlich die unwirtlichen Bedingungen.

▶ Die Tour startet unmittelbar an der **Abzweigung einer Nebenstraße 01**, die zum Forsthaus Estanquinhos führt und Parkmöglichkeiten am Straßenrand bietet. Links von der Abzweigung sehen wir zwischen Adlerfarn eine kleine, etwa 15 cm schmale Levada hervorscheinen, die Wasser in ein Steinbecken transportiert. Dahinter ragt eine markante, allein stehende Birke auf. Das kleine Rinnsal wird von einem Erdpfad begleitet, der nun unser Wanderweg ist und dem wir nach Norden in die Hochebene hinein folgen. Der Verlauf dieses Wiesenpfades zeichnet sich innerhalb der Farnfluren ab, im Hintergrund ragt der Rücken des Pico Ruivo do Pául da Serra auf, davor das Zedernwäldchen, auf das wir zusteuern. Seitenpfade lassen wir unbeachtet.

Nach 20 Minuten erreichen wir den **Rastplatz Fontes Ruivas 02**, der auch über Grillstellen verfügt und in dem schattigen Hain aus Zedern, Buchen und Eichen liegt. Wir queren eine Forststraße, folgen weiterhin der kleinen Levada und kommen bei einem umzäunten Wasserbecken aus dem Wald heraus. Daneben entspringt die Levada mit einem kleinen Quellbach. Der Pfad zieht nun teils etwas steil in die Adlerfarngebüsche hinein und steigt in der Falllinie an der Südseite des Ruivo zum Gipfel auf. Nach weiteren 20 Minuten kommen wir auf der flachen Gipfelkuppe des **Pico Ruivo do Paúl** 03 mit der weißen Betonsäule an und genießen den traumhaften Ausblick sowohl auf die Hochebene als auch auf das Zentralgebirge. An der Südseite bietet eine einfache Aussichtskanzel einen freien Blick auf das Tal von São Vicente; Holztafeln zeigen uns die Blickrichtungen an.

Der Abstiegsweg wird von einem Wegweiser angezeigt und verläuft in Richtung **Forsthaus Estanquinhos** 04. Wir folgen dem ausgetretenen Pfad durch Farnfluren hindurch und stoßen nach wenigen hundert Metern auf eine T-Kreuzung, die wir beim Abstieg im Blickfeld haben. Wir gehen geradeaus 500 m zum Forsthaus hinüber, gelangen dort in den Wald und zu einem kleinen Picknickplatz. Wir wechseln nach rechts auf die asphaltierte Zufahrtsstraße, gehen auf dieser 300 m abwärts, um bei einem Parkplatz dem Wegweiser nach rechts zu folgen.

Auf einem gemütlichen Wiesen- und Waldweg gelangen wir nach 600 m wieder zum Picknickplatz **Fontes Ruivas** 02, bei dem wir der kleinen Levada nach links zurück zum Ausgangspunkt an der **Straßenkreuzung** 01 folgen.

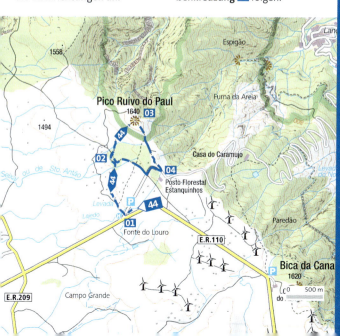

DIE LEVADA DO PAÚL

Levada-Wandern der einfachsten Art

 12 km 3:00 h 60 hm 60 hm 234

START | Parkplatz an der Zufahrtsstraße nach Rabaçal unmittelbar an der ER 110 [GPS: UTM Zone 28 x: 300.100 m y: 3.626.100 m]
CHARAKTER | Einfache Wanderung auf bequemem, ebenem Levadabegleitweg mit erdiger oder grasiger Oberfläche; keine nennenswerten Schwierigkeiten oder ausgesetzten Stellen; auch bei Nässe oder schlechtem Wetter begehbar.

Durch die Waldbrände im August 2016 sind große Teile abgebrannt. Der Weg ist aber begehbar. Durch das Fehlen der Büsche sind zwei ausgesetzte Stellen entstanden.

Levada-Wandern kann ganz einfach und aussichtsreich sein. Damit steht die Levada do Paúl im herben Kontrast zu einigen anderen Kanalstrecken der Insel, die durch schroffes, abschüssiges Gelände führen. Bei dieser Route kann man sich gänzlich auf die Landschaft und die Aussichten konzentrieren, denn der Weg weist keine Schwierigkeiten oder ausgesetzte Stellen auf. Nur das Wetter schafft Erschwernisse, denn es ist auch hier am Rande der Hochfläche Paúl da Serra unberechenbar. Am Nachmittag fällt unvermittelt Nebel ein und wird ab und zu von einem scharfen Wind begleitet. Doch wenn man am Weg entlang des Wasserkanals bleibt, ist ein Verirren ausgeschlossen, daher kann diese Tour auch bei schlechteren Wetterbedingungen absolviert werden. Wanderern begegnet man nicht so häufig, denn diese Levada ist weniger spektakulär und daher auch weniger besucht, dafür aber mit vielen frei laufenden Kühen, die den Begleitweg zum Viehpfad umfunktionie-

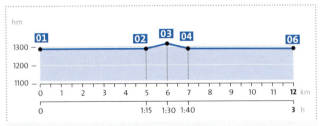

01 Kapelle Nossa Senhora da Fátima, 1270 m; **02** Levadaausstieg, 1280 m; **03** Christusstatue, 1330 m; **04** Levadaeinstieg, 1280 m

ren. Wir bewegen uns stets an der Südkante der Hochebene, an der die Levada ungefähr am Übergang der heideartigen Buschlandschaft zu den bewaldeten Hängen angelegt wurde. Die Landschaft, die wir durchwandern, lässt Assoziationen mit Almhochflächen oder dem schottischen Hochland aufkommen.

▶ Beim Parkplatz an der Zufahrtsstraße nach Rabaçal erkennen wir gegenüber am südlichen Straßenrand der ER 110 ein großes Wasserbecken. An dessen Ostseite leuchtet die kleine **Kapelle Nossa Senhora da Fátima** 01 aus dem Ginstergebüsch. Von hier aus führt die Levada do Paúl in die Südhänge der Hochfläche. Wir folgen ihr gegen die Fließrichtung und benützen den

Die Levada verläuft am Nordrand der Hochebene Pául da Serra

schmalen Erd- und Wiesenpfad, der den Kanal an den Ufern begleitet. Die Levada schlängelt sich mit sanften Kurven durch die Hän-

Kühen begegnet man hier häufiger als Menschen, denn die Levada verläuft durch Weideland

ge. Bei klarer Sicht überblicken wir die Südwestküste rund um Calheta. Eine Unterbrechung bildet die Querung der Fahrstraße nach Arco da Calheta nach etwa 15 Minuten Gehzeit, danach geht es gemächlich der Levada entlang durch die ginsterbewachsenen Hänge.

Später zieht die Route in einen kleinen Taleinschnitt hinein, wo wir an in den Fels gehauenen Viehunterständen vorbeikommen und ein felsiges Bachbett überqueren. Später wird ein etwas tieferer Hangeinschnitt durchlaufen, ansonsten absolvieren wir eine gemütliche Tour ohne Schwierigkeiten. In der zweiten Hälfte werden die Hänge etwas steiler, wir sind bereits eine Stunde unterwegs und wir kommen an der Kuppe des 1415 m hohen Loiral vorbei. Danach wandern wir ein kurzes Stück auf der Levadamauer und erreichen wenig später die Hauptstraße in Richtung Canhas und damit den **Levadaausstieg 02**.

Von hier kehren wir entweder auf derselben Route zum Ausgangspunkt zurück oder können noch ein weiteres Wegstück entlang der Levada zurücklegen, das nun durch etwas felsigeres Gelände führt. Wir wandern um einen Hangrücken herum und biegen nach links in einen Hangeinschnitt ein, bis wir bei großen, allein stehenden Bäumen auf eine alte befestigte Fahrstraße treffen (Levadaausstieg). Diese führt nach links zuerst mit steilem Anstieg zur Straße nach Canhas.

Auf dieser kommen wir nach links zur **Christusstatue Cristo Rei das Montanhas 03**, wo eine Rastmöglichkeit besteht. Wir kehren auf der Straße abwärts zur Levada zurück (= **Levadaeinstieg 04**) und folgen ihr nach rechts zum Ausgangspunkt an der **Kapelle Nossa Senhora da Fátima 01**.

25 QUELLEN

Zum romantischen Kessel der 25 Quellen

 12,25 km 4:15 h 350 hm 350 hm 234

START | Parkplatz (1290 m) oberhalb der „Posto Florestal Rabaçal" unmittelbar an der ER 110, die über die Hochebene Paúl da Serra verläuft [GPS: UTM Zone 28 x: 300.100 m   y: 3.626.100 m]
CHARAKTER | Landschaftlich äußerst reizvolle Wanderung; gehtechnisch einfach auf ebenem, aber teils schmalem Levadaweg; der Abstieg erfolgt über einen Waldpfad, der bei Feuchte rutschig sein kann. Sämtliche luftigen Passagen sind ausreichend mit Geländern und Seilen gesichert. Gesamt Ab- und Anstieg ohne Shuttle 320 Höhenmeter; mit Wegweisern gut ausgeschildert.

Rabaçal liegt auf der einsamen Hochebene Paul da Serra, die noch weitgehend unbesiedelt ist und ein völlig anderes Bild zeigt, als die dicht besiedelten und bewaldeten Küstenregionen. Das Forsthaus von Rabaçal ist 2,3 km von der Hauptstraße entfernt und Ausgangspunkt für mehrere sehr beliebte Wanderungen, die durch die herrliche Waldlandschaft am Nordostabfall des Hauptkamms zu herausragenden Sehenswürdigkeiten der Inselnatur führen. Zum Forsthaus verkehrt ein privater gebührenpflichtiger Shuttle-bus, mit dem man die Wanderung um 4,6 km verkürzen kann. Die Zufahrt zum Forsthaus ist für den öffentlichen Verkehr gesperrt (nicht für Radfahrer), deshalb befindet sich an der Hauptstraße ein großer Parkplatz, der vormittags bald gut gefüllt ist und beim Vorbeifahren

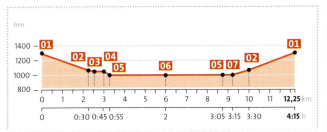

01 Parkplatz, 1290 m; **02** Forsthaus, 1065 m; **03** Levada do Risco, 1050 m; **04** Wegweiser/Abzweigung 25 Fontes, 1050 m; **05** Levada da 25 Fontes, 1000 m; **06** Felskessel 25 Fontes, 1000 m; **07** Levadatunnel, 1000 m

46

Das Felsbecken der 25 Quellen gilt als eines der schönsten Wanderziele Madeiras

unübersehbar auf diese Wanderregion aufmerksam macht.

▶ Der eigentliche Ausgangspunkt des Wanderweges befindet sich 230 Höhenmeter tiefer als der **Parkplatz an der ER 110** 01 bei der Forststation von Rabaçal. Wir folgen der 2,3 km langen Asphaltstraße abwärts zum **Forsthaus** 02, das inmitten von dichtem Lorbeerwald liegt und von der Terrasse aus einen herrlichen Blick in das obere Tal der Ribeira de Janela gewährt. Wegweiser geben die verschiedenen Wanderziele samt Distanzangaben bekannt. Wir entscheiden uns für die 25 Quellen (fontes) und folgen zunächst der Route in Richtung Risco-Wasserfall, die sich als breiter, ebener Waldweg darstellt, durch Lorbeerwald verläuft und von der **Levada do Risco** 03 begleitet wird, die wir kurz nach dem Forsthaus erreichen. Nach 600 m biegt die Levada da 25 Fontes bei einem **Wegweiser** 04 nach links ab und zieht mit etlichen Serpentinen über einen Waldsteig zum Teil steil abwärts. Hier helfen ein paar lose Steinstufen, es können aber auch leicht rutschige Passagen vorhanden sein. Der Pfad ist bald überwunden und trifft etwa 100 Höhenmeter tiefer auf den breiten Weg, der von der **Levada da 25 Fontes** 05 begleitet wird. Wir schwenken nach rechts auf diesen ein und wandern bequem dem Wasserkanal entlang.

Der Weg ist wiederum breit und verläuft ohne Schwierigkeit fast Höhe haltend in den Talschluss der Ribeira Grande hinein. Dort wird die Szenerie schlagartig rauer und urwüchsiger. Wir steigen über Steintreppen ins bizarre Flusstal hinab und überqueren den tief in die Felsen eingeschnittenen Bachlauf auf einer breiten Steinbrücke. Der Unterlauf des Risco-Wasserfalls hat zu diesem engen, fast schluchtartigen Talkessel geführt, der nicht einmal den Blick auf den Wasserschleier freigibt.

Ein steiler Gegenanstieg, ebenfalls über Stufen, bringt uns auf die ursprüngliche Höhe zur Levada zurück, die den Kessel mit einer Tunnelstrecke in den steilen Felswänden durchquert. Wir gelangen zu einem Wasserhaus, bei dem mehrere Rinnsale und Seitenlevadas das von den Hängen herabfließende Wasser aufnehmen und in den Hauptkanal einleiten. Ein Blick zur anderen Talseite hinüber zeigt, wie steil das Gelände eigentlich wirklich ist, das jedoch durch Weg und Treppen beinahe mühelos bezwungen werden kann. Der dichte Bewuchs aus Baumerika, die sich teilweise tunnelartig über die Levada legt und vor atemberaubenden Tiefblicken schützt. Nun folgen wir dem als Trog über dem Boden ragenden Wasserkanal, während sich die Ribeira Grande unter uns immer tiefer in das mit Baumerika bewachsene Tal einschneidet. Das Bild hat sich völlig gewandelt. Zu Beginn der Tour verlief die Levada längs einem breiten Weg, nun kommt uns das Wasser in einem halbmeterhohen Trog entgegen, der als breite Mauer die bergseitige Begrenzung des Pfades bildet. Etliche Stellen des Weges sind mit Steinplatten befestigt.

Um entgegenkommenden Wanderern auszuweichen, muss man immer wieder auf Erdwege unterhalb der Levadatrasse hinabsteigen oder auf die Levadamauer hinaufklettern.

Je weiter wir vorankommen, um so atemberaubender werden die Blicke auf die herrliche Inselnatur. Ab und zu bleibt für den Weg nur ein schmales Band zwischen Abgrund und Levada. Diese Stellen sind mit Seilen gut gesichert und stellen selbst für weniger geübte Wanderer kein Problem dar. Wiederum verhindert der üppige Bewuchs den Blick in die Tiefe. Levada und Wanderroute folgen dem Verlauf des Hangrückens, der den nordwestlichen Hang des Tales bildet. Nach einiger Zeit haben wir die äußere Spitze dieses Rückens erreicht, hier zweigt nach links ein Pfad zur Levada da Rocha Vermelha ab, und verlassen das von der Ribeira Grande durchflossene Tal.

Die Levada schlängelt sich mit schönem Verlauf den Hang entlang und biegt schließlich in ein kleines Seitental ein. Dieses endet nach etwa zwei Stunden Gehzeit ab dem Forsthaus Rabaçal am Eingang in den **Kessel der 25 Quellen** 06. Während die Levada auf einem Steinaquädukt den Abfluss der Quellbäche überquert, biegen wir beim Wegweiser nach rechts in den kesselartigen Talschluss ein, an dessen Grund sich ein kleiner See aus dem über die senkrechten Felswände herabstürzenden Wasser gebildet hat. Es sollen 25 Kaskaden sein, die diesem paradiesischen Ort seinen Namen gegeben haben. Sie fallen oft nur als zarte Schleier über 100 m in die kreisförmige Schlucht. Die hohe Luftfeuchtigkeit und der Wasserreichtum zu allen Jahreszeiten begünstigen den Bewuchs von Farnen und Moosen, die unmittelbar aus Felsritzen wachsen. Rings herum macht sich Lorbeerwald breit und verstärkt den subtropischen Eindruck. Ein Teil des Wassers speist die Levada über eine Wassertreppe unmittelbar neben dem Weg.

Der Rückweg nach Rabaçal führt über dieselbe Route, wobei gegen Ende ein Anstieg von etwa 100 Höhenmetern zu überwinden ist. Wer nicht dieselbe Anstiegsroute zurücklegen will, kann bei der Weggabelung etwa 900 m vor Rabaçal am unteren Levadaweg bleiben und diesem bis zum **Levadatunnel** 07 folgen. Dieser Tunnel führt unter dem Hauptkamm hindurch auf die Südseite und ist 1,2 km lang. Er kann nur mit Taschen- oder Stirnlampen durchwandert werden. Etwa 200 m vor dem Tunnelportal steigt nach links ein steiler Pfad zum **Forsthaus von Rabaçal** 02 hinauf, das in 10 Minuten erreicht ist.

Zum Ausgangspunkt am Parkplatz an der **ER 110** 01 gelangen wir entweder in 45 Minuten zu Fuß oder mit dem Shuttlebus.

Der schmale Levada-Weg

RISCO-WASSERFALL

Zu einem der größten Wasserfälle der Insel

  7,5 km  2:15 h 240 hm 240 hm 234

START | Parkplatz oberhalb der „Posto Florestal Rabaçal"
unmittelbar an der ER 110, die über die Hochebene Paúl da Serra
verläuft [GPS: UTM Zone 28 x: 300.100 m y: 3.626.100 m]
CHARAKTER | Gemütliche und einfache Wanderung auf breitem
Levadaweg, der stets durch schattigen Lorbeerwald führt.

Die Forststation von Rabaçal liegt etwa 2,3 km von der Hauptstraße entfernt und ist Schnittpunkt von klassischen Wanderrouten, die einmal zu den 25 Quellen (siehe Tour 46), aber auch zum Risco-Wasserfall führen. Diese Tour gehört wegen der kurzen Gehstrecke und gut ausgebauten Wege zur am meisten begangenen auf der Insel. Trotzdem geizt diese Wanderung nicht mit landschaftlichen und naturkundlichen Reizen.

▶ Der paradiesisch anmutende Felskessel mit der schleierartigen Wasserkaskade bietet darüber hinaus unerwartet reizvolle Ziele, die eben nur durch den Andrang an Wanderern gestört werden können. Da die Route breiten Waldwegen und einer gut gesicherten Levadastrecke folgt und sowohl Lorbeer- als auch Baumerikawald durchqueren, gestaltet sie sich abwechslungsreich und kurzweilig. Sie ist daher besonders gut für Familien geeignet, da alle abschüssigen Passagen ausreichend mit Geländern gesichert sind. Diese Kurztour dauert zwar maximal eineinviertel Stunden, wenn wir am **Parkplatz an der ER 110** 01 starten und auf

01 Parkplatz an der ER 110, 1290 m; 02 Forsthaus Rabaçal, 1065 m;
03 Levada do Risco, 1050 m; 04 Risco-Wasserfall, 1050 m

das Shuttle verzichten, sie bringt uns aber viel von der Urwüchsigkeit der Inselnatur näher, die sich früher über das gesamte Eiland erstreckte. Der bequeme und breite Weg, der vom Forsthaus aus flach bis zum Ziel verläuft, eignet sich besonders gut für Familien und kann selbst mit geländegängigen Kinderwagen befahren werden. Radfahrer sind aufgrund des Andranges an Wanderern nicht erwünscht. Der Wanderweg beginnt unmittelbar beim **Forsthaus Rabaçal** 02 und ist mit dem Wegweiser PR 6.1 gekennzeichnet. Wir biegen beim kleinen Parkplatz aus nach rechts und folgen dem Wegweiser „Risco-Wasserfall" abwärts. Nach wenigen Minuten werden wir von der **Levada do Risco** 03 begleitet, der wir gegen die Fließrichtung folgen. Der stets schattige Weg folgt den Schwingungen der dicht mit Lorbeerwald bewachsenen Hänge. Nach 600 m zweigt nach links der Steig in Richtung „25 Quellen" ab, wir bleiben aber auf dem Hauptweg und haben ungefähr die Hälfte der Tour absolviert. Wir benötigen noch einmal 20 Minuten, bis etwa 50 m vor dem Wegende eine Steinmauer erreicht ist. Nach links führt eine Erdrampe zu einem Levadastollen hinab, wir wandern aber auf der mit einem Geländer gesicherten Steinmauer zur Aussichtsplattform vor dem **Risco-Wasserfall** 04. Hier endet der offizielle Weg, der sich früher zu einer Tunnelpassage fortsetzte, die hinter dem Wasserfall vorbei zu einem Aussichtsbalkon in der Steilwand auf der gegenüber liegenden Seite hoch über der Schlucht führte. Dieser Abschnitt ist mittlerweile aus Sicherheitsgründen gesperrt. Von allen Seiten rieseln und tropfen Kaskaden und kleinere Rinnsale herab und machen ein Näherrücken zum Wasserfall zu einer feuchten Angelegenheit. Das Wasser sammelt sich zu ei-

Der Risco-Wasserfall stürzt in ein tiefes Schluchttal

nem rauschenden Wildbach, der sich tief in die Felsen eingeschnitten und ein schluchtartiges Tal ausgeschürft hat. Der Rückweg zuerst zum **Forsthaus Rabaçal** 02 und später zum **Parkplatz an der ER 110** 01 verläuft über dieselbe Route.

48 LEVADA DO ALECRIM

Romantischer Wasserkanal am Rande der Serra do Paúl

 7 km　2:00 h　30 hm　30 hm　234

START | Parkplatz oberhalb der „Posto Florestal Rabaçal" unmittelbar an der ER 110, die über die Hochebene Paúl da Serra verläuft; keine öffentliche Verkehrsverbindung
[GPS: UTM Zone 28 x: 300.100 m y: 3.626.100 m]
CHARAKTER | Gehtechnisch einfache Levadawanderung, eine kurze, leicht ausgesetzte Stelle ist zu passieren, keine Markierung; gegen Ende wenige Meter über Bachkiesel und Grobblock.

Die Wanderung entlang der Levada do Alecrim startet ebenfalls am Parkplatz von Rabaçal an der ER 110, ist aber weit weniger bekannt und daher auch viel weniger begangen. Das Ziel ist aber ein ebenso paradiesischer Felstrichter wie bei der Wanderung zu den 25 Quellen, den wir jedoch weitaus ruhiger erleben können. Diesmal müssen wir nicht zum Forsthaus von Rabaçal absteigen, denn die Levada zieht von rechts fast in gleicher Höhe an den Parkplatz heran. Die ebene und bis auf eine kurze Stelle einfache Wanderung dauert in einer Richtung eine Stunde und verläuft oberhalb der beiden zuvor beschriebenen Routen.

▶ Der wörtlich übersetzt als „Rosmarin-Levada" bekannte Kanal transportiert das Wasser aus dem Tal der Ribeira Grande ins große Becken, das gegenüber dem **Parkplatz an der Westseite der ER 110** 01 liegt. Wir folgen vom Parkplatz der Straße nach Rabaçal nur 100 m, um nach rechts auf einen Erdpfad zu wechseln, der

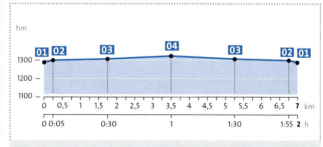

01 Parkplatz an der ER 110, 1290 m; 02 Levadaeinstieg, 1300 m;
03 Levadatreppe, 1310 m; 04 Levada-Ursprung, 1320 m

Ein Madeira-Buchfink am Quellbecken der Rosmarin-Levada

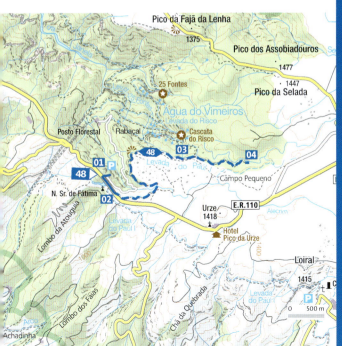

48

Unvermeidbare Steilstufen überwindet die Levada mit Treppen

zunächst parallel zur ER110 verläuft und zum **Levadaeinstieg** 02 hinaufführt.

Wir durchqueren das Bachtal im Oberlauf des Ribeiro do Alecrim, in dem sich eine Levadaanlage zum Einleiten des Bachwassers befindet. Während dieses Wegabschnittes werden wir von hohem Baumerikagebüsch begleitet und umrunden einen Hangrücken, in dem für einige Meter dieses Gebüsch fehlt und dadurch ein et-

Eine kurze Passage führt leicht ausgesetzt durch einen Felshang

was luftiger Tiefblick auf das Tal der Ribeira de Janela entsteht. Die Levada läuft zwischen Felsen hindurch, aber gleich wieder in den dichten Bewuchs hinein, der sich wie ein Laubengang über dem Kanal schließt. Nach der Hälfte der Strecke treffen wir auf eine **Levadatreppe** 03, mit der das Wasser über eine Steilstufe im Gelände geleitet wird und dabei einige Höhenmeter überwindet. Der Begleitweg folgt dieser Treppe, wobei wir das herabschießende Wasser hautnah erleben können.

Wir befinden uns nun an den Talhängen des Ribeira Grande, der am Westrand der Hochebene Paúl da Serra seinen Ausgang nimmt. Nach einigen Querungen von betonierten Seitenrinnen und Levadazuläufen erreichen wir nach knapp einer Stunde Gehzeit das Bachbett der Ribeira Grande, das mit einer betonierten Mauer versperrt ist, um das Wasser der Levada zuzuführen. Wenige Meter oberhalb macht ein angenehmes Rauschen auf den Wasserfall im Felskessel aufmerksam, der sich nun nach wenigen Metern vor uns öffnet. Weglos steigen wir über größere Bachsteine und Seitengerinne dem türkisgrünen See entgegen, der vom Wasserfall gefüllt wird. Die Rosmarin-Levada hat hier ihren **Ursprung** 04, der auf Madeira „madre" genannt wird. Welch ein romantischer Platz, um auszuruhen oder einen gemütlichen Tag in angenehmer Kühle zu verbringen. Auch unterhalb der Wasserfassung laden breite Felsgumpen im Bachbett zum Baden ein. Der Rückweg zum **Parkplatz an der ER 110** 01 oberhalb von Rabaçal erfolgt auf derselben Route.

DIE LEVADA DA ROCHA VERMELHA

Wildreiche Levada oberhalb des Tals der Ribeira de Janela

  17,5 km 5:25 h 440 hm  440 hm 234

START | Parkplatz (1300 m) an der ER 110; zum Parkplatz oberhalb von Rabaçal gelangt man ausschließlich mit Mietauto oder Taxi [GPS: UTM Zone 28 x: 300.100 m y: 3.626.100 m]
CHARAKTER | Gehtechnisch zwar nicht allzu schwierig, da der Verlauf der Levada ja weitgehend eben bzw. nur leicht abfallend ist; teilweise müssen feuchte und ausgesetzte Stellen überwunden werden; in der zweiten Hälfte der Tour erwarten uns aber ausgesetzte und sehr schmale Wegpassagen, sodass Trittsicherheit und Schwindelfreiheit vorhanden sein müssen; bei Nässe sollte man von dieser Tour Abstand nehmen.

Rabaçal kann gleichsam als heimliches Zentrum der Levada-Wanderer bezeichnet werden. Hier beginnen insgesamt vier verschiedene Wanderungen mit unterschiedlichen Schwierigkeitsgraden und Sehenswürdigkeiten. Die anspruchsvollste Tour verläuft entlang der Levada da Rocha Vermelha, wobei der erste Abschnitt mit dem Anmarsch zur Schlucht mit den 25 Quellen (Fontes) identisch ist. Beim zierlichen Forsthaus Rabaçal auf 1065 m Seehöhe weisen mehrere Schilder auf die Wanderziele hin.

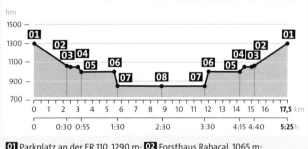

01 Parkplatz an der ER 110, 1290 m; **02** Forsthaus Rabaçal, 1065 m; **03** Levada do Risco, 1050 m; **04** Steig zur Levada da 25 Fontes, 1050 m; **05** Levada das 25 Fontes, 1000 m; **06** Abzweig Levada Vermelha, 1000 m; **07** Levada Vermelha, 850 m; **08** Wasserfall, 850 m

Bei gutem Wetter sieht man die Forststation von Rabaçal tief unten im Lorbeerwald vom Parkplatz aus

▶ Die Wanderung startet am **Parkplatz an der ER 110** 01, von dort folgen wir der asphaltierten Fahrstraße hinab zum **Forsthaus von Rabaçal** 02, an dem mehrere Wanderwege beginnen. Die Rou-

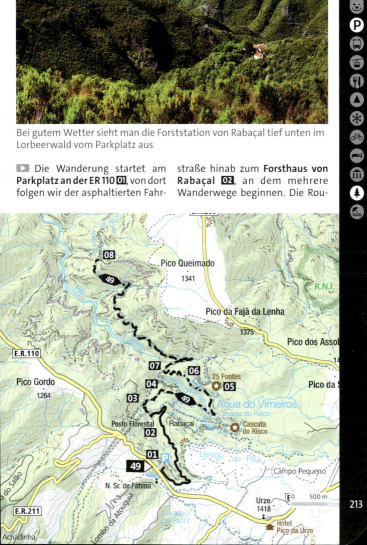

te zur Levada Rocha Vermelha verläuft eine lange Zeit über die Tour zu den 25 Quellen. Wir steigen über Treppen zum breiten Weg hinab, der entlang der **Levada do Risco** 03 verläuft. Nach 150 m biegen wir nach links auf einen **Steig** 04 ein, der etwas steil zur **Levada das 25 Fontes** 05 hinabführt. Dort treffen wir wiederum auf einen breiten Begleitweg, auf den wir nach rechts einbiegen und gegen die Fließrichtung wandern. Der breite Weg endet bald und beginnt mit felsigen Treppen zur großen Steinbrücke über die Ribeira Grande abzusteigen. Am Gegenhang steigen wir kurz wieder zum Wasserkanal hinauf und folgen nun dem schmalen Begleitpfad durch ein Dickicht aus Baumerika. Noch ist die Route mit dem Anmarsch zu den 25 Quellen identisch, doch nach etwa 15 Minuten ab der Brücke müssen wir nach einem Pfad Ausschau halten, der in einer markanten Rechtskurve **nach links abzweigt** 06 und in den Abhang hineinführt.

Dieser bringt uns nach steilem Abstieg zum Verlauf der **Levada da Rocha Vermelha** 07, die förmlich die dritte Etage besetzt. Am Schnittpunkt der Wege befinden sich ein kleines Häuschen und ein höhlenähnlicher Unterstand, der in die steile Felswand gehauen ist.

Wir haben seit Rabaçal einen Abstieg von knapp 250 Höhenme-

Oberhalb des dicht bewachsenen, urwaldähnlichen und kaum zugänglichen Tales der Ribeira de Janela verläuft die Levada da Rocha

cherungen schützen. Es geht weiter talauswärts, vorbei an einigen ungesicherten Stellen, ehe die Levada nach links schwenkt und das Gelände immer luftiger wird. Der Weg ist zwar breit genug, die Hänge stürzen aber fast senkrecht ins Tal der Ribeira de Janela hinab. Dafür geniest man Levadawandern in seiner schönsten Form, in weitgehender Einsamkeit nur zusammen mit dem gurgelnden Wasser und den mit Moos bewachsenen Felsen.

tern hinter uns und können nun dem Verlauf nach rechts entgegen der Fließrichtung folgen. Hier hat der Rummel, der zwischen Forsthaus und Risco-Wasserfall herrscht, gänzlich nachgelassen, denn diese Levada wird am Wenigsten von den Wanderrouten bei Rabaçal besucht. Allerdings muss man in der Folge über Schwindelfreiheit verfügen, denn der Kanal läuft hoch über dem Tal der Ribeira de Janela und weist nicht nur luftige, sondern auch feuchte und rutschige Passagen auf. Die erste ausgesetzte Stelle erwartet uns knapp vor der Brücke über die Ribeira dos Cedros, an der der begleitende Bewuchs aus Hortensien gänzlich zurückweicht und keine Si-

Ab nun wird jeder selbst entscheiden müssen, wann der Umkehrpunkt kommt. Denn der Weg wird nach etwa 1½ Stunden Gehzeit immer abenteuerlicher und verläuft teilweise auf der nur 30 bis 40 cm breiten Levadamauer, während es linker Hand ungesichert in die Tiefe geht. Ein **Wasserfall 08**, der auf die Levada herabstürzt, eine lehmige Passage, die wir unterhalb der Kanalrinne umgehen müssen, oder Felsbänder, denen wir entlang wandern, lassen für Schwindelfreie und Trittsichere die Zeit wie im Fluge vergehen. Den eigentlichen Umkehrpunkt der Tour bildet eine extrem steile Treppe aus etwa 300 Stufen, die vom schmalen Gerinne der Levada begleitet wird.

Wir kehren auf demselben Weg zum Ausgangspunkt zunächst nach **Rabaçal 02** und zum **Parkplatz an der ER 110 01** zurück, oder können die 25 Quellen oder den Risco-Wasserfall besuchen (siehe Touren 46 und 47).

FANAL

Im Bannkreis uralter Lorbeerbäume

  6,5 km 2:00 h 200 hm  200 hm 234

START | Forsthaus von Fanal an der ER 209 (1130 m); keine öffentlichen Verkehrsmittel; Buslinie nur bis Ribeira de Janela [GPS: UTM Zone 28 x: 299.540 m y: 3.632.200 m]
CHARAKTER | Einfache Wanderung auf Wiesenpfaden, Treppenwegen und Erdpisten; im Nordteil ohne Markierung, im südlichen Abschnitt beschildert.

Am Nordrand der Hochebene Paúl da Serra verbirgt sich eine fast mystische und unerwartet sanfte Landschaft, die Ziel dieser Wanderung ist. Rund um das Forsthaus von Fanal, das über die breite Straße von Ribeira de Janela zur Hochebene leicht erreichbar ist, breitet sich ein Weidegebiet aus, das von riesigen, uralten Lorbeerbäumen durchsetzt ist. Das üppige Grün der Wiesen und die mit Flechten und Farnen bewachsenen Bäume sind ein Indiz dafür, dass hier öfters der Passatnebel Feuchtigkeit heranbringt. Wenn die Sicht frei ist und die Rundblicke über die eigenwillige Landschaft der Hochebene schweifen können, lädt Fanal zu einer gemütlichen, ja fast lyrischen Rundwanderung ein, die im Nordteil auf Wiesenpfaden und Richtung Paúl da Serra über die markierte Wanderroute PR 13 verläuft.

▶ Vom **Forsthaus Fanal** 01 etwa 400 m östlich der ER 209 (hier befinden sich ein paar Parkplätze) wandern wir an der Grillstelle vorbei in nordwestlicher Richtung in das Wiesengelände hinein und

01 Forsthaus Fanal, 1150 m; 02 Kratersee, 1000 m; 03 Abzweig Cubo do Moinho, 1100 m; 04 Aussichtspunkt, 1160 m; 05 Pedreira, 1241 m; 06 Wegweiser, 1200 m; 07 Weggabelung, Abzweig Variante, 1190 m

Am Rande der Hochebene Pául da Serra befindet sich die Landschaft von Fanal

befinden uns bereits innerhalb der parkähnlichen Landschaft mit den ältesten Lorbeerbäumen Madeiras. Wir wählen einen der deutlich sichtbaren Wiesenpfade, können aber auch weglos über das sanfte Weidegelände wandern.

Es geht in die Nordwestecke, in der sich ein **Kratersee** 02 in einer fast kreisrunden Senke verbirgt. Links am See vorbei kommen wir zur Fahrstraße und folgen ich einige Meter, bis nach rechts ein Schotterweg abzweigt. Auf diesem gelangen wir dem Waldrand entlang und vorbei an einem weiteren kleinen See durch Adlerfarnfluren zum Kammrücken, auf dem der Pfad zum **Cubo do Moinho abzweigt** 03. Diesem entlang geht es retour Richtung Forsthaus. Etwas oberhalb treffen wir auf den Wanderweg PR13 und folgen ihm, vorbei an einem Wegweiser, über eine Holzbohlentreppe zum offenen Wiesenrücken mit einem **Aussichtspunkt** 04. Wir schwenken nach rechts und wandern durch das mit Ginster und Adlerfarn bewachsene Gelände auf den kegelförmigen Gipfel des **Pedreira** 05 zu. Dahinter ragen die Windräder der Hochebene sowie die Gipfel der Zentralkette auf. Der nun schmale Pfad führt uns seitlich am Gipfel vorbei und steigt durch Gebüsch- und Adlerfarnfluren sowie ein kleines Lorbeerwäldchen, bis dieser bei einem **Wegweiser** 06 auf eine Schotterstraße trifft. Nach links geht es zum Aussichtspunkt Fio und nach Seixal hinab, nach rechts setzt sich unsere Route fort.

Die Landschaft ist geprägt vom Wechsel aus alten Lorbeerbäumen und saftig grünen Wiesen

Die Schotterstraße geht bald in eine Erdpiste über und führt über einen Sattel. Dann geht sie in einen alten, mit Gras bewachsenen Fahrweg über, der zu einer weiteren, mit Wegweiser gekennzeichnete **Weggabelung 07** gelangt. Nach links führt ein gut ausgebauter Wanderpfad in Richtung Hochebene Paúl da Serra (6,3 km).

Wer Lust hat, kann noch etwa 3 km auf dieser durchwegs markierten Route einen **Abstecher** zu einem Ausgangspunkt oder in einen herrlichen Lorbeerwald unternehmen. Der von einem hohen Saum aus Baumerika begleitete Pfad führt mit Erdtreppen und geschotterten Abschnitten durch einen der schönsten und ursprünglichsten Urwälder der Insel, bis er über Steintreppen zur ER 209 hinauf führt und diese quert. An dieser Stelle geht auch ein Seitenpfad nach rechts 100 m zu einer Aussichtskanzel auf das Tal von São Vivente ab. Gegenüber der Straßenquerung leiten uns unzählige Holzbohlentreppen in ein romantisches Tal hinab, in dem wir nach 500 m auf einen im Lorbeerwald gelegenen Picknickplatz treffen.

Wer diesen etwa einstündigen Abstecher nicht unternimmt, bleibt bei der **Weggabelung 07** auf der Straße, die nach 2 km das Forsthaus Fanal erreicht. Dabei queren wir eine Wiesensenke, nach der von links eine Schotterstraße einmündet. Wieder im Bannkreis des Pedreira, wechselt die Straße zu Asphaltbelag, gleich darauf geht ein Erdweg nach rechts ab, der uns nach wenigen hundert Metern zum **Forsthaus Fanal 01** zurückbringt und die Wanderrunde damit schließt.

Auch an sonnigen Tagen kann rasch der Passatnebel aufziehen

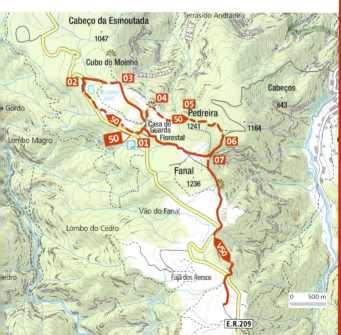

51 LEVADA DOS CEDROS

Wasserkanal im unberührten Lorbeerwald

 11,2 km 3:00 h 300 hm 300 hm 234

START | Fanal (1130 m), keine öffentliche Verkehrsanbindung, nur mit dem Taxi oder Mietwagen erreichbar
[GPS: UTM Zone 28   x: 299.553 m   y: 3.632.223 m]
CHARAKTER | Anfangs Wanderweg im dichten Lorbeerwald, gut trassiert; der Weg entlang der Levada ist erdig und stellenweise sehr exponiert, Schwindelfreiheit ist notwendig; der Rückweg verläuft entlang der ER 209 und den Wegen rund um Fanal (siehe Tour 50).

Ein in letzter Zeit eingerichteter Wanderpfad beginnt in der Gegend von Fanal am Nordwestrand der Hochebene Paúl da Serra. Es handelt sich um eine Streckenwanderung, die später der Levada dos Cedros entlangführt, am Beginn aber dichtes Erikagebüsch und grüne Taleinschnitte durchquert. Der mit Treppen und schottrigen Trassen gut angelegte Weg beginnt unmittelbar an der ER 209 und endet oberhalb von Ribeira de Janela. Ein Parkplatz samt Übersichtstafel kennzeichnet den Startpunkt, wobei auf keine Unterstützung durch Buslinien zurückgegriffen werden kann. Daher ist die Tour organisatorisch etwas schwierig, da bei einem etwaigen Rückweg auf derselben Route einige hundert Höhenmeter überwunden werden müssen.

▶ Wir beginnen diese Wanderung zur anspruchsvollen Levada dos Cedros beim **Forsthaus von Fanal 01**. Nach einem kurzen Stück entlang der ER 209 biegt die Route nach Überqueren der Straße bei einem Schild zum Wanderweg ab. Wir steigen durch dichten Bewuchs

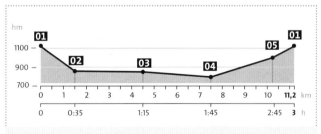

01 Forsthaus Fanal, 1150 m; **02** Levadaeinstieg, 865 m; **03** Ribeira Gordo, 850 m; **04** Curral Falso, 840 m; **05** Kratersee Lagoa, 1000 m

in dieser welligen Landschaft am Rande der Hochebene Paúl da Serra in den Taleinschnitt der beginnenden Levada dos Cedros ab und erreichen durch dichtes Baumheidegebüsch den **Levadaeinstieg 02**. Der Weg ist regelrecht in den Bewuchs eingeschnitten, der die Hänge und Einschnitte wie ein Teppich überzieht.

Eine mit Rundhölzern befestigte Treppe ermöglicht ein bequemes Überwinden der Tälchen, die ab und zu von Bachläufen durchzogen werden. Hier genießt man vorzüglich die Ruhe der madeirensischen Natur abseits von intensiv frequentierten Wanderrouten.

Der Weg ist teilweise mit Erdtreppen ausgebaut

Die Tour startet am Forsthaus von Fanal

Darüber hinaus blieben in Senken noch einige Exemplare des Madeira-Lorbeers (Ocotea foetens) erhalten, die im Englischen als „grove" bezeichnet werden.

Die Levada dos Cedros entspringt im Lombo do Cedro, in den Talhängen der Ribeira de Janela, auf einer Höhe von 864 m. Der Kanal wurde bereits im 17. Jh. gebaut und ist damit heute einer der ältesten der Insel. Er besteht aus einem in den Erdboden gebauten Gerinne, das mit Natursteinen und Betonmauern gesichert ist. Wir folgen nun dem Pfad in Fließrichtung, der weitgehend auf der Mauer der Levada und fast eben durch die steilen und meist dicht bewaldeten Hänge verläuft.

Wir passieren den Taleinschnitt der **Ribeira Gordo** 03, hier befindet sich ein herrlicher Aussichtspunkt auf das tiefgrüne Tal der Ribeira de Janela. Das Tal nimmt bei Rabaçal seinen Ausgang und erreicht knapp 20 km, womit der Fluss der längste der Insel ist. Weiter geht es dem Verlauf der Levada, die in einer weiten Rechtskurve um eine Kuppe biegt. Es folgen sehr ausgesetzte Wegstücke, an denen wir uns auf der Mauer der Levada bewegen, denn links bricht das Gelände fast senkrecht ins Tal von Janela ab. Dann folgt noch ein tief eingeschnittener Graben, der auf einer wackeligen Holzbrücke überspannt wird. Der natürliche Bewuchs weicht etwas zurück und wird durch Baumpflanzungen ersetzt, ein Hinweis, dass wir uns dem nördlichen Ende der Levada bei **Curral Falso** 04 nähern.

Schließlich treffen wir auf die ER 209 und müssen uns nun um die Rückkehr zum Ausgangspunkt bemühen. Wir kehren entweder über die ER 209 und später entlang der Route der Tour 50 vorbei am **Kratersee Lagoa** 05 zum Ausgangspunkt beim **Forsthaus Fanal** 01 zurück, oder können am Nordende über einen Pfad zum PR 15, dem Fußweg nach Ribeiro de Janela, hinab in den Küstenort wandern.

LEVADA RIBEIRA DE JANELA

Ins längste Tal der Insel

 13 km 4:00 h 10 hm 10 hm 234

START | Parkplatz in Lamaceiras (420 m) oberhalb von Porto Moniz, keine öffentliche Verkehrsanbindung
[GPS: UTM Zone 28 x: 297.250 m y: 3.636.900 m]
CHARAKTER | Im vorderen Abschnitt leichte Wanderung auf teils breiten Wald- und Erdwegen; ab den Tunnels mittelschwere Wanderung wegen der engen, schlüpfrigen Tunnelquerungen und einigen luftigen Felspassagen, die mit Drahtseilen gesichert sind; für die Tunnels ist eine Lampe erforderlich; gute Familientour.

Von Funchal aus gesehen liegt Porto Moniz weit entfernt in der nordwestlichen Inselecke. Dennoch ist die wildreiche Nordküste durch den Tunnel zwischen Serra de Agua und Sao Vincente, der das Inselzentrum durchquert, relativ leicht zu erreichen. Der kleine Hafenort lockt nicht nur mit einer bizarren Steilküste, die vor allem zwischen Seixal und dem Hafenort selbst einige Tunnelführungen für die Hauptstraße notwendig machte, sondern auch mit einer reizvollen Lage und mit einigen Sehenswürdigkeiten. Dazu zählen vor allem die Meeresschwimmbäder, die Piscinas de Porto Moniz, die unmittelbar vor der Hafenmole in schwarzen Lavasteinbecken angelegt wurden, aber auch das kleine, aber feine Aquarium in der renovierten Wehrburg Forte Sao Joao Baptista. Bootsunternehmen bieten Walbeobachtungstouren in den küstennahen Gewässern an.

Wanderer begeistern sich vor allem für die Levada Ribeira de Janela, die oberhalb des Hafenortes tief in das Tal des gleichnamigen Flusses zieht. Obwohl die Ortschaft Ribeira de Janela am öst-

01 Lamaceiros, 420 m; **02** Tunnel, 425 m; **03** Wasserhaus, 430 m

Die breite Levada zieht tief ins Tal der Ribeira de Janela

lichen Talausgang in Küstennähe liegt, ist der Ausgangspunkt zur Tour von Porto Moniz aus zu erreichen.

Man folgt der Hauptstraße ER 101 die Serpentinen hinauf bis zur Ortschaft Levada Grande, wo die Nebenstraße nach Lamaceiras abzweigt. Den Straßenschildern folgend erreichen wir den Ausgangspunkt samt kleinem Parkplatz und gemütlichem Rastplatz. Hier hat man nahe einem großen Wasserbecken Grillstellen, WC, Picknicktische und eine Aussichtsterrasse auf den Talausgang des Ribeira de Janela vorbereitet.

Zum Ausgangspunkt, der vom Parkplatz aus nicht einsichtig ist, folgen wir der kleinen Asphaltstraße in Richtung Talung, biegen nach rechts in den Talhang. Sofort quert von rechts die Levada und unser Wanderweg kündigt sich durch ein Hinweisschild an. Die Levade de Janela verläuft entlang der Westhänge des sich tief ins Inselzentrum einschneidenden Tal des Ribeira de Janela und leitet das Wasser vom Nordrand der Serra do Paúl an die Küste.

Mit viel Zeit und ausreichend Schwindelfreiheit könnte man diesem Wasserkanal sehr weit in den einsamen und wildreichen Taleinschnitt hinein folgen. Wir absolvieren die ersten 7 km, die uns bis zu einem Wasserhaus bringen und zwei Tunnelquerungen beinhalten.

Die Anforderungen dieser Wanderung sind zweigeteilt. Einerseits weist der Weg keinerlei Steigungen auf, führt hauptsächlich durch bewaldetes Gelände und ist daher gehtechnisch als einfach einzuschätzen. Andererseits können die beiden Tunnels Probleme bereiten, vor dem zweiten Tunnel warten noch dazu luftige Passagen und bei entsprechender Jahreszeit ein tosender Wasserfall, der in einem Felskessel über den Wanderweg herabstürzt. Ein

Wellblechdach schützt einigermaßen vor Durchnässung. Für die Tunnels müssen wir eine Taschen- oder Stirnlampe mitnehmen, da sie zu lang und im Fall des zweiten auch gekrümmt und damit komplett dunkel sind.

▶ Vom Ausgangspunkt **Lamaceiros** 01 folgen wir dem breiten Kanal, der die gesamte Wegstrecke unser Begleiter sein wird. Nach wenigen hundert Metern kommen wir an einem Ausleitungsbecken vorbei, in dem ein großer Rechen Blattwerk und Äste aus dem Kanal fischt. Anschließend führt uns der Kanal ein wenig durch offene Kulturlandschaft, ein kleiner Picknickplatz gibt Gelegenheit zur ersten Rast. Nach gut einer halben Stunde passieren wir einen Taleinschnitt, in dem ein Bachlauf mit einer betonierten Wanne über die Levada geleitet wird. Danach fließt der Kanal ein kurzes Stück von Betonplatten bedeckt unmittelbar im Weg. Bald bietet uns ein weiterer Rastplatz eine herrliche Aussicht auf das Tal des Ribeira de Janela, das bereits tief unter uns liegt und das längste der Insel ist. Bei klarem Wetter erkennt man im Hintergrund das Forsthaus Rabaçal. Ab Kilometer 3 wird der

anfänglich bequeme Verlauf der Kanalroute zusehends aufregender und spannender. Das Gelände wird steiler und die Levada samt Weg schmiegt sich stellenweise luftig an die steilen Hänge. Der dichte Bewuchs schützt jedoch fast durchwegs gegen die ansonsten atemberaubenden Tiefblicke.

Nach etwa 4 km und einer Stunde Gehzeit durchlaufen wir eine Bachrunse und erreichen den ersten Tunnel, der unter einem Felsvorsprung beginnt und in dem dunklen Tal von weitem kaum zu sehen ist. Die Durchquerung dauert 8 bis 10 Minuten, wobei der Weg, der links vom Wasserkanal verläuft, kaum breiter als 40 cm ist. Zusätzlich muss man sich geduckt bewegen, da der Tunnelquerschnitt für einen erwachsenen Menschen zu niedrig ist. Ab und zu stehen kleine Nischen zum Ausweichen zur Verfügung, doch die Begegnung mit entgegenkommenden Wanderern gestaltet sich etwas schwierig. Am Ausgang, der stets als heller, immer größer werdender Punkt zu sehen ist, erwartet uns eine überraschend schroffe und abenteuerliche Szenerie. Der Tunnel mündet in einen Felskessel, der mit senkrechten Wänden in ein Seitental abfällt. Der Weg und der Kanal sind auf einem schmalen Felsabsatz angelegt, Drahtseile schützen vor dem Abgrund. Zusätzlich stürzt ein Wasserfall herab, der im Frühjahr für nasse Kleidung sorgt.

Wir folgen dem halbrunden Verlauf nach rechts unter dem Wasserfall hindurch. Ein Blechdach schützt dürftig vor dem Sprühnebel. Die bizarre Wegführung mündet sogleich in einen zweiten **Tunnel** 02, der zwar Schutz vor

dem Wasser von oben bietet, jedoch die Schuhe nass werden lässt. Darüber hinaus ist er im zweiten Abschnitt gekrümmt, sodass er völlig dunkel ist. Dafür haben wir ihn in weniger als vier Minuten durchwandert. Der Tunnel läuft in eine Steilwand hinein, in der der Weg über den mit Betonplatten bedeckten Kanal führt und etwa 1 m breit ist. Ein Geländer gibt Schutz vor dem senkrecht abbrechenden Gelände.

Nach ca. 100 m tritt der Weg wieder in bewaldete Hänge ein, läuft nach rechts um einen Hangvorsprung herum und erreicht nach insgesamt eindreiviertel Stunden Gehzeit ein **Wasserhaus** 03, das auf einer schmalen Abflachung im bewaldeten Steilhang angelegt wurde. Es wird von einem kleinen Garten mit Mandelbäumen umgeben und bietet einen herrlichen Ausblick auf den Talschluss des Ribeira de Janela bis zur Hochebene Paúl da Serra. Knapp 700 m nach dem Wasserhaus folgt taleinwärts der dritte Tunnel, danach wird das Gelände immer exponierter und der Wegverlauf enthält zahlreiche ausgesetzte Stellen und weitere teils lange Tunnelquerungen.

Insgesamt ist die Levada 25 km lang und, wie das Schild am Beginn der Tour informiert, würde man in etwa 7 bis 8 Stunden am Ende nahe Rabaçal ankommen.

Wir nutzen aber den gemütlichen Platz beim Wasserhaus für eine Rast und drehen um und wandern zurück zum Ausgangspunkt in **Lamaceiros** 01.

Der Rückweg ist mit dem Hinweg identisch.

PORTO MONIZ

In den noblen Hafenort des Nordwestens

 3,75 km 1:15 h 0 hm 450 hm 234

START | Santa Madalena (485 m); mit Bus Nr. 80 vormittags nach Santa Madalena, Retourbus am Nachmittag
[GPS: UTM Zone 28 x: 295.054 m y: 3.637.881 m]
CHARAKTER | Nicht allzu schwierige Tour, die jedoch wegen der abschüssigen Wege einige Trittsicherheit erfordert; keine ausgesetzten Wegpassagen; im Ortsbereich etwas Orientierungsprobleme.

Porto Moniz, im äußersten Nordwesten Madeiras gelegen, darf eigentlich bei keiner Madeira-Besichtigung fehlen. Die nach dem portugiesischen Adeligen Francisco Moniz benannte Stadt breitet sich auf einer nach Norden gerichteten Landzunge aus und wird von der kleinen, vorgelagerten Felseninsel Ilhéu Mole regelrecht beschützt. Deshalb gilt Porto Moniz als der sicherste Hafen der Insel und zugleich als einer der schönsten Orte. Die Urlauber kommen vor allem wegen der Meeresschwimmbäder hierher, die in geschützter Lage in natürlichen vulkanischen Pools angelegt wurden. Ferner kann die historische Festung João Batista besichtigt werden, die 1730 zum Schutz gegen Piraten angelegt wurde. Heute beherbergt sie das Madeira-Aquarium und zeigt mehr als 70 typische Fischarten des Atlantiks.

▶ Wanderer finden den Weg nach Porto Moniz vor allem wegen der Levada da Janela, die etwas oberhalb des Ortes aus dem Tal der Ribeira da Janela in die Küstenhänge mündet. Früher gab es

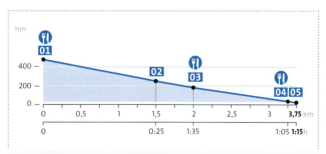

01 Santa Madalena, 250 m; 02 Aussichtspunkt, 250 m; 03 Pedra Mole, 185 m; 04 Porto Moniz, Uferpromenade, 20 m; 05 Porto Moniz, Kreisverkehr, 250 m

aber weit mehr Wege, die vor allem die Ortsteile Ribeira da Janela und Achadas da Cruz mit dem Hafen verbanden. Viele fielen dem Straßenbau zum Opfer, doch ein kurzer Abschnitt blieb zwischen Santa Madalena und Porto Moniz erhalten, der Ziel dieser Kurztour ist. Die etwas mehr als einstündige Wanderung eignet sich besonders gut, um im Rahmen einer Inselrundfahrt Erkundungen zu Fuß zu unternehmen und dennoch Zeit zu haben, die einladenden Restaurants von Porto Moniz zu besuchen, Badefreuden in den Meerespools zu genießen oder entlang der mondänen Promenade zu schlendern und das raue Meer auf sich wirken zu lassen. In jedem Fall sollte man bei An- oder Abfahrt den Aussichtspunkt Miradouro da Santa besuchen, der einen spektakulären Blick auf Porto Moniz bietet.

Wir starten in **Santa Madalena** 01 unmittelbar an der Hauptstra-

Tipp

Unmittelbar oberhalb der Seewasserpools empfängt Sie das Restaurante Orca, das zu den ersten Adressen des Hafenortes gehört. Auf der Karte stehen mehrere Vorspeisen, aber vor allem herrliche Fischgerichte zur Auswahl, wie Seebarsch, Schwertfisch, Seebrasse, Lachs, aber auch Menüs mit Fleisch von Lamm, Rind und Huhn.

ße ER 101, die aus Porto Moniz kommend in Richtung Achadas da Cruz führt. 100 m nordöstlich der Kirche zweigt nach links der „Caminho do Pico" ab, dem wir folgen. Nach 5 Minuten halten wir bei einer Kreuzung die Richtung. Bald endet der Asphalt und wir folgen dem nun betonierten Sträßchen. Bei einem **Aussichtspunkt** 02 öffnen sich herrliche Bli-

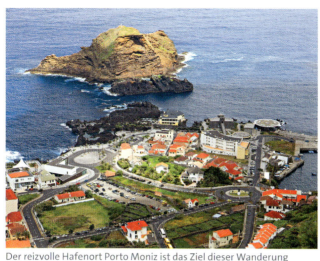

Der reizvolle Hafenort Porto Moniz ist das Ziel dieser Wanderung

cke auf die Küstenlandschaft rund um Porto Moniz, die diese Wanderung trotz der Kürze sehr attraktiv machen. Aus dem tiefblauen Meer leuchtet der vorgelagerte Felsen hervor. Sobald das Sträßchen in **Pedra Mole** 03 endet, gelangen wir über betonierte Stufen nach rechts zum Beginn des alten Verbindungsweges. Wir steigen ein kurzes Stück durch ein schattiges Tal abwärts in Richtung der ER 101, die wir in einer Haarnadelkurve berühren. Wir halten uns aber links weiter abwärts, um zu einem schmalen, steilen Schotterpfad zu gelangen.

Mit Stufen queren wir eine kleine Levada oberhalb der Schule von Porto Moniz und folgen dieser nach rechts. Nach rund 150 m treffen wir auf eine Straße, die nun bereits im Zentrum von Porto Moniz liegt, und folgen ihr nach links. Sie führt mit einem Rechtsbogen zur Küste, die wir mit einem nach links abgehenden Verbindungsweg unmittelbar an der **Uferpromenade** 04 und am Pool-Komplex erreichen. Beim anschließenden **Kreisverkehr** 05 befindet sich die Haltestelle der Busse für die Rückfahrt zum Ausgangspunkt oder Richtung Funchal.

Die Kirche von Porto Moniz

54 ACHADAS DA CRUZ

Feldterrassen unter der Steilküste

 3,5 km 1:25 h 400 hm 400 hm 234

START | Achadas da Cruz (400 m); nach Achadas da Cruz über die ER 101, zwischen Porto Moniz und Ponta do Pargo gelegen, in Achadas ist die Zufahrt zur Seilbahn über eine Nebenstraße gut ausgeschildert [GPS: UTM Zone 28 x: 293.184 m y: 3.637.152 m]
CHARAKTER | Steiler, an wenigen Stellen ausgesetzter Erdpfad, der Trittsicherheit erfordert; für die Fahrt mit der Seilbahn ist Schwindelfreiheit von Vorteil.

Das kleine Örtchen Achadas da Cruz nahe Porto Moniz wäre keinen Besuch wert, gäbe es nicht die atemberaubende Seilbahn, die „Teléferico das Achadas da Cruz", die von der senkrecht abbrechenden Steilküste 451 m fast im freien Fall zum Meer hinabführt. Die Talstation befindet sich auf dem typischen Schwemmkegel – Fajã genannt –, den die Bauern von Achadas zum Anbau von Obst und Gemüse nutzen. Daher musste diese technische Aufstiegshilfe geschaffen werden, um nicht stets die 450 bzw. 600 Höhenmeter bis zum Ort überwinden zu müssen. Dennoch steht der alte Wanderweg nach wie vor zur Verfügung, vor allem für weniger Wagemutige, die diese schwindelerregende Talfahrt vermeiden möchten.

▶ An der **Bergstation** 01 mit der kleinen Bar beginnt der Wanderweg mit einem Hinweisschild. Der Steig führt mit unzähligen kleinen Serpentinen durch einen Taleinschnitt abwärts, wobei ein paar Stellen leicht ausgesetzt und mit Drahtseilen gesichert sind. Der obere Teil ist mit Beton und Holz-

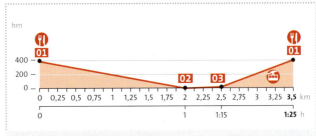

01 Bergstation Seilbahn, 400 m; 02 Kieselstrand, 0 m; 03 Talstation der Seilbahn Quedraba Nova, 5 m

Der atemberaubende Tiefblick von der Bergstation hinab auf den Schwemmkegel unterhalb von Achadas da Cruz

Der Wanderpfad war vor dem Bau der Seilbahn die einzige Verbindung zum Meer

geländer befestigt, während der Hauptteil des Weges über erdiges Terrain verläuft. Wegen der Steilheit des Geländes verlieren wir rasch an Höhe und kommen dem tosenden Meer immer näher. Zuletzt biegt der Pfad in die Talung der Ribeira de Tristão ein, die hier einer Schlucht ähnlich ist.

Hier treffen wir auf die etwas ausgesetzten Wegabschnitte, die jedoch einigermaßen gut mit den Drahtseilsicherungen überwunden werden können. Steile Treppen bringen uns schließlich nahe der Mündung des Flusses ins Meer zum **Kieselstrand 02**, der sich als fächerförmiger Schuttkegel – Fajã Quebrada Nova – vor der Steilküste angelagert hat.

Nach links führt ein Pfad durch die Obst- und Blumenkulturen südwestwärts, bis wir nach rund 15 Minuten die **Talstation der Seilbahn 03** erreicht haben.

Eine der beiden Gondeln ist stets zur Fahrt bereit, wir dürfen jedoch kein Personal erwarten. Man setzt sich in die offene Kabine, drückt den Signalknopf und wartet, bis die Fahrt beginnt. In wenigen Minuten schweben wir ohne Stütze zur Klippe hinauf, wo wir die Tour bei der **Bergstation 01** begonnen haben.

PONTA DO PARGO

Rundwanderung im äußersten Westen

   5:00 h  300 hm 300 hm 234

START | Ponta do Pargo, Kirche im Ortszentrum (0 m); keine brauchbaren Verkehrsanbindungen
[GPS: UTM Zone 28 x: 289.550 m y: 3.632.660 m]
CHARAKTER | Einfache Rundwanderung auf klassischem Levadaweg, asphaltierten Dorfstraßen und Feldwegen; keine Markierung, Orientierung evtl. etwas schwierig, vor allem bei schlechtem Wetter.

Der äußerste Westen Madeiras ist touristisch noch wenig erschlossen, bietet aber vielleicht gerade deshalb eine stille und abgeschiedene Landschaft. Der kleine Ort oberhalb des Leuchtturms (*farol*) bietet noch kaum touristische Infrastruktur an und hat sich ein sehr ursprüngliches Ambiente bewahrt. Die Hauptsehenswürdigkeit ist der Ausblick auf die Nordküste, die senkrecht zum Meer abbricht und beim „miradouro" an der Casa de Chá oder beim Leuchtturm atemberaubend eingesehen werden kann. Das im Jahre 1922 erbaute Leuchtfeuer steht 375 m über dem Meer und lässt den Blick weit über die Steilküste und den Atlantik schweifen. In der Nähe finden intensive Erschließungsmaßnahmen statt, deren Ziel derzeit nicht erkennbar ist.

Diese gemütliche Rundwanderung ist am besten für Wanderer geeignet, die in Paul do Mar oder

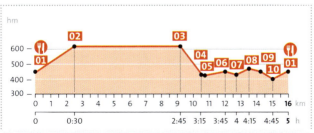

01 Ponta do Pargo, 450 m; 02 Levada Nova, 620 m; 03 Ende Levada Nova, 620 m; 04 Cabo, 430 m; 05 Nostra Senora Boa Morte, 425 m; 06 Lombada Velha, 450 m; 07 Taleinschnitt, 425 m; 08 Serrado, 475 m; 09 Pedregal, 450 m; 10 Ribeira dos Moinhos, 400 m

Die Levada Nova im Taleinschnitt der Ribeira dos Moinhos

Porto Moniz stationiert sind. Sie führt zuerst über einen klassischen Levadaweg und später durch eine schottisch anmutende Wiesenlandschaft. Dabei lernen wir auch kleine, ursprüngliche Weiler und etwas vom ländlichen Charme Madeiras kennen.

▶ Wir starten die Wanderung in **Ponta do Pargo** 01 an der Pfarrkirche am Hauptplatz Largo Conega Homem de Gouveia und folgen der Straße nordwärts, die nach 500 m die ER 101 überquert. Gegenüber setzt sich neben einem kuriosen Haus, das Trödel im Garten ausgestellt hat, die Rua Salão de Cima fort, auf der wir etwa 1 km aufwärts gehen, bis wir nach der roten Mauer der Quinta da Serra auf eine breite Straße treffen. Oberhalb dem markanten gelben Tor zweigt nach links ein Feldweg in die mit Adlerfarn bewachsene Wiese ab, der bald in den Kiefernwald hineinführt. Dieser bringt uns stetig aufwärts parallel zur Fahrstraße nach einiger Zeit direkt an die **Levada Nova** 02 heran, auf die wir nach links einschwenken. Sie wird uns nun die nächsten 6,5 km begleiten. Der sanierte Kanal zieht beschaulich durch Kiefern- und Eukalyptuswald, durchläuft mehrere Bachgräben, die alle mit modernen Betonbrücken samt Geländer mühelos gequert werden können. Gleich nach dem Einstieg erreichen wir ein restauriertes Wasserhaus samt großem Steintisch, das hoch über dem Tal auf einer Lichtung steht und schon zu einer ersten Rast lädt. Danach durchwandern wir einen tiefen Taleinschnitt, in dem wir dreimal Seitenbäche queren.

Mehrfach werden nach diesem Einschnitt Erdpisten gequert, einmal mit einer Levadabrücke knapp nach einem Wasserbecken, die Route ist aber stets eindeutig zu erkennen. Ab und zu hilft ein altes Schild, wenn die Levada zum Beispiel hinter einem Erdwall versteckt ist. Danach gibt es keine nennenswerten Schwierigkeiten, der Weg ist stets breit und gut in Stand gehalten.

In der zweiten Hälfte passieren wir einen tiefen Taleinschnitt mit Eukalyptuswald und Adlerfarnhainen, aber auch mit jüngeren Waldbrandgebieten, wodurch eine freie Sicht auf den Atlantik möglich wird. Nach rund 6 km läuft die Levada nach einem kleineren Taleinschnitt auf die ER 101 zu und quert sie sogleich. Gegenüber folgen wir ihr noch ein paar hundert Meter unterhalb der Straße, bis der Kanal unvermutet vor einer Asphaltstraße endet. Gegenüber befindet sich ein rechteckiges Sammelbecken.

Dieser Schnittpunkt bedeutet das **Ende der Levadastrecke 03**, wir wandern nun die mit Rua da Capela bezeichnete Dorfstraße teils steil abwärts, bis wir an den Häusern und den alten Kuhställen von **Cabo 04** vorbeikommen. Nach einer S-Kurve erreichen wir die Kapelle von Cabo, **Nostra Senora da Boa Morte 05**. Sie steht hoch über der Steilküste in einem sanften Wiesengelände, das für Madeira untypisch wirkt. Ein Wiesenpfad führt von der Kirche, die der Mutter Gottes geweiht ist, ein paar Minuten abwärts bis zu einer einfachen Aussichtskanzel, die einen freien, atemberaubenden Tiefblick auf die wilde Westküste Madeiras öffnet.

Links des Parkplatzes setzt sich ein Erdweg fort, der das Wiesental

Ein renoviertes Wasserhaus an der Wanderstrecke

östlich der Kirche durchläuft und weiter durch Weidelandschaft um einen bewaldeten Hangrücken herum nach einem weiteren flachen Einschnitt zum Weiler **Lombada Vehla** 06 in die Rua da Cruz gelangt.

Dort biegen wir bei der nächsten Kreuzung nach links auf eine asphaltierte Dorfstraße ein, die ehemals den Verbindungsweg zwischen den Dörfern bildete und leicht abwärts an Häusern vorbei führt. Der nun als Caminho Velha bezeichnete Asphaltweg leitet uns in den **Taleinschnitt** 07 des Ribeira dos Moinhos hinab.

Nach einem weiteren Aufstieg zum Hangrücken von **Serrado** 08, bei einer Weggabelung in einer Spitzkehre biegen wir nach links, nach einem weiteren Taleinschnitt gelangen wir in den Weiler **Pedregal** 09. Dort setzt sich der alte, nun betonierte Verbindungsweg geradeaus fort und trifft im Ortskern auf eine Abzweigung, die nach links oben mit Levada/Pedregal gekennzeichnet ist. Wir berücksichtigen diesen Abzweig nicht und wandern geradeaus in das Bachtal der **Ribeira dos Moinhos** 10 hinab, das wir auf einer Betonbrücke überqueren.

Danach bringt uns ein Gegenanstieg durch Wiesengelände hinauf an den westlichen Ortsrand von Ponta do Pargo. Dort treffen wir auf eine Bushaltestelle, daneben serviert die Bar da Malta „cold beer". Zum Ausgangspunkt an der Kirche am Hauptplatz folgen wir der breiten Dorfstraße geradeaus und erreichen nach wenigen hundert Metern das Ortszentrum von **Ponta do Pargo** 01.

PRAZERES – CALHETA

Levada Nova West

 14 km 3:45 h 0 hm 300 hm 234

START | Prazeres (0 m); mit dem Mietauto über die ER 110 nach Prazeres, in der Hauptstraße stehen öffentliche Parkplätze zur Verfügung; Buslinie 107 von Funchal nach Prazeres, Rückfahrt mit derselben Buslinie [GPS: UTM Zone 28 x: 293.791 m y: 3.626.232 m]
CHARAKTER | Einfache, klassische Levada-Wanderung auf gut ausgebautem Begleitweg, der keine ausgesetzten Stellen enthält, familienfreundlich.

Durch die Waldbrände im August 2016 gibt es leichte Brandschäden.

Prazeres liegt im wildreichen Südwesten Madeiras und gilt als eines der schönsten Dörfer der Insel, vor allem wegen der herrlichen Umgebung aus grünen Tälern, bewaldeten Berghängen und der Steilküste mit den Kieselstränden. Neben der Pfarrkirche lohnt der Garten Quinta Pedagogica einen Besuch, der neben fremdländischen Pflanzen auch einen Minizoo mit Lamas und vietnamesischen Hängebauchschweinen beherbergt. Kräutergarten, Teehaus und Spielplatz runden das Angebot ab. Urlauber kommen aber wegen der Wanderwege nach Prazeres, die durch die eindrucksvolle Landschaft verlaufen. Wir unternehmen eine klassische Levada-Wanderung entlang dem Wasserkanal, der insgesamt eine Länge von 50 km aufweist. Der Abschnitt bis Calheta ist etwa 14 km lang und eignet sich hervorragend für eine Tagestour. Da der Kanal immer wieder durch Eukalyptus-Wälder führt, spricht man auch von der „Eukalyptus-Levada".

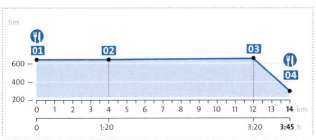

01 Prazeres, 630 m; **02** Levadahaus 1, 630 m; **03** Levadahaus 2, 635 m; **04** Calheta, 300 m

Am Beginn der Wanderung verläuft die Levada durch Prazeres

▶ Vom Ortszentrum in **Prazeres** 01 müssen wir zunächst zum Einstieg der Levada gelangen, die aus dem Südwesten von Ponta do Pargo kommt und in den Hängen oberhalb (= südlich) des Ortes verläuft. Dazu gehen wir die Dorfstraße etwa 200 m in Richtung Norden und erreichen die Kreuzung, bei der es nach links zum Hotel Jardim Atlantico und nach rechts zur ER 210 in Richtung des Bergkammes geht. Wir biegen nach rechts in diese Straße ein und gelangen nach einer kurzen Aufwärtspassage bereits zur Levada, die hier aus einer Unterführung mündet.

Wenn wir nach rechts auf den Begleitweg einbiegen, folgen wir dem Wasserkanal gegen die Fließrichtung, also in Richtung Quelle. Der bequeme, meist schattige Weg gestaltet sich aufgrund der üppigen Vegetation abwechslungsreich und kurzweilig. Um ein kontinuierliches Gefälle zu gewährleisten, muss die Levada sämtliche Taleinschnitte dieser reich gegliederten Waldhänge durchlaufen. Daraus resultiert gegenüber der direkten Strecke zwischen Start- und Endpunkt eine weitaus längere Gehstrecke. Nach 20 Minuten durchlaufen wir den ersten Taleinschnitt, der reich an Eukalyptus und Kastanien ist. Die zweite Talung wird durch einen Kiefernforst eingenommen, der Spuren eines früheren Waldbrandes zeigt. Nach der Querung einer Forststraße folgt bald das erste **Levadahaus** 02, das den Levada-Arbeitern als Unterkunft zur Verfügung steht. Nach etwa 1½ Stunden Gehzeit erreichen wir einen Taleinschnitt, in dem die Levada mit einer Brücke über den Bachgraben geführt werden muss.

Die nächste Zäsur bildet ein waldfreier Abschnitt, in dem die Levada eine Wiese durchläuft. Anschließend läuft der Kanal weit ausladend in die Osthänge des Tales der Ribeira da Achada hinein. Immer wieder das gleiche Spiel: Sobald wir den Schnittpunkt zwischen Levada und Talboden erreicht haben, wenden wir uns wieder dem

Talausgang zu. Nach dem nächsten Hangrücken folgt ein weiterer markanter Einschnitt, diesmal mit 2 Bachläufen, wobei wir uns wieder in Eukalyptus- und Kiefernwäldern bewegen.

Nach etwa 3 Stunden bedeutet das zweite **Levadahaus 03** das Ende unserer Wasserwanderung, denn wir beginnen mit dem Abstieg in Richtung Calheta. Wir folgen dazu der steil abwärts führenden Straße, die etwa 5 Minuten nach dem Levadahaus den Kanal kreuzt. Es handelt sich dabei um die ER 211, die Cahelta mit Rabaçal auf der Hochebene Serra do Paúl verbindet. Wir biegen nach rechts in die Straße ein und folgen ihr gut 2 km abwärts, bis wir bei der Kirche im Ortszentrum von **Calheta 04** angekommen sind. Taxi oder Bus erwarten uns an der Lombo do Salto, wo wir die Tour beenden.

Calheta

Der Höhepunkt des Ortes liegt an der Küste im Ortsteil Calheta-Beach. Hier wurde mit Saharasand der einzige Sandstrand der Insel aufgeschüttet, weshalb Familien gerne zum goldgelben Badevergnügen hierher kommen. Restaurants entlang der Hafenmole bieten mittags oder abends Speisen an. Von hier startet auch ein Fischerboot zu Delfin- und Walbeobachtungsfahrten, mit denen man diese einfache Nachmittagstour abschließen kann.

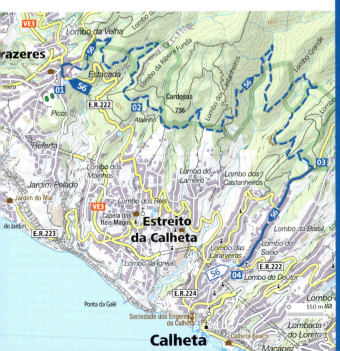

57 PRAZERES – JARDIM DO MAR

Abstieg zu einer reizvollen Achada

6 km 2:30 h 0 hm 630 hm 234

START | Prazeres (0 m); Prazeres kann mit dem Mietauto über die ER 101 erreicht werden, mit Bus 107 von Funchal; wer mit dem Mietauto oder Taxi anreist, kann gleich bis zum Hotel Jardim Atlantico fahren und 30 Minuten Gehzeit sparen; retour mit dem Taxi [GPS: UTM Zone 28 x: 293.791 m y: 3.626.232 m]

CHARAKTER | Gehtechnisch etwas schwierige Tour auf steilem gepflastertem Saumpfad, der im unteren Teil an einer Stelle leicht ausgesetzt ist, an der Küste weglos über grobe Kieselsteine und Felsen; bei Flut und hohen Wellen kann die Engstelle zwischen Paúl do Mar und Jardim do Mar nicht passiert werden.

Diese Wanderung führt im Südwesten von Madeira von Prazeres über die Steilküste zur teils einsamen und wildreichen Küste zwischen den Orten Paúl do Mar und Jardim do Mar. Prazeres liegt unmittelbar an der Hauptstraße ER 101 Funchal – Porto Moniz, die jedoch mehr als 600 m über dem Meer durch die von Bachgräben zerfurchten Hänge verläuft. Solche Hochebenen werden auf Madeira als „Achada" bezeichnet. Deshalb müssen wir entlang dieser spannenden Wanderung einen beträchtlichen Höhenunterschied überwinden. Dafür erwartet uns eine eindrucksvolle Küste, die zwar teilweise schwierig zu erkunden ist, aber auf Madeira

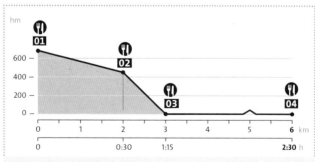

01 Prazeres, 630 m; **02** Hotel Jardim Atlantico, 450 m; **03** Paúl do Mar, 0 m; **04** Jardim do Mar, 0 m

Ein steiler und kühn in die Felsen gebauter Weg verbindet Prazeres mit Paúl do Mar

selten so eindrucksvoll erlebbar ist, wie hier.

▶ Wir beginnen die Streckenwanderung in **Prazeres** 01 nahe der Kirche, wo sich auch die Bushaltestelle befindet. Der erste Abschnitt der Tour bringt uns auf einer Dorfstraße zum mondänen **Hotel Jardim Atlantico** 02 hinunter, das uns mit einem Wegweiser angezeigt wird. Noch ging es gemütlich etwa 30 Minuten gemütlich abwärts, doch das ändert sich einige hundert Meter von der Hotelanlage entfernt. Ein Aussichtspunkt führt die Route in die Schlucht der Ribeira da Cova hinein, ein Schild verrät uns, dass es bis zum ersten Ziel der Tour, Paúl do Mar 1,8 km sind. Zuerst erleichtern noch Betontreppen den Abstieg, doch bald folgt der alte gepflasterte Saumpfad, der weitgehend in der Falllinie dem Talgrund entgegenstrebt. Zahllose kleine Serpentinen helfen, die Höhe zu überwinden. Immerhin wandern wir auf der früheren „Hauptstraße", die die Küstenorte mit der *Achada* verband. Angesichts der Steilheit des Geländes, das beinahe senkrecht zu sein scheint, kann man sich die Kühnheit vorstellen, die die Menschen damals für den Bau benötigten. Erst im unteren Abschnitt verlangt eine Passage Schwindelfreiheit, um ein besonders steiles Stück zu überwinden, das mit einem Stahlseil gesichert ist. Schließlich erreichen wir die Basis des tief eingeschnittenen Baches, in den etwas oberhalb die Ribeira Seca do Paúl einmündet. Eine Steinbrücke führt auf das nördliche Ufer, an dem wir das letzte Steilstück hinab zur Küste überwinden. Nach etwas mehr als einer Stunde gelangen wir in den kleinen Hafenort **Paúl do Mar** 03, der heute über eine Küstenstraße vom Norden her erschlossen ist.

Nach einem kurzen Aufenthalt in diesem malerischen Ort mit den bunten Booten im Hafen können wir die Tour in Richtung Jardim do

Der Küstenort Jardim do Mar

Mar fortsetzen. Obwohl wir – vermeintlich – eben den Küstensaum entlang wandern, werden wir bald feststellen, dass die Beschaffenheit des Kieselstrandes einen mühevollen Untergrund darstellt. Der „Weg" beginnt südöstlich des Fischerhafens, eine Eisenbrücke führt zum Strand hinab. Nach Regenfällen müssen wir den Bachlauf der Ribeira da Cova überqueren, die mit einem Wasserschleier über die Felsen herabstürzt.

Nun gibt der Spülsaum die Wanderrichtung vor, denn von einem Weg kann man in diesem wildreichen Gelände nicht sprechen. Über uns steigen die Felsen fast grenzenlos in den Himmel, während der Strand ab und zu nur wenige Meter breit ist. Nach einer Hangnase folgt eine weite Bucht mit der schmalsten Stelle des Strandes, die bei Flut und hohem Wellengang nicht passiert werden kann. Diese Passage ist zwar kurz, kann aber zum Abbruch der Tour führen, sobald man sich unsicher fühlt. Später muss eine weitere Engstelle mit großen roten Tuffelsen überwunden werden, bei der wir wiederum die Hände zu Hilfe nehmen müssen. Zuletzt folgen zwei Schuttfächer von Bächen, die nach Regenfällen ebenfalls kleinere Wasserfälle ausbilden.

Nach etwa einer Stunde ab Paúl do Mar erreichen wir **Jardim do Mar 04** an der mondänen Strandpromenade, zu der eine Betonrampe führt. Bis zum Jahr 2000 mussten die Bewohner beider Orte diese Strandwanderung unternehmen, ehe der Straßentunnel eröffnet wurde. Sehenswert ist der alte Ortskern mit den engen Gassen und pittoresken Häusern, zu dem wir von der Promenade aus über die zweite Treppe hinaufsteigen können. Jardim do Mar ist aber vor allem bei Badegästen und Surfern bekannt. Es gilt als einer der besten Orte für diesen Sport auf Madeira, hier fanden 2001 sogar die World Surfing Championchips statt. Dane-

Rückweg nach Prazeres 01

Es bieten sich zwei Möglichkeiten, um zum Ausgangspunkt zurückzukehren. Entweder mit dem Taxi oder zu Fuß entlang der alten Verbindungsroute zwischen den Dörfern, die über die Achada verläuft. Dazu müssen wir vom Hauptplatz aus durch die Vereda do Igreja der Beschilderung Joe's Bar folgen, um zum alten Treppenweg zu gelangen (Hinweisschild „Prazeres"). Zahllose Stufen und kleine Serpentinen überwinden die 470 Höhenmeter hinauf auf die Hochebene, wobei der Weg teilweise in schlechtem Zustand und sehr luftig ist. Vor allem der erste Teil erfordert Trittsicherheit, Aussichtspunkte mit berauschendem Tiefblick ermöglichen Verschnaufpausen. Früher trugen die Maultiere die Waren vom Hafen nach Prazeres, reiche Bürger konnten sich im Tragetuch die Anhöhe hinaufhieven lassen. Nach knapp 1,5 km haben wir den Großteil des Anstieges hinter uns, der Pflasterweg mündet in eine Straße, die durch die Feldterrassen in Richtung Hotel Jardim Atlantico verläuft. Wir erreichen die Hotelanlage nach weiteren 2 km, der Rückweg nach Prazeres verläuft auf der vom Beginn der Tour bekannten Route (gesamte Gehzeit 1¾ Std.).

ben besitzt es drei bekannte Kieselstrände – Portinho, Enseada und Ponta Jardim, die ihren Reiz auch aus der relativen Abgeschiedenheit und Schönheit der umgebenden Landschaft beziehen. Bei der Kirche nahe dem Hauptplatz beenden wir diese Tour.

243

...ADAS BEI PONTA DO SOL

...ei schmale Levadawege und ein Wasserfall

 9,5 km 3:00 h 110 hm 110 hm 234

START | Lombada oberhalb Ponta do Sol (320 m); öffentliche Busverbindung nur bis Tabua oder Ponta do Sol
[GPS: UTM Zone 28 x: 303.948 m y: 3.618.831 m]
CHARAKTER | Am Beginn breiterer Weg, dann ausgesetzter und erodierter Steig entlang der Levada do Moinho, der Trittsicherheit und Schwindelfreiheit erfordert. Der Weg entlang der Levada Nova ist mit Geländern und Drahtseilen gesichert; dieser Abschnitt ist als rote Tour einzustufen. Im Tal fanden zur Zeit der Recherche Baumaßnahmen statt, die Tour ist im hinteren Abschnitt unbeeinträchtigt.

Neben der Levada Nova bietet Lombada noch eine zweite Möglichkeit zu einer Kanalwanderung, diesmal aber weit schwieriger und kühner, denn wir dringen bis zur Quelle der Levada Nova vor. Diese hat ihre „madre" im wildreichen Tal der Ribeira da Ponte do Sol, das allerdings nur für trittsichere und schwindelfreie Wanderer erreichbar ist. Denn der schmale Weg führt stellenweise nur auf der Kanalmauer hoch über dem Tal, wir müssen einen Tunnel durchqueren und an der Wende sogar durch einen Wasserfall gehen. Für Abwechslung ist also gesorgt, jedoch nicht ohne Nervenkitzel.

▶ **Lombada 01** liegt oberhalb von Ponta do Sol auf rund 320 m Seehöhe am Ausgang des tief eingeschnittenen Tales der Ribeira do Ponat do Sol. Früher hat man hier Zuckerrohr angebaut, wahrscheinlich legte man deshalb die Levadas

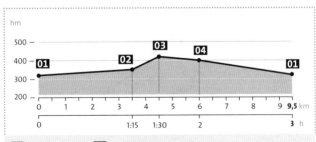

01 Lombada, 320 m; **02** Abzweigung zur Levada Nova, 350 m;
03 Quelle der Levada Nova, 420 m; **04** Wasserfall, 400 m

an, um das Wasser für die Bewässerung der Plantagen zu verwenden. Wir beginnen die Tour bei der Quinta João Esmeraldo, einem alten Herrenhaus aus der Blütezeit des Zuckerrohranbaus. Gegenüber befindet sich die Kapelle Espírito Santo, in der der ehemalige Besitzer der Quinta, der flämische Gutsherr João Esmeraldo, begraben ist.

Hinter dem Gotteshaus fließt die Levada do Moinho vorbei, die wir nach dem Durchqueren eines Tores erreichen. Wir folgen ihr gegen

Ein Geländer entschärft die bizarre Streckenführung der Levada

Der Wanderweg führt durch den bizarren Felskessel mit dem Wasserfall

die Fließrichtung taleinwärts, wobei wir uns noch innerhalb der Kulturterrassen bewegen. Der Weg strebt dem engen Talgrund entgegen und passiert immer wieder stark ausgesetzte Passagen. An Stellen, die stark unterspült oder abgetragen sind, müssen wir auf die schmale Levadamauer ausweichen. Nach mehr als einer Stunde müssen wir nach dem Verbindungsweg Ausschau halten, der über Treppen etwa 30 Höhenmeter steil zur **Levada Nova** 02 hinaufführt. Sobald wir diese erreicht haben, können wir nach links an einem Wasserbecken vorbei bis zur **Quelle der Levada Nova** 03 vorstoßen, die sich beinahe auf dem Niveau des Talbodens befindet. Zurück folgen wir nun der Levada Nova talauswärts, die eine Etage über der Levada do Moinho verläuft und mit Geländern und Seilen gesichert ist.

Bald erreichen wir die spektakulärste Stelle der Tour, denn der in den Fels gehauene Weg läuft in einer ausgewaschenen Rinne hinter einem **Wasserfall** 04 hindurch. Hier wird es das erste Mal richtig feucht. Dann müssen wir iin leicht gebückter Haltung einen rund 200 m langen, zur Levada hin offenen Tunnelgang absolvieren. Dennoch empfiehlt sich die Mitnahme einer Stirnlampe. Eine überhängende Felswand wird mit einer Stahlbrücke außen umgangen, dann gehen wir auf der rund 40 cm breiten Levadamauer talauswärts, wobei abschüssige Stellen mit Geländern oder Drahtseilen gut gesichert sind. Schließlich läuft der Weg wieder in das terrassierte Kulturland hinaus, die Kapelle von **Lombada** 01 rückt ins Bild und kündigt das Ende der abwechslungsreichen, aber anspruchsvollen Tour an. Eine Treppe führt zur asphaltierten Straße Caminho das Pedras/Pereirinha hinab, der wir abwärts bis zum Landhaus Quinta Solar dos Esmeraldos folgen.

STRANDWANDERUNG AUF PORTO SANTO

Zwischen Wellen und Sand auf der Nachbarinsel Porto Santo

 7km 2:00 h 0 hm 10 hm 234

START | Vila Balheira (10 m); mit der Fähre oder dem Katamaran von Funchal mehrmals täglich nach Porto Santo; das erste Boot fährt etwa gegen 8 Uhr, das letzte gegen 20 Uhr. Fahrpläne für Fähren bzw. Busse bei den Touristeninformationen
[GPS: UTM Zone 28 x: 375.427 m y: 3.658.725 m]
CHARAKTER | Leichte Wanderung anfänglich auf Asphaltstraßen, danach weglos über den Sandstrand bis zum Südende; keine Höhenunterschiede; ausreichend Wasser und Sonnenschutz nicht vergessen! Im Frühjahr und Herbst wird man eine Windjacke benötigen; vor allem am Kap Ponta da Calheta eignet sich das Meer hervorragend zum Schnorcheln.

Ausgedehnte Strandwanderungen können auf Madeira nicht unternommen werden. Dies bietet aber die Schwesterninsel, die an der Südwestseite kilometerlang von goldgelb gefärbten Sandstränden begleitet wird.

Vom Hauptort Vila Balheira können wir entlang der Küste bis zum Kap Ponta da Calheta an der Südspitze wandern. Der als Campo de Baixo bezeichnete Strand erstreckt sich von Vila Baleira aus bis an das südliche Kap und weist teilweise eine stattliche Breite auf. Wir kennen diesen Küstencharakter von Madeira selbst nicht, das meist felsige Küsten mit unmittelbar anschließenden Steilwänden besitzt.

▶ Vom modernen Fährhafen Porto de Abrigo fahren wir mit

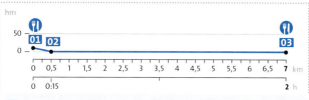

01 Vila Baleira, 10 m; 02 Strand, 0 m; 03 Ponta da Calheta, 0 m

Am Beginn des 7 km langen Strandes von Porto Santo

dem Bus in die Ortschaft **Vila Baleira** 01 bis Haltestelle nahe dem Rathausplatz. Hier beginnt die Wanderung, die uns zunächst dem Fluss entlang bis zur Kreuzung mit der ER 111 bringt. Beim Taxistandplatz und dem kleinen Park mit dem Denkmal von Christoph Kolumbus biegen wir nach rechts und gehen am modernen Amphitheater vorbei zum **Strand** 02 hinab. Wir erreichen ihn beim langen Steg und alten Schiffsanleger Cais do Porto Santo, der sich als Verlängerung der Avendia Infante Dom Henrique weit ins Meer schiebt. Nun ist die Route nicht mehr zu verfehlen, denn der breite Sandstrand gibt die Richtung vor. Der erste Abschnitt wird Praia da Fontinha genannt, der von Strandbars und Restaurants begleitet wird. Später umfangen uns nur noch der Wind und die Wellen, während wir versuchen, im goldenen Sand Tritt zu fassen.

Von einer Anhöhe oberhalb von Vila Baleira sieht man den gesamten Küstenabschnitt ein

Der zweite Abschnitt, die Praia das Pedras Pretas wird durch alte weiß getünchte Bootshäuser und, wie der Name schon sagt, durch schwarze Felsen charakterisiert, landseitig führen immer wieder asphaltierte Straßen zum Strand, bei Campo de Baixo kommen wir an modernen Hotelanlagen vorbei. Es folgt der Strand Praia de Cabeço mit dem Weiler Cabeco da Ponta. Kurzzeitig wird der Strandsaum etwas schmäler, weitet sich aber bald wieder und präsentiert sich mit wildem Dünenbewuchs und salzresistenten Pflanzen. Nach etwa 2 Stunden Gehzeit verengt sich der Strand zum felsigen Kap Ponta da Calheta, dem die Insel Ihléu de Baixo ou da Cal vorgelagert ist. De Beiname „Cal" stammt von der früheren Verwendung, als der bizarr geschichtete Kalk abgebaut und als gebrannter Kalk nach Madeira geliefert wurde. Heute lebt die Insel jedoch fast ausschließlich vom Fremdenverkehr. Am Restaurant O Calheta am Kap **Ponta da Calheta** 03 endet unsere Wanderung vielleicht mit einer Einkehr. Denn es werden hervorragende Fischgerichte angeboten, die auf der aussichtsreichen Terrasse verspeist werden können. An der Wendeschleife der Inselstraße 111 vor dem Restaurant befindet sich die Bushaltestelle, wir können aber auch mit dem Taxi nach Vila Baleira zurückkehren. Die Rückfahrt muss zeitlich mit dem Fährfahrplan abgestimmt werden, daher informiert man sich am besten schon am Beginn der Tour über den Busfahrplan.

PICO DE CASTELO AUF PORTO SANTO   60

Der Zuckerhut von Porto Santo

 10,5 km 4:00 h 437 hm 437 hm 234

START | Porto de Abrigao (0 m); Porto Santo kann nur mit Fährschiffen erreicht werden, die mehrmals täglich von Funchal zum neuen Anleger östlich von Vila Baleira fahren
[GPS: UTM Zone 28 x: 377.108 m y: 3.659.072 m]
CHARAKTER | Einfache Wanderung auf asphaltierten Dorfstraßen und gepflasterten und geschotterten Bergwegen, teilweise mit Wegweisern und roten Markierungen gekennzeichnet.

Porto Santo liegt 42 km nordöstlich von Madeira und gehört zur gleichnamigen Inselgruppe. Die Überfahrt von Funchal dauert etwa 2 ½ Stunden, bis die nur 11 km lange und 6 km breite Insel erreicht ist. Sie wird auch gerne als letztes Inselparadies Europas bezeichnet, da es über kilometerlange goldgelbe Sandstrände, liebliche Dörfer und eine herrliche subtropische Inselnatur verfügt. Zu den beliebtesten Wanderungen zählt der Aufstieg auf den Gipfel Pico do Castelo, der wegen seines pyramidenförmigen Aussehens auch als „Zuckerhut" bezeichnet wird. Der ehemalige Vulkankegel und zweithöchste Berg von Porto Santo ist bis oben hin bewachsen und ermöglicht mit seinen 437 m einen herrlichen Rundblick auf die Insel. Die Silhouette des Berges wird bereits vom Fährboot aus sichtbar, später bestimmt sie das Landschaftsbild rund um den Ausgangspunkt, dem Hafenort Villa Baleira.

▶ Vom **Fähranleger 01** gelangen wir über die Küstenstraße in westlicher Richtung in den Hauptort **Vila Baleira 02**, entweder zu

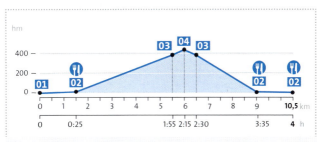

01 Fähranleger, 0 m; **02** Vila Baleira, 10 m;
03 Aussichtspunkt Straßenende, 390 m; **04** Pico do Castelo, 437 m

251

Die Straße durch den Palmenhain wird am Beginn zum Wanderweg

Fuß oder in wenigen Minuten mit dem öffentlichen Bus zum Rathausplatz (Largo do Pelourinho). Wir durchqueren den Ort in Richtung Hinterland bzw. Camacha, kommen an der Kirche vorbei, und folgen der Fahrstraße bis zum Kreisverkehr, bei dem es nach links zum Flughafen geht. Wir halten die Richtung geradeaus, um beim nächsten Kreisverkehr in Dragonal nach rechts abzubiegen. Geradeaus verläuft die Straße Richtung Camacha auf die Nordseite der Insel. Ein Wegweiser zeigt uns hier bereits das Ziel unserer Wanderung, den Pico do Castelo, an. Wir wandern durch Plantagen und einer Allee dem Hangfuß entgegen und kommen an den letzten Häusern von Dragonal vorbei. Eine Abzweigung nach rechts beachten wir nicht, sondern streben im Verlauf der Straße auf das kleine Tal zu, das den Pico Castelo vom höchsten Berg von Porto Santo, dem Pico do Facho (516 m), trennt. Nach einer Kehre beginnt der gemächliche Aufstieg auf der gepflasterten Straße, nach einer weiteren Richtungsänderung um 180 Grad erreichen wir den **Aussichtspunkt 03** unterhalb des Gipfels. Der Platz wurde mit Bänken, einer alten Kanone sowie Grillstellen ausgebaut und gewährt einen weiten Blick über die Insel und den Atlantik.

Vom Parkplatz knapp unterhalb des Aussichtsplatzes geht der Pfad aus, der auf den Gipfel führt. Wiederum deutet ein Wegweiser auf das Ziel, während eine Treppe die Straße mit dem nun steinigen Weg verbindet. Wir wandern nun durch terrassiertes und bewaldetes Gelände mit etlichen Serpentinen teilweise steil aufwärts, bis wir nach 30 bis 40 Minuten ab dem Aussichtsplatz knapp unterhalb des Gipfels **Pico do Castelo 04** an einem kleinen Park vorbeikommen.

Dieser beherbergt das Denkmal für António Schiappa de Azevedo, der sich maßgeblich um die Aufforstung der Insel bemühte. Damit sollte nicht nur der ehemalige Be-

Der Aussichtsplatz am Aufstieg zum Pico do Castelo

wuchs wieder hergestellt, sondern vor allem die fortschreitende Erosion verhindert werden. Wir konnten diese Anstrengungen entlang des Aufstieges beobachten, da der gesamte ehemalige Vulkankegel heute wieder mit zum Teil exotischen Pflanzen bewachsen ist. Neben Aleppokiefern und Meer-Kiefern wurden Drachenbäume, Olivenbäume, Steineichen, aber auch mediterrane Macchienarten wie Baumerika oder Myrte gepflanzt. Als Besonderheit kommt der von den Kanarischen Inseln her bekannte Prächtige Natternkopf vor.

Wenig später bietet der Aussichtsplatz Canhão am Pico Castelo (437 m) samt Häuschen der Forstverwaltung einen Rundblick, der beinahe die gesamte Insel von der Südspitze über Vila Baleira hinweg bis auf die Nordseite umfasst. Bei klarem Wetter wird die Silhouette der Ihas Desertas sowie von Madeira selbst sichtbar. Der Name des Gipfels geht auf das 15. Jh. zurück und steht mit einer Fortanlage in Verbindung, in der die Bewohner von Porto Santo Zuflucht vor Piraten oder Besatzungsmächten fanden. Wir kehren auf derselben Route nach **Vila Baleira** 02 zurück. Nach der Tour lohnt es sich, in Vila Baleira ein wenig umzusehen.

Im einzigen nennenswerten Ort der Insel, der knapp 3000 Einwohner umfasst, lohnt neben dem schönen Hauptplatz und der mit blauen Azulejos geschmückten Kirche das Kolumbus-Museum einen Besuch. Es stellt sowohl Portugal als führende Seefahrer- und Handelsnation des 15. und 16. Jh. als auch Christoph Kolumbus als führende Adelspersönlichkeit und Entdecker dieser Zeit.

Das Zentrum von Vila Baleira wird vom Hauptplatz beherrscht, auf dem stets ein buntes Treiben zu beobachten ist. Das alte Rathaus blieb als einziges Gebäude aus dem 16. Jh. bestehen und stellt ein Beispiel der portugiesisch-maurischen Architektur aus der Renaissance dar. Am Weg retour zum Fähranleger schließt eine Erfrischung in einem der zahlreichen Straßencafés einen gelungenen Tag auf Porto Santo ab.

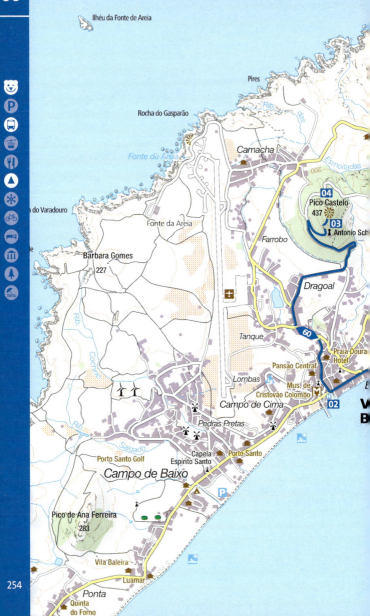

ALLES AUSSER WANDERN

Neben dem Wandern gilt Madeira natürlich auch als beliebte Insel, um in gediegenen Hotels ausgiebig Urlaub zu machen. Das milde und gleichmäßige Klima zu allen Jahreszeiten, vor allem in den Wintermonaten bietet rund ums Jahr Gelegenheit zu einem Erholungsaufenthalt. Baden und Wassersport stehen zwar nicht im Vordergrund, doch zahlreiche Hotels verfügen über moderne Poolanlagen, ferner stehen einige Strände und Meeresschwimmbäder zur Verfügung. Diese Ressourcen werden zusehends ausgebaut.

MEINE TIPPS FÜR ...

Wassersportler

Zum **Schwimmen** laden in vielen Orten Strandbäder ein, in denen man einerseits in Meerwasserpools – geschützt vor den Wellen – seine Runden ziehen kann. Andererseits gibt es in vielen dieser Anlagen die Möglichkeit, über Leitern direkt ins Meer zu steigen. Dies sollte man jedoch nur bei ruhiger See tun; bei windigem oder gar stürmischem Wetter kann das Meer rund um die Insel nämlich sehr gefährlich werden. Als einziger Sandstrand Madeiras lockt die kleine Prainha an der Ponta de São Lourenço, während sich der schönste und längste Sandstrand des Archipels auf der Nachbarinsel Porto Santo befindet. Hier säumt ein fast 7 km langer Strand das Inselufer, darüber hinaus präsentiert sich das Meer mit deutlich höheren Wassertemperaturen. An den Küsten Madeiras kann man mit 16 bis 22 °C rechnen, wobei es um die Halbinsel São Lourenço stets wärmer ist. Künstliche Sandstrände gibt es in Caniçal und Calheta an der Südwestküste, einen weiteren in der Bucht von Macchico. In Caniçal wurde zusätzlich eine moderne Badeanlage errichtet. Früher hat man Küstenbadeplätze mit kleinen aufgespülten, dunklen Sandstränden angelegt, oder natürliche Meereswasserschwimmbecken mit

Die Felsbecken bei Porto Moniz scheinen mit dem Atlantik zu verschmelzen

Der Strand von Porto Santo ist der schönste und längste des Archipels

Restaurants, Liegeplattformen und Leitern ins Meer geschaffen. Die schönsten Lavaschwimmbecken befinden sich bei Porto Moniz, die man unbedingt besuchen sollte. Seixal verfügt über einen groben Kieselstrand mit ebenfalls natürlichen Schwimmbecken. In Jardim do Mar und Paúl do Mar findet man einen groben Kiesstrand vor, der teilweise mit einer Mole geschützt ist und Treppen den Zugang ins Meer ermöglichen. Meerwasserschwimmbecken samt Kiesstrand stehen auch in Caniço de Baixo zur Verfügung. Die Luxusunterkünfte im Hotelviertel von Funchal verfügen über ausgedehnte Badeanlagen mit großen Liegeflächen, Wellness-Einrichtungen und teilweise eigenen Zugängen zum Meer.

Tauchen wird auf Madeira immer populärer. Zwar kann der Atlantik nicht mit tropischen Korallenriffen mithalten, doch bekommt man hier eine erstaunliche Vielfalt an Hochseefischen und anderen ozeanischen Tieren zu sehen. Tauchbasen gibt es in Funchal, Caniço, Machico und auf Porto Santo.

Auch **Segeln und Windsurfen** erfreuen sich zunehmender Beliebtheit. Besonders Letzteres kann in der oft hohen Dünung ein echtes Erlebnis werden. Allerdings sind diese beiden Sportarten nur etwas für Könner. Die zumeist heftig wehenden Passatwinde stellen große Anforderung an Material und Sportler. Für den versierten Segler oder Surfer ist Madeira allerdings ein Dorado.

Mountainbiker
Viele Agenturen bieten Mountainbike-Touren an, welche die Insel auf anderen Wegen zeigen, als jenen, die man erwandert. Denn die meisten Levadas sind für das Flitzen mit dem

ALLES AUSSER WANDERN

Bergrad ungeeignet. Auf Forstpisten und Nebenstraßen geht es durch die attraktive Landschaft, jedoch stets sehr holprig und mit zünftigen Anstiegen und Abfahrten. Die Touren weisen unterschiedliche Schwierigkeitsgrade auf, die sich vor allem nach den zu bewältigenden Höhenunterschieden richten. Radverleihe gibt es in Funchal, Caniço de Baixo, Machico, Prazeres und auf der Nachbarinsel Porto Santo.

Abenteurer

Canyoning-Touren versprechen Einblicke in die madeirensische Landschaft, die dem Wanderer verborgen bleiben – unberührte Schluchten locken mit kristallklarem Wasser und dem Zugang zu den ursprünglichsten Regionen der Insel. Während der Sommermonate ist es reizvoller, die wasserreichen Flüsse im nördlichen Bergland zu befahren. Im Winter empfehlen sich jedoch eher die Schluchten der Südseite; im Norden werden zur regenreichen Jahreszeit selbst kleine Rinnsale mitunter zu reißenden Todesfallen!

Familien

Aquário da Madeira in Porto Moniz
12 Themenbecken mit allen Lebensräumen des Madeira-Archipels. Insgesamt sind hier 70 verschiedene Fischarten zu sehen. Rua do Forte de São João Baptista, direkt am Meer gelegen, tgl. geöffnet von 10–18 Uhr, www.portomoniz.pt/pt/visitantes/pontos-de-interesse/aquario

Madeira-Themenpark, Santaña
Auf mehreren Aktionsflächen lernt man auf unterhaltsame Weise einiges über Geschichte, Kultur und Traditionen des madeirensischen Volkes ken-

nen. Auch für Nervenkitzel (Bungee-Jumping etc.) ist gesorgt. Geöffnet 9:00-18:00 Uhr, montags geschlossen www.parquetematicodamadeira.pt

Madeira Story Centre, Funchal
Gegenüber der Seilbahnstation nach Monte. Virtuelle Reise durch die Geschichte Madeiras in drei Dimensionen, von seiner vulkanischen Entstehung vor 14 Millionen Jahren über die Zuckerfabriken des 15. Jh. bis zum ersten in Madeira gelandeten Wasserflugzeug. Täglich 9:00–19:00 Uhr.

Vulkanologiezentrum und Höhlen von São Vicente
Nach dem spektakulären Rundgang durch unterirdische Lavagänge demonstrieren audiovisuelle Vorführungen anschaulich einen Vulkanausbruch. Täglich geöffnet von 10:00 – 18:00 Uhr, am 25.12. geschlossen. Nur im Rahmen von Führungen zu besichtigen; siehe Tour 23.

Walmuseum in Caniçal
Das Walmuseum in Caniçal wurde am westlichen Dorfrand komplett neu im modernen Museumsstil errichtet. Wale haben ja auf Madeira eine große Tradition, Pottwale wurden von 1940 bis 1981 vor Caniçal gefangen. Man drehte sogar Teile des Abenteuerfilms „Moby Dick" in den Inselgewässern, die im Hintergrund sichtbare Landschaft wurde anschließend sorgfältig herausgeschnitten. Die Tiere zerlegte man unmittelbar am Ufer und verwendete sämtliche Bestandteile, um sie weiterzuverarbeiten. Aus der wachsartigen Substanz im Kopf des Pottwals stellte man Kosmetikartikel und Maschinenöl her, und „Ambra", eine Substanz aus dem Darm, wurde in der Parfümproduk-

Das Walmuseum in Caniçal

tion benötigt. Seit das Washingtoner Artenabkommen die Jagd auf Pott-, Finn- und Seewale verbot – Portugal unterschrieb dieses Abkommen 1980 –, gehört der Walfang auf Madeira zur Volksgeschichte, die in diesem Museum vorgestellt wird. 1986 wurde in den madeirensischen Hoheitsgewässern sogar ein Nationalpark für Meeressäugetiere eingerichtet: Wale, Delfine und Robben stehen hier unter Schutz. Das neue Museum bietet viel Platz für die Ausstellungsstücke, ferner Räume für Vorträge und Seminare, aber auch zur wissenschaftlichen Forschung. Ein kleiner Museums-Shop und eine Cafeteria runden das Angebot ab. Öffnungszeiten Dienstag bis Sonntag 10:30–18:00 Uhr, montags geschlossen.

Mercado dos Lavradores in Funchal

Der Bauernmarkt am Rand der Altstadt von Funchal ist an den Vormittagen ein Erlebnis. Das vom portugiesischen Architekten Edmundo Tavares im Stil des Art déco errichtete Gebäude bietet einen lebhaften und überaus bunten Eindruck in das tägliche Leben der Inseleinwohner.

Im vorderen Teil werden unzählige Sorten an Gemüse und Früchten feilgeboten, während der hintere Teil der Markthalle der „Praça de Peixe", dem Fischmarkt, vorbehalten ist. Das einschlägig riechende Ambiente wird von den lauten Rufen der Marktschreier bereichert, viel Eis schafft eine kühle Atmosphäre, die noch zusätzlich von langen Degenfischen gewürzt wird, die von der Decke hängen. Die gesamte Hektik nimmt um 12 Uhr ihr Ende, dann muss sämtlicher Fisch verkauft sein. Zurück zur Halle mit den Bauern und Blumenverkäufern, die farbenfrohe Strelitzien anbieten, aber auch Süßkartoffeln, Fleischtomaten, Bohnen, Trauben, Kräuter

ALLES AUSSER WANDERN

Auf dem Markt

und duftende Gewürze. Den Markt besucht man am besten am Vormittag, die Hallen öffnen bereits um 7:00 Uhr. Montag bis Donnerstag schließen sie um 19:00 Uhr, am Freitag um 20:00 und am Samstag um 14:00 Uhr. Die kleinen Restaurants innerhalb der Markthalle verkochen regionale Produkte und bieten schmackhafte Imbisse samt frischem Fisch an. Einheimische und Insider trinken dazu den Weißwein „Sercial"; Rua Brigadeiro Oudinot.

Weinliebhaber
Besichtigung von Weinkellereien
In Funchal und Câmara de Lobos laden einige Weinkellereien zum Verkosten des berühmten Madeiraweines ein. Dabei kann man die Kellerei auch besichtigen und Weine einkaufen.

Madeira Wine Company
Eine der bekanntesten Adressen ist die Madeira Wine Company in der Rua de São Francisco 10 in Funchal, die zu den größten der Insel gehört. www.madeirawinecompany.com

Artur de Barros e Sousa
Ganz anders die kleinste Kellerei Artur de Barros e Sousa in der Rua dos Ferreiros 109.

Der Innenhof der Madeira Wine Company

260

Kellerei Henriques & Henriques
Weinberge besitzt die Kellerei Henriques & Henriques, die bereits 1850 gegründet wurde und in der Caminho Grande e Preces Sitió de Belem, Câmara de Lobus ihren Sitz hat.
www.henriquesehenriques.pt

Old Blandy Wine Lodge
Für Verkostungen empfiehlt sich die Old Blandy Wine Lodge. Nähere Informationen zum Besuch von Kellereien bietet die Homepage.
www.madeirawineguide.com

Liebhaber schöner Gärten und Parks
Funchal: Quinta Palmeira
Hoch über Funchal liegt der Garten des Herrenhauses Quinta Palmeira, das einst im Besitz von Harry Welsh war. Der Besitz des ehemaligen Zuckerfabrikanten erstreckt sich über 30.000 m^2 und befindet sich über der Rua da Levada de Santa Luzia. Das Anwesen begeistert vor allem mit dem prächtigen Botanischen Garten mit den imposanten alten Bäumen. Ferner bietet sich eine phantastische Panoramasicht über Funchal. Hier soll sich einst auch Christoph Kolumbus aufgehalten haben. Geöffnet am Dienstag und Mittwoch von 10:00 - 16:00 Uhr. Geschlossen von Donnerstag bis Montag und an Feiertagen.

Funchal: Jardim Botânico
Der botanische Garten wird bei der Tour 27 ausgiebig vorgestellt, er befindet sich oberhalb von Funchal und kann mit einer Gondelbahn von Monte aus erreicht werden. Die Anlage enthält 2000 Pflanzenarten, die in mehreren Sektionen angeordnet sind. Neben Baumgarten und dem Garten der Sukkulenten wird auch der einheimischen Flora ein

Der Botanische Garten in Funchal

Bereich gewidmet. In den Garten ist auch eine Zooanlage mit Papageien (Loiro-Parque) integriert. Öffnungszeiten Winter: Montag bis Sonntag: 09:00–18:00 Uhr. Sommer: Montag bis Sonntag: 09:00–19:00 Uhr ausgenommen 25.12

Sitió das Neves: Drachenbaum-Garten
Obwohl der Drachenbaum (Dracaena draco) hauptsächlich auf den Kanarischen Inseln und den Kapverden vorkommt, kommen auf Madeira einige wildwachsende Exemplare vor. Der kleine Park in Sitió das Neves westlich von Funchal zeigt einige mehrere hundert Jahre alte Exemplare dieses langsam wachsenden Baumes und bemüht sich um den Fortbestand dieser Spezies; Sitió das Neves, São Gonçalo, außerhalb Funchals auf der Straße zum Flughafen.

Garten Quinta do Palheiro Ferreiro
In dem Anwesen der Familie Blandy werden einige der wertvollsten und seltensten exotischen Pflanzen gezeigt, die auf Madeira vorkommen. Die Familie Blandy erwarb 1885 die

ALLES AUSSER WANDERN

Herrschaftsvilla und widmet sich seither der kontinuierlichen Weiterentwicklung des Gartens, so dass dieser heute als das „Mekka" aller Botanikliebhaber gilt. Besonders erwähnenswert ist die großartige Kameliensammlung, die man vor allem in ihrer Blütezeit von November bis April in ihrem vollen Ausmaß bewundern kann. Milded Blandy, die Mutter des heutigen Besitzers, ist für die Protea-Sammlung verantwortlich, die sie aus ihrer Heimat Südafrika einführte. Außer den wunderschönen Gartenanlagen, einer barocken Kapelle und dem prächtigen Herrenhaus, das heute ein Fünf-Sterne-Hotel beherbergt, bietet der Garten auch überwältigende Aussichten über die Stadt Funchal. Der angrenzende Golfplatz rundet das luxuriöse Angebot ab.
www.palheirogardens.com

Im tropischen Garten Monte Palace

Monte: Monte Palace Jardim Tropical
Dieses von José Berardo gestaltete Meisterwerk eines parkartigen Gartens steht seit 1991 dem Publikum zur Verfügung. Der Garten liegt in Monte nur unweit von der Kirche entfernt und lohnt einen Besuch zusammen mit dem Bergdorf, das mit einer Gondelbahn von Funchal aus erreicht werden kann. Bis 1943 kamen die Besucher mit der Zahnradbahn, die im Bereich des heutigen Zentrumsplatzes endete. Umgeben von üppiger, tropischer Vegetation enthält der 7 ha große Garten eine der bedeutendsten Kachelsammlungen Portugals. Die Kacheln repräsentieren mehrere Jahrhunderte und stammen aus Palästen, Kirchen, Kapellen und Privatbesitzen des früheren portugiesischen Imperiums. Die meisten beschreiben gesellschaftliche, kulturelle und religiöse Ereignisse. Auf einer Reise nach Japan und China war Berardo so von

Der Rhododendrongarten von Queimadas

262

der Schönheit, Kultur, dem Lebensstil beeindruckt, dass er in seinem Garten zwei orientalische Gärten integrierte. Unter den vielen chinesischen und japanischen Elementen befinden sich auch zwei „Fó"-Marmorhunde, Tiere der Mythologie, die man gewöhnlich als Wächter am Eingang von Gotteshäusern aufstellt. Natürlich fehlt auch der Koi-Teich nicht, der kunstvoll im unteren Teil gleich neben dem zentralen See angelegt wurde. Hier tummeln sich Pfaue und Schwäne. Der Monte Palace Tropical Garden zählt zu den schönsten und vielseitigsten der Insel und sollte bei keinem Madeira-Besuch ausgelassen werden – ein idealer Ort für einen unvergesslichen Tag. Der Garten hat täglich von 9:30-18:00 geöffnet, das Museum hat täglich von 10:00-16:30 Uhr geöffnet. Die Anlage ist am 25.12. geschlossen. http://montepalace.com

Im Stadtpark von Monte

Monte: Stadtpark

Dieses kleine Gartenparadies liegt in einem Taleinschnitt unterhalb der Kirche Nossa Senhora do Monte direkt am Hauptplatz von Monte und präsentiert sich mit akkurat angelegten Beeten, uralten Bäumen, plätschernden Bächen und herrlichen Wegen. Hier fühlt man noch den Adel, der einst den Kurort frequentierte, um Erholung zu suchen; öffentlich zugänglich.

Rhododendronpark von Queimedas

Der Park befindet sich an der Nordseite der Insel oberhalb von Santana im Bereich des ursprünglichen Lorbeerwaldgürtels und gehört zur gleichnamigen Forststation. Verschiedene Rhododendrenarten haben sich zu baumartigen Höhen entwickelt und tragen im Frühling Unmengen an Blüten, dazu kommen Azaleen, Farne, Hortensien, Agapanthus und der Natternkopf Echium candicans. Ein Bach speist kleine Brunnen samt Ententeich. Queimadas ist auch Ausgangspunkt der Levadawanderung. zum Caldeirão verde.

Museu Etnográfico da Madeira

Am nördlichen Rand der Altstadt von Ribeira Brava befindet sich das Etnografische Museum, das in einem alten Herrenhaus aus dem 16. Jh. untergebracht ist.
Di-Fr 9.30–17 Uhr, Sa 10–12.30 und 13.30–17.30 Uhr
Rua de São Francisco n.º 24
9350-211 Ribeira Brava
http://cultura.madeira-edu.pt

ORTE

Blick über Funchal

Calheta
Aufstrebender Urlaubsort mit zwei künstlich angelegten Badebuchten und Yachthafen an der Südwestküste, Uferpromenade mit Hotel und Parkanlage.

Camacha
Viel besuchtes Ausflugsziel auf 700 m Seehöhe in der Umgebung von Funchal und Ausgangsort von Levada-Wanderungen; gilt als Zentrum des Korbflechterhandwerks auf Madeira, zahlreiche Sommervillen englischer Weinhändler.

Câmara de Lobos
Zentrum des Weinanbaus auf Madeira, an der Südwestküste gelegen und weitgehend untouristisch; Sonntagsmarkt. Seine lange Geschichte als Fischereihafen verdankt der Ort dem durch hohe Felsen fast gänzlich geschützten Naturhafen.

Caniçal
Der wichtige Hafen- und Industrieort der Insel liegt in einer geschützten Bucht am Beginn der lang gestreckten Halbinsel Ponta de São Lourenço und reicht von der Küste bis weit in die Berghänge hinauf. Der Ort besitzt ein sehenswertes Walmuseum.

Curral das Freiras
Auf 700 – 1000 m Seehöhe in einem imposanten Felskessel gelegen, den der Fluss Ribeira de Soccóridos aus dem Tuffgestein gewaschen hat; der Kessel gilt als eine der faszinierendsten Landschaften Madeiras, die vom Aussichtspunkt Eira do Serrado eingesehen werden kann.

Funchal
Haupt- und Hafenstadt von Madeira, an der Südküste gelegen, präsentiert eine bunte Mischung aus südländischem Flair, exotischen Gärten und historischen Bauten sowie attraktiven Geschäften und Restaurants; sehenswerter Markt und prächtige Hafenpromenade, pittoreske Altstadt, Avenida Arriaga mit der Jacaranda-Allee; Kathedralen-Viertel, Hotelviertel westlich der Stadt.

Der goldfarbene Strand von Porto Santo

Machico
Beschauliche Kleinstadt an der Ostküste mit schöner Hafenmole und Jachthafen; am gleichnamigen Fluss gelegen, zweitgrößter Ort und älteste Siedlung der Insel. Sehenswert sind der Aquädukt und die Kirche Igreja Nossa Senhora da Concaiçao.

Monte
Wallfahrts- und Nobelort an den Berghängen oberhalb von Funchal auf 550 m Seehöhe gelegen, die wichtigsten Sehenswürdigkeiten sind der Brunnenplatz, die Kirche Nossa Senhora do Monte, in dem Kaiser Karl I. von Österreich begraben ist, sowie der Jardim Tropical Monte Palace, Korbschlittenfahrten am Caminho das Babosas nach Funchal hinab; zahlreiche Villen und Quintas bewirken das mondäne Flair.

Ponta do Sol
In einer Bucht etwas 20 km westlich von Funchal an der Südküste gelegen mit schöner Uferpromenade, Kirche Nossa Senhora de Luz aus dem 15. Jh.

Porto Moniz
Hafenort an der Nordwestspitze in naturreicher und relativ abgeschiedener und daher ruhiger Lage auf einem schwarzen Lavastrom gelegen, der ins Meer geflossen ist. Aquarium, Meeresschwimmbäder, Uferpromenade, Ausgangspunkt für Bootstouren zum Walbeobachten.

Porto da Cruz
Der kleine geschützte Naturhafen liegt an der Nordküste ein wenig östlich des mächtigen Adlerfelsens; Pfarrkirche, Strand, Zuckerfabrik.

Ribeira Brava
Am Ausgang des gleichnamigen Flusstales an der Südküste gelegen, wichtiger Hafen und Ausgangsort für den Landweg über die Zentralkette.

Santa Cruz
Reizvolle Kleinstadt und Hafenort im Großraum von Funchal, hier befin-

ORTE

det sich der internationale Flughafen mit der monumental ins Meer gebauten Landebahn.

Santaña
Hauptort des fruchtbarsten Bezirks von Madeira, es liegt im Norden auf einem ausgedehnten Plateau und wird vor allem wegen der typischen mit Stroh gedeckten Santaña-Häuschen, den Casas de Colmos, besucht, die in einer Parkanlage frei zugänglich sind.

Sãnto da Serra
Ehem. Urlaubsort zahlreicher Engländer im 19. Jh. mit Villen, Golfplatz und herrlicher waldreicher Umgebung hoch über der Ostküste; sehenswert ist der Sonntagsmarkt.

Blick zum Adlerfelsen

Sao Vicente
Im Tal des gleichnamigen Flusses an der Nordküste gelegen, mit schönem Ortskern und den Vulkanhöhlen Grutas de Sao Vicente; die Umgebung ist vor allem von der Landwirtschaft geprägt.

Der Blick vom Picho do Facho in Richtung Flughafen

TOURISMUSINFORMATIONEN

Capoeira ist ein brasilianischer Kampftanz, der in Hotels aufgeführt wird

www.visitmadeira.pt
Offizielle Seite der Tourismusinformation Madeiras

https://www.visitportugal.com/de/destinos/madeira
Offizielle Tourismus-Webseite für Portugal

www.wetteronline.de/Portugal/Madeira.html
Aktuelle Wetterinformationen

www.portugal-reiseinfo.de/category/insel-atlantik/madeira
Informationen und Insider-Tipps für eine Reise nach Madeira. Mit vielen Bildern, Karten und Informationen für einen Urlaub auf Madeira

www.madeira-web.com
Deutschsprachiger Reiseführer für Sehenswürdigkeiten, Strände und Sportangebote

https://de.wikipedia.org/wiki/Madeira
Allgemeine Informationen zu Madeira

AUF DER INSEL UNTERWEGS

Sehnsuchtsvoller Sonnenuntergang über der Bucht von Funchal

Die verkehrstechnische Erschließung Madeiras wurde vor allem durch den Ausbau der Autobahn sowie der Schnellstraßen durch den Hauptkamm als Verbindungsrouten zwischen Nord- und Südküste stark verbessert. Dennoch lässt sich die knapp 800 km² große Insel nicht in wenigen Stunden umrunden, da die vielen schroffen Taleinschnitte eine große Diskrepanz zwischen Luftlinie und Landweg sind.

Dazu kommt ein erhebliches Verkehrsaufkommen, vor allem im Großraum Funchal. Natürlich, das Flair der küstennahen Lagen hat durch den Bau der aufwendigen Autobahn gelitten, aber für Einwohner und Touristen sind die neuen Straßen wichtige Lebensadern.

Die Wanderer benützen gerne die Bergstraßen hinauf auf die Hochebene Pául da Serra, aber auch nach Portela, Ribeiro Frio, Achada do Teixeira oder zum Pico do Arieiro. Hier ist nach wie vor mit längeren Anfahrten über kurvenreiche Straßen zu rechnen. Dennoch, das Reisen auf der Insel bereitet keinerlei Probleme. Entweder mit dem Mietauto oder mit den öffentlichen Stadt- und Überlandbussen erreicht man ohne große Gefahren alle Orte der Insel.

Linienbusse

Die Linienbusse fahren jedoch nicht die Berggebiete an. Will man kein Mietauto nehmen, werden in den Hotels Rundfahrten mit Führung angeboten, die auch als Sightseeing dienen können. Eine Einschränkung stellen jedoch ab und zu die nicht touristenfreundlichen Fahrzeiten dar.

Bei etlichen Wanderungen ist die Anreise zum Ausgangspunkt mit öffentlichen Verkehrsmitteln die beste Variante, da es sich um Streckenwanderungen handelt und ein am Start wartendes Mietauto ein Hindernis wäre. Busfahrpläne können in der zentralen Tourismusinforma-

tion gekauft werden. Man kann sich auf die Fahrzeiten verlassen, die Busse sind durchwegs pünktlich, die Fahrpreise relativ günstig.
Es gibt vier verschiedene Linien, die von Funchal aus die gesamte Insel bedienen:

Osten
grün-weiß-cremefarbene Busse der Gesellschaft SAM, www.sam.pt

Westen
rot-weiße Busse der Gesellschaft Rodoeste, www.rodoeste.pt

Curral da Freiras, Camacha, Santo da Serra und Nordküste
grau-gelb-weiße Busse der Gesellschaft CCSG, www.horariosdofunchal.pt

Caniço und Umgebung
rot-weiß-graue Busse der Gesellschaft EACL, www.eacl.pt

Bezahlt wird beim Schaffner, das Ticket wird häufig kontrolliert, daher bis zum Fahrtende aufheben.

Taxi

Für Taxifahrten muss man mit mitteleuropäischen Preisen rechnen, sie helfen allerdings weiter, wenn es mit dem Bus einmal nicht mehr klappt. Innerhalb der Stadtgrenzen von Funchal wird mit dem Taxameter abgerechnet, bei Überlandtouren gelten Richtpreise, nach denen man sich vor Antritt der Fahrt im Hotel oder bei einer Touristeninformation erkundigen sollte. Der tatsächliche Fahrpreis ist dann oft Verhandlungssache, sollte aber nicht über dem Richtwert liegen. Am Wochenende und nachts werden manchmal Zuschläge verlangt.

Auch Inselrundfahrten mit dem Taxi oder die Abholung an vorher vereinbarten Punkten lassen sich meist problemlos organisieren.

Daniel Madeira Taxis: 00351 919 791 289

Taxi Miguel Pereira: 00351 918 399 115, contact@taxi-madeira.com

Mietautos

Mietautos werden auf Madeira von den verschiedensten Verleihfirmen angeboten. Außerhalb der Hauptferienzeiten ist eine Vorbestellung im Allgemeinen nicht nötig. In den Hotels berät man Sie gerne, wer der günstigste Verleiher vor Ort ist. Bei der Tagesmiete muss man mit einem Preis ab 30 € zzgl. Benzinkosten rechnen, bei längerer Anmietung wird es entsprechend billiger.

Verlangt wird ein nationaler Führerschein, der Fahrer muss mindestens 21 Jahre alt sein. Der Abschluss einer Vollkaskoversicherung ist in Anbetracht der kurvigen Bergstraßen sehr zu empfehlen.

Fähren

Fähre nach Porto Santo
Die zu Madeira gehörende Nachbarinsel wird von Funchal aus mit einer Autofähre angefahren; zwei Abfahrten täglich, im Winter außer dienstags, Fahrzeit ca. 2 Stunden. Vom Hotelviertel in Funchal sowie vom Bootsanleger in Porto Santo verkehren Transferbusse. Tickets für die Fähren erhält man im Internet, in den Pingo-Doce-Supermärkten, in jedem Reisebüro vor Ort und im Büro der Porto-Santo-Linie. Im Sommer herrscht ein großer Andrang, daher ist eine frühzeitige Buchung zu empfehlen.

Info-Tel. 291 98 21 46, www.portosantoline.pt

ÜBERNACHTUNGSVERZEICHNIS

In allen größeren Orten Madeiras stehen verschiedenste Unterkunftsmöglichkeiten zur Verfügung. In letzter Zeit besonders im Trend liegt Urlaub auf alten Landgütern, den so genannten Quintas. Ähnlich wie die Hotels sind sie über die meisten Reiseveranstalter zu buchen. Eine nicht ganz vollständige Liste der Hotels und Pensionen ist bei der zentralen Auskunft in Funchal erhältlich. Obwohl Madeira-Urlaube in der Regel als Pauschalpakete gebucht werden, haben wir an einigen Stellen auf besonders empfehlenswerte Häuser hingewiesen.

❶ unter 30 EUR **❶❶** 30 bis 60 EUR **❶❶❶** über 60 EUR
(pro Pers/DZ/incl. Frühstück)

Offizielle Campingplätze

Parque Campismo Porto Moniz, Vila, 9270 Porto Moniz, Tel. +351 291 853 856
Parque de Campismo de Porto Santo, Fontinha, 9400 Porto Santo, Tel. 0291/982160

Auf Madeira und Porto Santo gibt es je einen offiziellen Campingplatz. Diese Plätze sind ganzjährig geöffnet. Daneben gibt es einfachste Campingeinrichtungen (Feuerstellen, fließendes Wasser) in manchen Forstparks. Um hier zelten zu dürfen, muss man bei den Forstwächtern eine entsprechende Genehmigung einholen. Wildes Zelten ist auf beiden Inseln verboten, außer der Grundeigentümer hat seine ausdrückliche Zustimmung erteilt (unbedingt nachfragen, wenn Sie es versuchen möchten). Jugendherbergen existieren nicht.

Der Großteil aller Touristenhotels befindet sich in einem eigenen Viertel in Funchal. In den größeren Orten stehen meist nur wenige, dafür aber teils exklusive Unterkunftsmöglichkeiten zur Verfügung. Neuerdings liegt der Urlaub auf alten Landgütern, den so genannten Quintas, hoch im Trend. Obwohl Madeira-Urlaube in der Regel als Pauschalpakete gebucht werden, lohnt es sich gerade für Wanderer, kleinere Unterkünfte an verschiedenen Stützpunkten zu buchen.

Funchal (Hotelviertel)

****Hotel Villa Porto Mare **❶❶❶**, www.villaportomare.com
****Reid's Palace **❶❶❶**, www.reidspalace.com
****Pestana Miramar, ****Pestana OceanBay (all inclusive 4 ½ Sterne),
****Pestana Palms **❶❶❶**, www.pestana.com

Funchal (Stadt)

 ****Porto Santa Maria **❶❶❶**, www.portostamaria.com
Gut gelegenes Stadthotel zwischen Altstadt und Meer
***Da Mariazinha **❶❶❶**, www.residencialmariazinha.com
Stadthotel in denkmalgeschütztem Haus

Hotelviertel Funchal

Monte
*****Quinta do Monte ❻❻❻, www.quintadomontemadeira.com
Historische Quinta mit prächtigem Garten und exklusivem Restaurant
Santa Cruz
****Vila Galé Santa Cruz ❻❻❻, www.vilagale.pt
Modernes Hotel an der Meerespromenade

Machico
***Hotel O Facho ❻❻❻,
www.fachoguesthouse.wordpress.com/myhome/fachoguesthouse/
Günstiger Ausgangspunkt für Wanderer.

Câmara de Lobos
***Vila Afonso ❻❻❻, www.vilaafonso.com, Natursteinlandhaus

Ponta do Sol
****Estagelem da Ponta do Sol ❻❻❻, www.pontadosol.com,
Bezahlbares Designerhotel mit alter Villa

Calheta
***Atrio ❻❻❻, www.atrio-madeira.com
Landhaus und guter Wanderstandort

ÜBERNACHTUNGSVERZEICHNIS

Jardim do Mar
***Jardim do Mar Chalés ❸❸❸; www.jardimatlantico.com
Traditionelles Hotel und Ferienhäuser

Prazeres
****Hotel Jardim Atlantico, www.jardimatlantico.com
Wellnessoase, komfortables „Green-Hotel"

Porto Moniz
***Moniz Sol ❸❸❸, www.hotelmonizsol.com
Am kleinen Hafen, alle Zimmer mit Meerblick
***Euro Moniz Inn ❸❸❸, www.hoteleuromoniz.com
modern, Hallenbad, Aussichtsbar

São Vicente
***Estagelem do Mar ❸❸❸, www.estalagemdomar.com
Meerblick, Hallenbad, stilvolles Restaurant

Arco de São Jorge
***Quinta da Quebrada ❸❸❸ www.quintadaquebrada.com.pt
Bungalows und Ferienhäuser in subtropischem Garten

Ilha
**Ilha e Montanha ❸❸, www.ilhaemontanha.com
Ländliche Wanderpension mit kleinem Restaurant

Santana
****Quinta do Furão ❸❸❸, www.quintadofurao.com
Gediegenes Landhaus-Hotel mit idyllischem Weingut

Porto da Cruz
****Quinta de Capela ❸❸❸, www.madeirarural.com
Renovierter feudaler Landsitz aus dem 17. Jh.

Ribeiro Frio
Ribeiro Frio Cottages ❸❸, www.madeirarural.com, quintadevonia@hotmail.com,
Wildromantische Natursteinhäuser für Selbstversorger

Queimadas
**Rancho Madeirense ❸❸, Tel. 0049 221 61 61 921
Ferienhäuser mit Strohdächern, Portugal individuell

Curral das Freiras
***Eira do Serrado ❸❸❸, www.eiradoserrado.com
Komfortables Hotel mit spektakulärem Ausblick, Ausgangspunkt für Wanderer

REGISTER

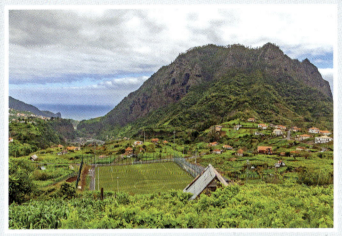

Am Weg von Portale nach Porto da Cruz genießt man den herrlichen Blick auf den Adlerfelsen (Tour 5)

A
Abrabucht • 28, 29
Achada do Gramacho • 96, 97
Achada do Teixeira • 25, 90, 158, 159, 160, 166, 167, 169, 172, 175
Achadas da Cruz 228, 230, 231
Adlerfelsen • 41, 46, 66, 86, 87
Aguas Mansas 68, 69, 70, 73, 74
Aquário da Madeira, Porto Moniz • 258
Arco de San Jorge • 103, 104, 105
Assomada • 59

B
Balcões • 80, 82
Baumerika • 14
Besiedlungsgeschichte • 17
Blandy's Garten, Palheiro Ferreiro • 115
Boaventura • 71, 103, 104, 105
Boca da Corrida • 146, 176, 177, 179, 186, 187
Boca das Torrinhas • 166, 169, 170, 171

Boca das Torrinhas • 166, 169, 170, 171
Boca do Cerro • 176, 177, 179, 180, 186
Boca do Risco • 35, 37, 39, 40, 41
Boca dos Corgos • 176, 177, 179, 180, 186
Bom Sucesso • 26
Botanische Gärten • 26
Botanischer Garten, Funchal • 26, 109, 112, 123, 124, 125, 126, 127

C
Cabo Girão • 136, 136, 140, 141, 144, 145
Caldeirao Verde • 92, 93, 94, 95, 161, 162, 164
Calhau • 96, 97, 98, 104
Calheta 199, 237, 239, 264
Camacha • 26, 51, 55, 59, 60, 61, 68, 69, 70, 73, 109, 112, 113, 123, 252, 264
Câmara de Lobos • 264
Caminho da Entrosa • 103, 104
Campingplätze • 270

Caniçal • 32, 34, 35, 49, 264
Caniçal-Tunnel • 32, 34, 35, 38, 39, 40
Canyoning • 258
Casa de Colma • 24
Casa do Sardinha • 28, 30, 31
Centro do Vulcanismo, São Vicente • 106, 107, 108
Chão dos Louros • 192, 194
Chao dos Terreiros • 146, 146, 148
Cruz de Caldeira • 136, 140, 145
Curral das Freiras • 146, 170, 171, 183, 184, 186, 188, 264

E
Eira do Serrado • 177, 183, 184
Encumeada-Pass • 25, 140, 159, 166, 167, 171, 175, 177, 179, 180, 181, 182, 189, 190, 191, 192, 194
Entstehung der Insel • 13
Espigao Amarelo • 39, 41

F
Fähren, Porto Santo • 247, 151, 289
Fanal • 216, 217, 218, 220, 221, 222

273

REGISTER

Folhadal • 46, 189, 190, 191
Forsthaus Estanquinhos • 195, 196, 197
Funchal • 118, 119, 122, 123, 124, 125, 126, 127, 128, 129, 130, 131, 132, 133, 155, 156, 162, 167, 257, 264, 271
Funduras • 47, 48

G...
Getränke, typische • 19
Golfstrom • 14

H...
Höhlen, São Vicente • 106, 107

I...
Ihlas Desertas • 12, 15
Ilha • 95, 161, 162, 164, 165, 179

J..
Jardim Botânico, Funchal • 261
Jardim do Mar 240, 242
Jardim Orquidea • 261

K...
Kaffeetrinken in Funchal • 132
Korbflechten, Camacha • 59, 109, 110, 11, 112, 113
Kratersee Lagoa 216, 217, 220, 222

L..
Lagoa, Kratersee 216, 217, 220, 222
Lamaceiros • 76, 77, 79, 223, 225, 226
Larano • 39, 41, 49
Largo das Barbosas • 113, 117, 118
Levada da Negra • 155, 156
Levada da Rocha Vermelha • 204, 212, 214
Levada da Serra • 55, 65, 66, 68, 73, 79, 109, 110, 111
Levada da Serra do Fajal 26, 55, 65, 66, 68, 73, 79, 111
Levada das 25 Fontes • 212, 214
Levada do Alecrim • 208
Levada do Bom Sucesso • 118, 122
Levada do Caniçal • 35, 36
Levada do Caniço • 59, 60

Levada do Furado (Forellen-Levada) • 22, 26
Levada do Norte Ost • 140
Levada do Norte West • 136, 139
Levada do Paúl • 198, 199
Levada do Rei • 100, 101, 102,
Levada do Risco • 201, 202, 205, 206, 212
Levada dos Cedros • 220, 221
Levada dos Tornos 26, 53, 54, 55, 57, 58, 60, 69, 70, 72, 74, 112, 113, 114, 120
Levada Nova • 51, 54, 55, 57, 58, 149, 151, 153, 154, 190, 233, 234, 237, 244, 245
Levada Ribeira de Janela • 26, 223,
Levadas • 7, 12, 17, 20, 21, 22, 26
Levada-Tunnel • 22
Levada-Wandern • 20
Linienbusse • 268
Lorbeerwald • 13, 14, 15, 16, 22, 25, 26

M..
Machico • 32, 33, 35, 36, 38, 39, 47, 258, 265
Madeira-Buchfink • 15
Madeira Story Centre, Funchal • 258
Madeira-Themenpark, Santaña • 258
Madeira Wine Company • 260
Madeirawein • 18, 260, 261
Mercado dos Lavradores • 131, 259, 260
Mietautos • 269
Miradouro do Lorano • 49
Monte • 26, 69, 73, 113, 116, 117, 118, 119, 123, 126, 128, 132, 262, 265
Monte Palace Jardim Tropical, Monte, Stadtpark • 263
Mountainbiken • 257
Museu Etnográfico da Madeira, Ribeira Brava • 263

N..
Naturpark Madeira • 16
Naturraum • 13

Naturreservat Garajau • 15
Naturreservat Ilhas Selva-gens • 16
Naturschutzgebiet Rocha do Navio • 16
Naturschutzgebiete • 15
Nonnental • 176, 177, 185, 186, 187, 188
Nossa Senhora do Monte • 117, 119, 123

P...
Passat • 14
Penha de Águia • 86, 87, 88
Pico da Cabra • 166, 171
Pico das Torres • 172, 174, 175
Pico do Arieiro • 155, 159, 172, 173, 174, 175
Pico do Facho • 32, 34, 252, 266
Pico do Furado • 28, 30
Pico do Suna • 62, 64
Pico Grande • 146, 171, 176, 177, 178, 179, 180, 184, 186, 188
Pico Ruivo • 13, 14, 23, 25, 92, 95, 158, 159, 160, 162, 166, 167, 169, 175, 176, 184, 189
Pico Ruivo do Paúl • 195, 196, 197
Pico-Ruivo-Hütte • 13, 158, 159, 160, 161, 162, 164, 166, 169, 172, 175, 161
Poco da Neve • 155, 156
Ponta da Calheta 357, 250
Ponta de São Lourenço • 13, 17, 23, 28, 88
Ponta do Pargo 230, 233, 234, 236, 238
Ponta do Sol • 149, 150, 151, 152, 244, 265
Ponta Sao Jorge • 96, 97, 99
Portela • 44, 64, 65, 73, 77, 83
Portelapass • 36, 44, 45, 46, 47, 48, 49, 50, 65, 66, 76, 77, 79
Porto da Cruz • 37, 38, 39, 40, 41, 44, 66, 86, 265
Porto Moniz • 15, 26, 223, 224. 227, 228, 229, 230, 234, 240, 256, 258, 265
Porto Santo • 31, 38, 247, 248, 249, 251, 252, 2, 53, 256, 257, 258
Prazeres 237, 238, 240, 241, 243

274

Q

Quebradas • 100, 101, 102
Queimadas • 16, 25, 89, 90, 92, 93, 94, 95, 164, 262, 263
Quinta do Palheiro Ferreiro (Park) • 262
Quinta Palmeira, Funchal (Park) • 261
Quintas • 18, 24

R

Rabaçal • 18, 26, 196, 201, 202, 204, 205, 206, 207, 208, 211, 212, 213, 215, 221, 226
Radverleih • 258
Rancho Madeirense • 89, 90, 93
Rhododendronpark, Queimedas • 262, 253
Ribeira Brava • 136, 139, 146, 149, 154, 265
Ribeira da Noia • 36, 37
Ribeira de Janela • 202, 211, 212, 214, 215, 220, 221, 224, 225, 226
Ribeira do Machico • 65, 66
Ribeira Gordo • 220, 221
Ribeira Grande • 33, 35, 37, 97, 202, 203, 204, 208, 211, 214
Ribeira Morena • 51, 54, 54, 57
Ribeiro Bonito • 100, 101
Ribeiro de Joao Gomes • 117, 118, 123
Ribeiro Frio • 66, 76, 77, 79, 80, 82, 83, 84, 85
Ribeiro Moreno de Santa Cruz • 57
Risco-Wasserfall • 202, 205, 206, 215

S

Santa Cruz • 28, 265
Santa Madalena • 227, 228
Santaña • 266
Santo da Serra • 51, 52, 54, 55, 56, 58, 62, 64, 68, 69, 74, 266
Sao Jorge • 96, 97, 98, 101, 102
São Vicente • 106, 107, 108, 192, 196, 197, 218, 258
Schwimmen • 256
Segeln • 257
Sitió do quatro estradas • 65
Sitió das Neves, Drachenbaum-Garten • 261
Speisen, typische • 19

T

Tauchen • 257
Taxi • 269
Teetrinken in Funchal • 132
Tierwelt • 15
Tourismus • 18

V

Vale da Lapa • 161, 164, 165
Vereda da Encumeada • 179
Vereda da Ilha • 161
Vereda do Chão dos Louros • 192
Vila Baleira 247, 249, 250, 251, 253
Vulkanologiezentrum, São Vicente • 258

W

Walbeobachtungsfahrten • 15
Walmuseum, Caniçal • 16, 32, 33, 258, 259
Wanderausrüstung • 20
Wanderrouten, offizielle und zertifizierte • 23
Wein • 260
Weinkellereien, Besuch • 260
Wetter • 22
Windsurfen • 257

Eine Tunnelpassage an der Levada da Janela (Tour 52)

275

IMPRESSUM

© KOMPASS-Karten, A-6020 Innsbruck (20.04)
4. Auflage 2020   Verlagsnummer 5915   ISBN 978-3-99044-156-5

Text und Fotos: Mag. Peter Mertz, die naturwerker
außer: Porto Santo, shutterstock Francisco Caravana; Levada do rei circumnavigation; Burkhard Berger, Saiko3p, Sergey le, Steve Allen.

Titelbild: Sonnenuntergang bei Ribeira Brava
(Foto: Patrick Arnold, © www.fotolia.de)

Bild S. 3: Bizarre Küstenlandschaften, Gebirge und eine immerwährende Blüte sind die Zutaten zu Madeira

Grafische Herstellung: Raphaela Moczynski
Wanderkartenausschnitte: © KOMPASS-Karten GmbH
Kartengrundlage für Gebietsübersichtskarte S. 10-11, U4:
© MairDumont, D-73751 Ostfildern 4

Alle Angaben und Routenbeschreibungen wurden nach bestem Wissen gemäß unserer derzeitigen Informationslage gemacht. Die Wanderungen wurden sehr sorgfältig ausgewählt und beschrieben, Schwierigkeiten werden im Text kurz angegeben. Es können jedoch Änderungen an Wegen und im aktuellen Naturzustand eintreten. Wanderer und alle Kartenbenützer müssen darauf achten, dass aufgrund ständiger Veränderungen die Wegzustände bezüglich Begehbarkeit sich nicht mit den Angaben in der Karte decken müssen. Bei der großen Fülle des bearbeiteten Materials sind daher vereinzelte Fehler und Unstimmigkeiten nicht vermeidbar. Die Verwendung dieses Führers erfolgt ausschließlich auf eigenes Risiko und auf eigene Gefahr, somit eigenverantwortlich. Eine Haftung für etwaige Unfälle oder Schäden jeder Art wird daher nicht übernommen. Für Berichtigungen und Verbesserungsvorschläge ist die Redaktion stets dankbar. Korrekturhinweise bitte an folgende Anschrift:

KOMPASS-Karten GmbH
Karl-Kapferer-Straße 5, A-6020 Innsbruck
www.kompass.de/service/kontakt